Uma história comestível da humanidade

Tom Standage

Uma história comestível da humanidade

Tradução:
Maria Luiza X. de A. Borges

ZAHAR

Para Kirstin, minha parceira na comida – e em todas as outras coisas.

Título original:
An Edible History of Humanity

Tradução autorizada da primeira edição americana,
publicada em 2009 por Walker Publishing Company,
de Nova York, Estados Unidos.

Jorge Zahar Editor Ltda.
rua México 31 sobreloja
20031-144 Rio de Janeiro, RJ
tel.: (21) 2108-0808 / fax: (21) 2108-0800
editora@zahar.com.br
www.zahar.com.br

Créditos das imagens: p.18, baseada em foto de John Doebley (http://teosinte.wisc.edu); p.24, 82 e 86, mapas elaborados pelo autor; p.58, British Library; p.120, 129 e 170, Mary Evans Picture Library; p.188, Boeing; p.219, AIP Emilio Segre Visual Archives, Maria Stein Collection; p.221, Archiv der Max-Planck-Gesellschaft, Berlim-Dahlem

Grafia atualizada respeitando o novo Acordo Ortográfico da Língua Portuguesa

Revisão: Tatiane Batista de Souza, Taísa Fonseca, Tamara Sender
Capa: Rafael Nobre

CIP-Brasil. Catalogação na fonte
Sindicato Nacional dos Editores de Livros, RJ

Standage, Tom
S789h Uma história comestível da humanidade / Tom Standage; tradução Maria Luiza X. de A. Borges. — Rio de Janeiro: Jorge Zahar Ed., 2010.

Tradução de: An edible history of humanity
Inclui bibliografia e índice
ISBN 978-85-378-0210-6

1. Hábitos alimentares – História. 2. Preferências alimentares – História. 3. Agricultura – História. 4. Alimentos – Aspectos simbólicos. 5. Alimentos – Aspectos econômicos. I. Título.

CDD: 394.12
10-0403 CDU: 392.81

Sumário

Introdução: Ingredientes do passado

"Não há história da humanidade, há somente várias histórias sobre todos os aspectos da vida humana."

KARL POPPER

"O destino das nações depende de sua escolha de alimentos."

JEAN-ANTHELME BRILLAT-SAVARIN

HÁ MUITAS MANEIRAS DE VER O PASSADO: como uma lista de datas importantes, uma sequência de reis e rainhas, uma série de impérios ascendentes e decadentes ou uma narrativa de progresso político, filosófico ou tecnológico. Este livro contempla a história de uma maneira inteiramente diferente: como uma série de transformações causadas, possibilitadas ou influenciadas pela comida. Ao longo do tempo, os alimentos fizeram mais do que simplesmente proporcionar sustento; eles agiram como catalisadores da transformação e da organização social, da concorrência geopolítica, do desenvolvimento industrial, do conflito militar e da expansão econômica. Desde a pré-história até a atualidade, os relatos dessas transformações formam uma narrativa que abrange a totalidade da história humana.

O primeiro papel transformador da comida foi servir como fundamento para civilizações inteiras. A adoção da agricultura tornou possíveis novos estilos de vida mais estáveis e pôs a humanidade no caminho para o mundo moderno. Mas os cultivos básicos que sustentaram as primeiras civilizações – cevada e trigo no Oriente Próximo, milhete e arroz na Ásia, milho e batata nas Américas – não foram descobertos por acaso. Na verdade, emergiram de um complexo processo de coevolução, à medida que aspectos desejáveis eram selecionados e propagados por agricultores primitivos. Esses cultivos básicos são, na verdade, invenções: tecnologias deliberadamente desenvolvidas que só existem como resultado da intervenção humana. A história da adoção da agricultura é a fábula de como engenheiros genéticos primitivos desenvolveram novas e poderosas ferramentas que tornaram a própria civilização possível. Nesse processo, a humanidade transformou as plantas, e elas, por sua vez, transformaram a humanidade.

Tendo provido uma plataforma sobre a qual as civilizações puderam ser fundadas, os alimentos atuaram como ferramentas de organização social, ajudando a moldar e estruturar as sociedades complexas que despontavam. A estrutura política, econômica e religiosa das sociedades antigas, desde os caçadores-coletores até as primeiras civilizações, baseava-se nos sistemas de produção e distribuição de comida. A produção de excedentes agrícolas e o desenvolvimento de sistemas coletivos de armazenamento e irrigação fomentaram a centralização política; rituais de fertilidade agrícola transformaram-se em religiões estatais; a comida tornou-se moeda e meio de tributação; banquetes eram realizados para obter influência e demonstrar status; distribuições de alimentos eram feitas para definir e reforçar estruturas de poder. Por todo o mundo antigo, muito antes da invenção do dinheiro, comida era riqueza – e controle da comida era poder.

Depois do surgimento de civilizações em diferentes partes do mundo, os alimentos ajudaram a conectá-las umas às outras. Rotas de comércio funcionaram como redes internacionais de comunicação, fomentando não apenas a troca comercial, mas também a troca cultural e religiosa. A rota das especiarias que atravessou o Velho Mundo levou à fertilização transcultural em campos tão diversos quanto a arquitetura, a ciência e a religião. Geógrafos primitivos começaram a se interessar pelos costumes e povos de terras distantes, e compilaram os primeiros esboços de mapas-múndi. De longe, a maior das transformações causadas pelo comércio de alimentos resultou do desejo europeu de superar o monopólio árabe sobre as especiarias. Isso levou à descoberta do Novo Mundo, à abertura de rotas comerciais marítimas entre a Europa, a América e a Ásia e ao estabelecimento dos primeiros postos coloniais por nações europeias. Nesse percurso, revelou-se também o verdadeiro traçado do mundo.

Enquanto nações europeias competiam para construir impérios globais, os alimentos ajudaram a promover a próxima grande transformação na história humana: um surto de desenvolvimento econômico através da industrialização. O açúcar e a batata, tanto quanto a máquina a vapor, sustentaram a Revolução Industrial. A produção de açúcar em *plantations* nas Índias Ocidentais foi, possivelmente, o primeiro protótipo de um processo industrial, embora dependente de trabalho escravo. A batata, nesse meio-tempo, superou a desconfiança inicial dos europeus para se tornar um alimento de primeira necessidade, capaz de garantir mais calorias por área de terra cultivada do que as plantações de cereais. Juntos, o açúcar e a batata forneciam um sustento barato para os trabalhadores nas fábricas da era industrial. Na Grã-Bretanha, onde esse processo teve início, a controvertida questão sobre o futuro do país estar na agricultura ou na indústria foi respondida de maneira inesperada e decisiva pela Grande Fome da Batata na Irlanda, em 1845.

O uso da comida como arma de guerra é antigo, mas os conflitos militares de grande escala dos séculos XVIII e XIX o elevaram a um novo nível. Os alimentos desempenharam um papel importante na determinação do resultado das guerras que definiram os Estados Unidos: a Guerra de Independência, nos anos 1770-80, e a Guerra Civil, nos anos 1860. Enquanto isso, na Europa, a ascensão e a queda de Napoleão estiveram intimamente ligadas à sua capacidade de alimentar vastos exércitos. A mecanização da guerra, no século XX, significou que, pela primeira vez na história, alimentar máquinas com combustível e munições tornou-se mais importante do que alimentar soldados. Durante a Guerra Fria, a comida assumiu um novo papel como arma ideológica entre capitalismo e comunismo e, em última instância, ajudou a determinar o resultado do conflito. Nos tempos modernos, ela tornou-se campo de batalha para outras questões, como comércio, desenvolvimento e globalização.

Durante o século XX, métodos científicos e industriais aplicados à agricultura levaram a uma expansão espetacular da oferta de alimentos e a um aumento correspondente da população mundial. A chamada revolução verde causou problemas ambientais e sociais, mas, sem ela, provavelmente teria havido fome generalizada em grande parte do mundo em desenvolvimento durante os anos 1970. E, ao permitir que a oferta de alimentos crescesse de forma mais acelerada que a população, a revolução verde abriu caminho para a industrialização surpreendentemente rápida da Ásia no final do século. Como as pessoas em sociedades industriais tendem a ter menos filhos do que em sociedades agrárias, já se pode prever agora que a humanidade atingirá seu ápice populacional no fim do século XXI.

Muito já se escreveu sobre gêneros alimentícios diversos, costumes e tradições relacionados a comida e sobre o desenvolvimento de culinárias nacionais específicas. Menos atenção, porém, foi dedicada ao impacto dos alimentos sobre a história mundial. Este livro, entretanto, não afirma que um único alimento encerre a chave para a compreensão da história da comida, nem tenta resumir toda a história dos alimentos ou do mundo. O que ele faz, utilizando uma série de disciplinas – entre as quais a genética, a arqueologia, a antropologia, a etnobotânica e a economia –, é concentrar-se especificamente nas interseções entre a história dos alimentos e a do mundo para formular uma pergunta simples: quais alimentos mais contribuíram para moldar o mundo moderno, e de que maneira? Adotando uma perspectiva histórica de longo prazo, fornece também uma nova maneira de iluminar os debates atuais sobre o tema, tais como a controvérsia que envolve os grãos geneticamente modificados, a relação entre comida e pobreza, a ascensão do movimento por comida "local", o uso de produtos agrícolas para fabricar biocombustíveis, a eficácia dos alimentos como meio de mobilizar apoio político para várias causas e a melhor maneira de reduzir o impacto ambiental da agricultura moderna.

No livro *A riqueza das nações*, publicado pela primeira vez em 1776, Adam Smith fez a famosa comparação entre a influência oculta das forças de mercado, que agem sobre participantes atentos apenas a seus próprios interesses, e uma mão invisível. A influência dos alimentos sobre a história pode ser similarmente vista como um forcado invisível que, em vários momentos cruciais, incitou a humanidade e alterou seu destino, ainda que as pessoas geralmente não estivessem conscientes dessa influência. Muitas escolhas alimentares feitas no passado tiveram consequências de longo alcance, ajudando a moldar de maneiras inesperadas o mundo em que vivemos hoje. Para o olho perspicaz, a influência histórica dos alimentos pode ser vista em toda parte, e não somente na cozinha, na mesa de jantar ou no supermercado. Pode parecer estranho que eles tenham sido um ingrediente tão importante nas questões humanas, mas o contrário seria muito mais surpreendente: afinal de contas, em tudo que fizeram ao longo da história, as pessoas foram literalmente impulsionadas pela comida.

PARTE I Os fundamentos comestíveis da civilização

1. A invenção da agricultura

> "Vi textos de horticultura expressando grande surpresa diante da maravilhosa habilidade dos jardineiros em produzir tão esplêndidos resultados a partir de materiais tão deficientes; mas a arte foi simples e, no que diz respeito ao resultado final, foi seguida de maneira quase inconsciente. Ela consistiu em sempre cultivar a melhor variedade conhecida, semeando essas sementes, e, quando uma variedade ligeiramente melhor por acaso aparecia, selecioná-la, e assim por diante."
>
> Charles Darwin, *A origem das espécies*

Alimentos como tecnologias

O que representa melhor a generosidade da natureza que uma espiga de milho? Com uma torção do punho ela é facilmente arrancada do caule, sem desperdício ou trabalho excessivo. É repleta de grãos saborosos e nutritivos, maiores e mais numerosos que os de outros cereais. E é envolvida por uma palha que a protege de pragas e da umidade. O milho parece um presente da natureza; já vem até embrulhado. Mas as aparências podem enganar. Um campo cultivado de milho, ou de qualquer outro produto agrícola, é tão manufaturado ou fabricado pelo homem quanto um microchip, uma revista ou um míssil. Por mais que gostemos de pensar na agricultura como uma atividade natural, há 10 mil anos ela era uma estranha inovação. Para caçadores-coletores da Idade da Pedra, campos cuidadosamente cultivados que se estendiam até o horizonte seriam uma visão inusitada. O cultivo de terras é um projeto tão tecnológico quanto biológico. E no grande plano da existência humana, as tecnologias em questão – as plantações agrícolas – são invenções muito recentes.

Os ancestrais dos seres humanos modernos distanciaram-se dos macacos cerca de meio milhão de anos atrás, e seres humanos "anatomicamente modernos" surgiram há cerca de 150 mil anos. Os seres humanos primitivos eram caçadores-coletores que subsistiam com plantas coletadas e animais caçados na natureza. Foi somente nos últimos 11 mil anos, aproximadamente, que se começou a cultivar alimentos. A agricultura emergiu independentemente em momentos e lugares diferentes: já estava estabelecida no Oriente Próximo por volta de 8500 a.C., na China por volta de 7500 a.C. e nas Américas Central e do Sul por volta de 3500 a.C. Desses três pontos de partida principais, a tecnologia da agricultura espalhou-se por todo o mundo, para se tornar o mais importante meio de produção de alimentos da humanidade.

Essa foi uma mudança extraordinária para uma espécie que dispunha de um estilo de vida nômade, baseado na caça e na coleta, ao longo de toda a sua existência anterior. Se os 150 mil anos de existência dos seres humanos modernos fossem transformados em uma hora, somente nos últimos quatro minutos e meio eles teriam começado a adotar a agricultura, e ela só teria se tornado o meio dominante de subsistência no último minuto e meio. A troca operada pela humanidade entre a procura de alimentos e a lavoura, de um meio natural para um meio tecnológico de produção de alimentos, foi recente e repentina.

Embora muitos animais coletem e armazenem sementes e outros gêneros alimentícios, os seres humanos são os únicos a cultivar deliberadamente produtos agrícolas específicos e a selecionar e propagar determinadas características desejadas. Como um tecelão, um carpinteiro ou um ferreiro, um agricultor cria coisas úteis que não estão na natureza. Isso é feito mediante o uso de plantas e animais modificados ou domesticados para melhor atender aos objetivos humanos. São criações humanas, ferramentas cuidadosamente manufaturadas para produzir comida de novas formas e em quantidades muito maiores do que ocorreria naturalmente. Não é possível exagerar a importância de seu desenvolvimento, pois eles literalmente tornaram o mundo moderno possível. Três plantas domesticadas, em particular, provaram-se extremamente importantes: trigo, arroz e milho. Elas lançaram os alicerces para a civilização e continuam a sustentar a sociedade humana até hoje.

A natureza artificial do milho

O milho fornece a melhor demonstração de que colheitas domesticadas são inquestionavelmente criações humanas. A distinção entre plantas silvestres e domesticadas não é rígida. De fato, as plantas se distribuem num *continuum*: de inteiramente silvestres, passando por plantas que tiveram algumas características modificadas para convir aos seres humanos, até aquelas inteiramente domesticadas, que só podem se reproduzir com ajuda humana. O milho encaixa-se na última categoria. Ele é o resultado da propagação, pelos seres humanos, de uma série de mutações genéticas aleatórias que o transformaram de uma simples erva num estranho e gigantesco mutante que não pode mais sobreviver na natureza. O milho é descendente do teosinto, um capim silvestre nativo do que hoje é o México. As duas plantas parecem muito diferentes. De fato, porém, apenas algumas mutações genéticas foram suficientes para transformar uma na outra.

Uma diferença óbvia entre o teosinto e o milho é que as espigas do primeiro consistem de duas fileiras de grãos contidas em invólucros duros, ou glumas, que protegem a parte comestível no interior. Um único gene, chamado pelos geneticistas modernos de tga1, controla o tamanho dessas glumas; uma mutação nesse gene resulta nos grãos expostos. Isso significa que os grãos têm menor probabilidade de sobreviver à viagem através do trato digestivo de um animal, pondo as plantas mutantes em desvantagem reprodutiva em relação às não mutantes, pelo menos na ordem normal das coisas. Mas os grãos expostos teriam também tornado o teosinto muito mais atraente para seres humanos coletores, uma vez que não seria necessário remover as glumas antes do consumo. Ao coletar apenas as plantas mutantes, com grãos expostos, e depois usar esses grãos como sementes, protoagricultores puderam aumentar a proporção de plantas com grãos expostos. A mutação do tga1, em suma, tornou menos provável a sobrevivência do teosinto na natureza, mas tornou-o também mais atraente para os seres humanos, que propagaram a mutação. (No milho, as glumas são tão reduzidas que só as notamos quando ficam presas entre nossos dentes. Elas são o filme sedoso e transparente que envolve cada grão.)

A evolução do teosinto ao protomilho e à espiga moderna.

Outra diferença óbvia entre o teosinto e o milho está na estrutura, na arquitetura das duas plantas, que determina a posição e o número das partes reprodutivas masculina e feminina, as inflorescências. O teosinto tem uma arquitetura altamente ramificada com múltiplos caules, cada um com uma inflorescência masculina (o pendão) e várias inflorescências femininas (os grãos). O milho, no entanto, tem um único caule e nenhum ramo, um único pendão no topo e espigas muito menos numerosas, mas muito maiores, a meio caminho do caule, encerradas numa palha folhosa. Em geral, há apenas uma espiga, mas em algumas variedades pode haver duas ou três. Essa mudança na estrutura do pé de milho parece ser o resultado de uma mutação num gene conhecido como tb1. Do ponto de vista da planta, essa mutação é negativa: torna mais difícil a fertilização, na qual o pólen do tendão deve descer até a espiga. Do ponto de vista dos seres humanos, porém, ela é bastante útil, uma vez que é muito mais fácil colher um pequeno número de espigas grandes que um grande número de espigas pequenas. Consequentemente, protoagricultores estavam mais propensos a colher espigas de plantas com essa mutação. Ao semear esses grãos, propagaram outra mutação que resultou numa planta inferior, mas num alimento superior.

As espigas, estando mais perto do solo, ficam mais próximas da provisão de nutrientes e podem potencialmente ficar muito maiores. Mais uma vez, a seleção humana guiou esse processo. Quando colhiam espigas de protomilho, os protoagricultores teriam dado preferência a plantas com espigas maiores, e grãos dessas plantas teriam sido usados depois como sementes. Dessa maneira, mutações que resultaram em espigas maiores e com mais grãos se propagaram, de modo que as espigas cresceram de geração em geração e transformaram-se em sabugos de milho. Isso pode ser visto claramente em registros arqueológicos: numa caverna no México foi encontrada uma sequência de sabugos cujo comprimento variava de 1,20 centímetro a 20 centímetros. Mais uma vez, o mesmo traço que tornou o milho atraente para seres humanos o tornou menos viável na natureza. Uma planta com espiga tão grande não pode se propagar de um ano para outro, porque quando a espiga cai na terra e os grãos germinam, a grande proximidade entre tantos grãos competindo pelos nutrientes do solo impede que qualquer um deles se desenvolva. Para que o pé de milho cresça, os grãos devem ser manualmente separados do sabugo e plantados a uma distância suficiente uns dos outros – algo que somente seres humanos podem fazer. Em suma, à medida que os grãos de milho ficaram maiores, a planta foi se tornando inteiramente dependente de seres humanos para sua sobrevivência.

O que começou como um processo involuntário de seleção tornou-se finalmente deliberado quando agricultores primitivos começaram a propagar características desejáveis de propósito. Transferindo pólen do pendão de uma planta para o cabelo de outra, era possível criar novas variedades que combinavam os atributos dos antecessores. Era preciso manter as novas variedades separadas de outras para evitar a perda dos aspectos desejáveis. Análises genéticas sugerem que um tipo particular de teosinto, chamado teosinto Balsas, tem maior probabilidade de ter sido o progenitor do milho. Análises adicionais de variedades regionais do teosinto Balsas sugerem que o milho foi originalmente cultivado no México central, onde estão hoje os estados de Guerrero, México e Michoacán. A partir dali, ele se espalhou e se tornou um alimento de primeira necessidade para povos em todas as Américas: os astecas e os maias do México, os incas do Peru, e muitas outras tribos e culturas em todas as partes das Américas do Norte, do Sul e Central.

No entanto, o milho só pôde se tornar um esteio alimentar com a ajuda de mais uma reviravolta tecnológica, uma vez que é deficiente dos aminoácidos lisina e triptofano e da vitamina niacina, elementos essenciais da dieta humana saudável. Quando o milho era apenas mais um gênero alimentício entre muitos, essas deficiências nutricionais não tinham importância porque outros alimentos, como vagens e abóbora, as compensavam. Mas uma dieta com excesso de milho resulta em pelagra, uma doença nutricional caracterizada por náusea, pele áspera, sensibilidade à luz e demência. (Acredita-se que essa sensibilidade à luz explica a origem de mitos europeus sobre vampiros, após a introdução do milho na dieta europeia, no século XVIII.) Felizmente, o milho pode se tornar seguro se for tratado com hidróxido de cálcio, na forma de cinza de madeira ou de conchas moídas, acrescentado diretamente à panela de cozimento ou misturado com água para criar uma solução alcalina em que se deixa o milho imerso da noite para o dia. Isso tem o efeito de amaciar os grãos e tornar seu preparo mais fácil, o que provavelmente explica a origem da prática. Esse processo tem um efeito mais importante, mas menos visível, porque também libera os aminoácidos e a niacina, que existem no milho numa forma inacessível ou "presa", chamada niacitina. Como os grãos assim processados eram chamados de *nixtamal* pelos astecas, o processo é conhecido como nixtamalização. Essa prática parece ter sido desenvolvida muito cedo, já em 1500 a.C.; sem ela, as grandes culturas das Américas com dietas baseadas no milho nunca poderiam ter se estabelecido.

Tudo isto demonstra que o milho não é, em absoluto, um alimento que brota naturalmente. Seu desenvolvimento foi qualificado por um cientista moderno como um dos mais impressionantes feitos de modificação genética já empreendidos. Trata-se de uma tecnologia complexa, desenvolvida por seres humanos ao longo de gerações, a tal ponto que o milho se tornou incapaz de sobreviver por si mesmo, mas pôde fornecer alimento suficiente para sustentar civilizações inteiras.

A inovação dos cereais

O milho é apenas um dos exemplos mais extremos. Os dois outros principais alimentos básicos do mundo, que vieram a sustentar a civilização no Oriente Próximo e na Ásia Oriental são, respectivamente, o trigo e o arroz. Eles também são resultado de processos seletivos humanos que propagaram mutações desejáveis para criar gêneros alimentícios mais convenientes e abundantes. Como o milho, o trigo e o arroz são cereais, e a diferença fundamental entre suas formas silvestres e cultivadas é que as variedades domesticadas são "inquebráveis". Os grãos estão presos a um eixo central conhecido como raque. À medida que os grãos silvestres amadurecem, a raque torna-se frágil, de modo que se quebra, se despedaça ao ser tocada ou soprada pelo vento, espalhando os grãos como sementes. Isso faz sentido da perspectiva da planta, já que assegura que os grãos só se espalhem depois de maduros, mas é muito inconveniente do ponto de vista de seres humanos que desejam colhê-los.

Num pequeno número de plantas, no entanto, uma única mutação genética garante que a raque não se torne quebradiça, nem mesmo quando as sementes amadurecem. Isso é chamado de "raque dura". Essa mutação é indesejável para as plantas em questão, uma vez que elas são incapazes de dispersar suas sementes, mas foi muito útil para seres humanos coletores de grãos silvestres, que, em consequência, provavelmente colheram um número desproporcional de grãos mutantes de raque dura. Se alguns dos grãos tiverem sido depois plantados para produzir uma safra no ano seguinte, a mutação terá se propagado, aumentando a cada ano a proporção de mutantes de raque dura. Arqueólogos demonstraram em experimentos de campo que foi exatamente isso o que aconteceu com o trigo. Eles estimam que plantas com raques duras, inquebráveis, tornaram-se predominantes em cerca de

200 anos – aproximadamente o tempo que levou a domesticação do trigo, segundo os registros arqueológicos. (No milho, o sabugo é de fato uma gigantesca raque inquebrável.)

Assim como com o milho, protoagricultores selecionaram pés para obter traços desejáveis no trigo, no arroz e em outros cereais durante o processo de domesticação. Uma mutação no trigo faz as glumas que cobrem cada grão se soltarem mais facilmente, resultando em variedades que se "autodebulham". Em consequência, os grãos individuais ficam menos protegidos, de modo que essa mutação é um mau negócio na natureza, mas muito útil para agricultores, já que torna mais fácil debulhar os grãos comestíveis apenas batendo feixes de trigo cortados sobre uma eira. Quando os grãos eram colhidos do chão, grãos pequenos e aqueles com glumas ainda presas teriam sido desprezados em favor de grãos maiores e sem glumas, o que ajudou a propagar essas mutações úteis.

Outro traço comum a muitas plantas domesticadas é a perda da dormência da semente, o mecanismo temporal natural que determina quando uma semente germina. Muitas sementes requerem estímulos específicos, como frio ou luz, antes de começar a germinar, para assegurar que só o farão em circunstâncias favoráveis. Sementes que permanecem dormentes até que um período de frio se encerre, por exemplo, não germinarão no outono e esperarão até que o inverno tenha passado. Agricultores, no entanto, gostariam que as sementes começassem a germinar assim que fossem plantadas. Dada uma coleção de sementes, algumas das quais exibem dormência e outras não, é claro que aquelas que começam a brotar imediatamente têm mais chance de ser colhidas e assim de formar a base da próxima safra. Portanto, quaisquer mutações que suprimem a dormência das sementes tenderão a ser propagadas.

De maneira semelhante, cereais silvestres germinam e amadurecem em momentos diferentes. Isso assegura que, seja qual for a frequência de chuvas, pelo menos alguns dos grãos vão amadurecer para fornecer sementes para o ano seguinte. A colheita de todo um campo de grãos no mesmo dia, contudo, favorece grãos que amadureceram até aquele momento. Grãos excessivamente ou insuficientemente maduros serão menos viáveis se semeados no ano seguinte. A intenção é reduzir a variação no tempo de amadurecimento de um ano para outro, de modo que, finalmente, o campo inteiro amadureça ao mesmo tempo. Isso não é ideal do ponto de vista da planta, pois significa que, potencialmente, a safra inteira pode malograr, mas é muito conveniente para os agricultores.

No caso do arroz, a intervenção humana ajudou a propagar propriedades desejáveis, como pés mais altos e maiores, para facilitar a colheita, e mais ramos secundários, com grãos maiores, para aumentar a produção. Por outro lado, a domesticação também tornou o trigo e o arroz mais dependentes da intervenção humana. O arroz perdeu sua capacidade natural de sobreviver em áreas alagadas, à medida que foi mimado por agricultores. E tanto o trigo quanto o arroz tornaram-se menos capazes de se autorreproduzir por causa das raques inquebráveis selecionadas pelos seres humanos. A domesticação do trigo, do arroz e do milho, os três principais cereais, e de seus irmãos menos importantes, a cevada, o centeio, a aveia e o milhete, encerrou variações em torno do mesmo tema genético conhecido: alimento mais conveniente, planta menos resistente.

Um processo semelhante ocorreu à medida que os seres humanos domesticaram animais para fins alimentícios, a começar com ovelhas e cabras no Oriente Próximo, por volta de 8000 a.C., seguidos por gado vacum e porcos. (Os porcos foram domesticados de maneira independente na China mais ou menos ao mesmo tempo, e os frangos foram domesticados no sudeste da Ásia por volta de 6000 a.C.) A maioria dos animais domesticados tem cérebros menores, visão e audição menos aguçadas que seus ancestrais silvestres. Isso reduz sua capacidade de sobreviver na natureza, mas os torna mais dóceis, o que convém aos agricultores.

Os seres humanos tornaram-se dependentes de suas novas criações, e vice-versa. Ao fornecer uma provisão de alimentos mais confiável e abundante, a agricultura tornou-se a base para novos estilos de vida e sociedades muito mais complexas. Essas culturas basearam-se numa série de alimentos, mas os mais importantes foram os cereais: trigo e cevada no Oriente Próximo, arroz e milhete na Ásia, milho nas Américas. As civilizações que surgiram posteriormente fundadas nessas bases alimentares, inclusive a nossa, devem sua existência a esses antigos produtos de engenharia genética.

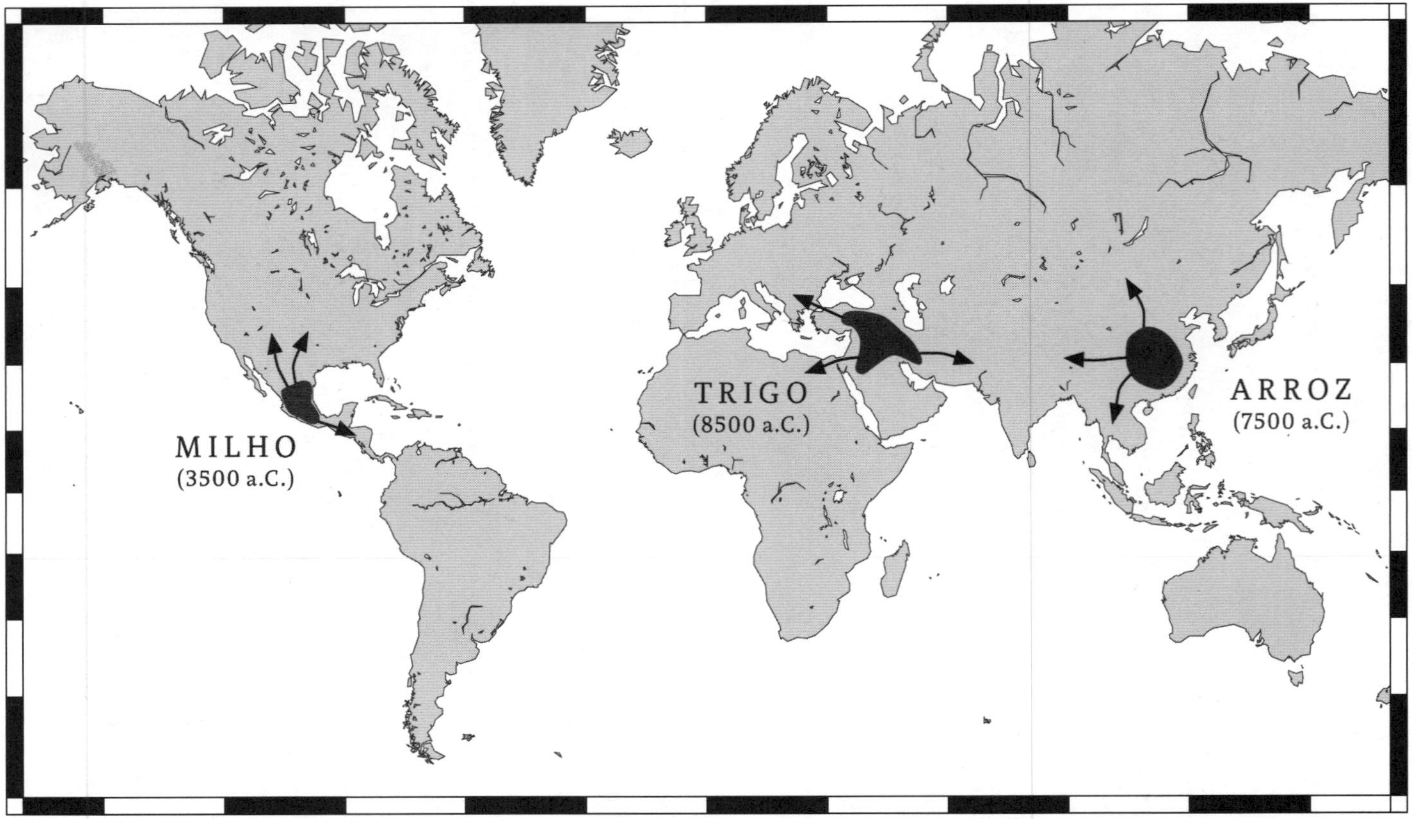

Os centros de origem do milho, do trigo e do arroz domesticados.

Presente na criação

Essa dívida com o passado é reconhecida em muitos mitos e lendas, nos quais a criação do mundo e o nascimento da civilização após um longo período de barbárie estão estreitamente relacionados com essas culturas vitais. Os astecas do México, por exemplo, acreditavam que os homens foram criados cinco vezes, cada geração sendo um melhoramento da anterior. Dizia-se que o teosinto havia sido o principal alimento do homem na terceira e na quarta criações, até que, finalmente, na quinta criação, o homem se alimentou com milho. Somente então prosperou, e seus descendentes povoaram o mundo.

A história da criação dos maias, no sul do México, narrada no Popul Vuh (ou "livro sagrado") também envolve repetidas tentativas de criar a humanidade. A princípio, os deuses moldaram os homens com barro, mas as criaturas resultantes mal conseguiam enxergar, não podiam se mover e logo foram dissolvidas pela água. Por isso os deuses tentaram de novo, dessa vez fazendo os homens com madeira. Essas criaturas podiam andar de quatro e falar, mas faltavam-lhes sangue e alma, e não honravam os deuses. Os deuses destruíram esses homens também, de modo que tudo que restou foram alguns macacos que habitavam em árvores. Finalmente, após muita discussão sobre a escolha apropriada de ingredientes, os deuses fizeram uma terceira geração de homens com espigas de milho brancas e amarelas. "Do milho amarelo e do milho branco eles fizeram sua carne; de pasta de fubá fizeram os braços e as pernas do homem. Somente pasta de fubá foi usada na carne de nossos primeiros pais, os quatro homens, que foram criados." Os maias acreditavam ser descendentes desses quatro homens e de suas mulheres, criadas logo depois.

O milho figura também na história contada pelos incas da América do Sul para explicar suas origens: em tempos antigos, as pessoas em volta do lago Titicaca viviam como animais selvagens. O deus Sol, Inti, apiedou-se delas e enviou seu filho Manco Capac e sua filha Mama Ocllo, que eram também marido e mulher, para civilizá-las. Inti deu a Manco Capac um bastão de ouro com o qual verificaria a fertilidade do solo e sua adequação para o cultivo do milho. Tendo encontrado um lugar adequado, eles deveriam fundar um Estado e instruir as pessoas no culto apropriado do deus Sol. As viagens do casal finalmente os levaram ao vale Cuzco, onde o bastão de ouro desapareceu na terra. Manco Capac ensinou às pessoas agricultura e irrigação, Mama Ocllo ensinou-lhes fiação e tecelagem, e o vale tornou-se o centro da civilização inca. O milho era considerado uma planta sagrada pelos incas, embora a batata também formasse grande parte de sua dieta.

O arroz também aparece em inúmeros mitos nos países onde é cultivado. Em mitos chineses, ele aparece para salvar a humanidade quando ela está à beira da inanição. Segundo uma história, a deusa Guan Yin apiedou-se dos seres humanos famintos e espremeu seus seios para produzir leite, que escorreu para as espigas antes vazias dos pés de arroz e se transformou em grãos. Depois ela apertou com mais força, fazendo uma mistura de sangue e leite escorrer para alguns pés. Diz-se que isso explica por que existe arroz nas variedades branca e vermelha. Outro conto chinês fala de um grande dilúvio, após o qual restaram muito poucos animais para serem caçados. Quando procuravam comida, as pessoas viram um cão indo em direção a elas com feixes de sementes compridas e amarelas penduradas na cauda. Elas plantaram as sementes, que se transformaram em arroz, e saciaram sua fome para sempre. Numa série de mitos contados na Indonésia e em todas as ilhas da Indochina, o arroz aparece como uma donzela delicada e virtuosa. A deusa indonésia do arroz, Sri, é a deusa da terra que protege as pessoas contra a fome. Uma história conta como Sri foi morta pelos outros deuses para protegê-la do assédio do rei dos deuses, Batara Guru. Quando seu corpo foi enterrado, brotou arroz de seus olhos e um arroz grudento cresceu de seu peito. Cheio de remorso, Batara Guru deu essas plantas para a humanidade cultivar.

O mito da criação do mundo e do surgimento da civilização contado pelos sumérios, os antigos habitantes do que é hoje o sul do Iraque, refere-se a um momento, após a criação do mundo por Anu, em que existiam pessoas, mas a agricultura era desconhecida. Ashnan, a deusa dos grãos, e Lahar, a deusa das ovelhas, ainda não tinham aparecido; Tagtug, o patrono dos artesãos, ainda não tinha nascido; e Mirsu, o deus da irrigação, e Sumugan, o deus do gado, ainda não tinham chegado para ajudar a humanidade. Em consequência, "os grãos … e os grãos de cevada para as diletas multidões ainda não eram conhecidos". Em vez deles, as pessoas comiam capim e tomavam água. As deusas dos grãos e dos rebanhos foram então criadas para fornecer alimento para os deuses, mas por mais que eles comessem, nunca estavam saciados. Somente com o surgimento de homens civilizados, que lhes faziam oferendas regulares de alimentos, seus apetites foram finalmente satisfeitos. Assim, plantas e animais domesticados foram um presente para o homem, mediante a obrigação de fazer oferendas regulares para os deuses. Esse conto preserva uma lembrança popular de um tempo anterior à adoção da agricultura, quando os seres humanos ainda eram caçadores e coletores. De maneira semelhante, um hino sumério à deusa dos grãos descreve uma era bárbara antes das cidades, campos, currais de ovelhas e estábulos para o gado bovino – uma era que chegou ao fim quando a deusa dos grãos inaugurou um novo tempo de civilização.

Explicações contemporâneas sobre a base genética da domesticação de plantas e animais são, na realidade, apenas a versão moderna, científica, desses mitos antigos e impressionantemente semelhantes da criação pelo mundo todo. Hoje, diríamos que o abandono da caça e da coleta, a domesticação de plantas e animais e a adoção de um estilo de vida sedentário baseado na agricultura puseram a humanidade no caminho para o mundo moderno, e que esses primeiros agricultores foram os primeiros seres humanos modernos, "civilizados". Reconhecidamente, esta é uma narrativa muito menos pitoresca que aquelas fornecidas pelos vários mitos da criação, mas, uma vez que a domesticação de certos cereais fundamentais foi um passo essencial rumo ao nascimento da civilização, não há dúvida de que esses contos antigos contêm muito mais que apenas um grão de verdade.

2. As raízes da modernidade

> "Maldita é a terra por tua causa; com sofrimento tu te alimentarás dela todos os dias da tua vida."
>
> *Gênesis* 3:17

Um mistério agrícola

O mecanismo pelo qual plantas e animais foram domesticados pode ser compreendido, mas isso pouco contribui para explicar as motivações das pessoas que o fizeram. Por que os seres humanos trocaram a caça e a coleta pela agricultura é uma das mais antigas, mais complexas e mais importantes questões na história humana. Isso é curioso porque a troca deixou as pessoas em condições significativamente piores, de uma perspectiva nutricional e também em muitos outros aspectos. De fato, um antropólogo descreveu a adoção da agricultura como "o pior erro na história da raça humana".

Ser um caçador-coletor era muito mais divertido que cultivar a terra. Antropólogos que conviveram com grupos sobreviventes de caçadores-coletores relatam que, mesmo nas áreas marginais em que eles são obrigados a viver atualmente, a coleta de alimentos só ocupa uma pequena parte de seu tempo – muito menos do que seria requerido para produzir a mesma quantidade de comida por meio da agricultura. Os boxímanes !kung do Kalahari, por exemplo, gastam normalmente de 12 a 19 horas por semana coletando comida, e os nômades hazda da Tanzânia gastam menos de 14 horas. Isso deixa muito tempo livre para atividades de lazer, participação em atividades sociais etc. Quando perguntado por um antropólogo por que seu povo não havia adotado a agricultura, um boxímane respondeu: "Por que deveríamos plantar, quando há tantas nozes de mongongo no mundo?" (Frutos e nozes de mongongo, que constituem cerca da metade da dieta dos !kung, são colhidos de árvores silvestres e são abundantes mesmo quando não se faz nenhum esforço para propagá-los.) Na verdade, os caçadores-coletores trabalham dois dias por semana e têm fins de semana de cinco dias.

O estilo de vida dos caçadores-coletores nos tempos pré-agrícolas, em ambientes menos marginais, provavelmente era ainda mais agradável. Costumava-se pensar que a mudança para a agricultura dera às pessoas mais tempo para se dedicarem a atividades artísticas e ao desenvolvimento de novos ofícios e tecnologias. A agricultura, nessa visão, teria sido uma libertação da existência ansiosa e incerta do caçador-coletor. No entanto, o contrário é que é verdadeiro. A agricultura é mais produtiva no sentido de que produz mais alimentos por área: um grupo de 25 pessoas pode subsistir por meio da agricultura em apenas dez hectares, uma área muito menor que os milhares de hectares de que precisariam para subsistir caçando e coletando. A agricultura é, entretanto, menos produtiva quando medida pela quantidade de comida produzida por hora de trabalho; em outras palavras, é um trabalho muito mais árduo.

Certamente esse esforço valeria a pena se significasse que as pessoas não precisavam mais se preocupar com desnutrição ou inanição, não é? É o que se poderia pensar. No entanto, os caçadores-coletores parecem ter sido muito mais saudáveis que os primeiros agricultores. Segundo evidências arqueológicas, os agricultores tinham maior probabilidade que os caçadores-coletores de sofrer hipoplasia do esmalte dentário – que causa linhas horizontais características nos dentes e indica deficiência nutricional. A agricultura proporciona uma dieta menos variada e menos equilibrada que a caça e a coleta. Os boxímanes comem cerca de 75 diferentes tipos de plantas silvestres, em vez de depender de algumas culturas básicas. Os cereais fornecem as calorias necessárias, mas não contêm a série completa de nutrientes essenciais.

Por isso os agricultores eram mais baixos que os caçadores-coletores. Isso pode ser determinado a partir de restos esqueletais, mediante a comparação da idade "dentária" com a idade "esqueletal" indicada pelo comprimento dos ossos longos. Uma idade esqueletal inferior à idade dentária é evidência de crescimento tolhido pela desnutrição. Evidências esqueletais da Grécia e da Turquia sugerem que, no fim da última Era do Gelo, cerca de

14 mil anos atrás, a altura média dos caçadores-coletores era 1,75 metro para os homens e 1,65 metro para as mulheres. Em 3000 a.C., após a adoção da agricultura, essas médias tinham caído para 1,60 metro para os homens e 1,52 metro para as mulheres. Foi só nos tempos modernos que os seres humanos recuperaram a estatura dos antigos caçadores-coletores, e somente nas partes mais ricas do mundo. Os gregos e os turcos modernos ainda são mais baixos que seus ancestrais da Idade da Pedra.

Além disso, muitas doenças danificam os ossos de maneiras características, e estudos de esqueletos revelam que agricultores sofriam de várias doenças por desnutrição, raras ou ausentes entre caçadores-coletores. Entre elas estão o raquitismo (deficiência de vitamina D), o escorbuto (deficiência de vitamina C) e a anemia (deficiência de ferro). Os agricultores eram também mais suscetíveis a doenças infecciosas como lepra, tuberculose e malária, em decorrência do estilo de vida sedentário. A dependência de cereais teve outras consequências específicas: os esqueletos femininos frequentemente exibem evidências de articulações artríticas com deformidades nos dedos dos pés, joelhos e na parte inferior das costas, todas elas associadas ao uso diário de um almofariz-pedestal para moer grãos. Restos dentários mostram que agricultores sofriam de cáries, desconhecidas entre caçadores-coletores, porque os carboidratos das dietas saturadas de cereais eram metabolizados em açúcares por enzimas da saliva na mastigação. A expectativa de vida, que pode igualmente ser determinada a partir de esqueletos, também caiu: evidências do vale do rio Illinois mostram que a expectativa de vida média caiu de 26 anos entre caçadores-coletores para 19 entre agricultores.

Em alguns sítios arqueológicos é possível acompanhar o desenvolvimento da saúde dos caçadores-coletores, que se tornavam mais sedentários até, por fim, adotarem a agricultura. À medida que os grupos de agricultores se estabelecem e crescem, a incidência de desnutrição, doenças parasíticas e doenças infecciosas se eleva. Em outros sítios, é possível comparar a condição de caçadores-coletores e agricultores vivendo lado a lado. Os agricultores, sedentários, são invariavelmente menos saudáveis que seus vizinhos que vagam livremente. Os agricultores tinham de trabalhar muito mais tempo e mais arduamente para produzir uma dieta menos variada e menos nutritiva, e eram muitos mais propensos a doenças. Diante de todas essas desvantagens, por que cargas-d'água as pessoas adotaram a agricultura?

As origens da agricultura

A resposta imediata é que elas não compreenderam o que estava acontecendo até ser tarde demais. A mudança da caça e da coleta para a agricultura foi gradual da perspectiva de agricultores individuais, embora tenha sido muito rápida no contexto da história humana. Pois, assim como as plantas formam um *continuum* de silvestres a domesticadas, há uma gradação entre ser exclusivamente caçador e coletor e depender inteiramente de produtos cultivados.

Caçadores-coletores por vezes manipulam ecossistemas para aumentar a disponibilidade de alimentos, embora tal comportamento fique muito longe do cultivo deliberado em grande escala que chamamos de agricultura. O uso do fogo para limpar terras e estimular novo crescimento, por exemplo, é uma prática que remonta a pelo menos 35 mil anos atrás. Os aborígines australianos, um dos poucos grupos de caçadores-coletores que sobreviveram aos tempos modernos, ocasionalmente plantam sementes para aumentar a disponibilidade de alimentos quando voltam a uma região particular alguns meses depois. Seria um exagero chamar isso de agricultura, já que esse alimento constitui apenas uma pequena fração de sua dieta, mas a manipulação deliberada dos ecossistemas significa que eles tampouco são exclusivamente caçadores-coletores.

A adoção da agricultura parece ter acontecido à medida que as pessoas se moveram gradualmente ao longo do espectro entre ser puros caçadores-coletores, passando a recorrer cada vez mais a alimentos cultivados, até finalmente depender deles. Teorias para explicar essa mudança são muitas, mas provavelmente não houve uma causa única. Em vez disso, houve provavelmente uma combinação de fatores, cada um dos quais desempenhou um papel maior ou menor nos vários territórios em que a agricultura surgiu de maneira diversa.

Um dos fatores mais importantes parece ter sido a mudança climática. Estudos do clima antigo, baseados em análise de núcleos de gelo, amostras de solo de mares profundos e perfis de pólen, descobriram que entre 18000 a.C. e 9500 a.C. o clima era frio, seco e extremamente variável, de modo que qualquer tentativa de cultivar ou domesticar plantas teria fracassado. De modo intrigante, há evidências de pelo menos uma tentativa de fazê-lo, numa localidade chamada Abu Hureyra, no norte da Síria. Por volta de 10700 a.C., os habitantes do local parecem ter começado a domesticar centeio, mas a tentativa malogrou por força de um repentino período frio conhecido como o Dryas recente, que começou por volta de 10700 a.C. e durou cerca de 1.200 anos. Depois, por volta de 9500 a.C., o clima tornou-se subitamente mais quente, mais úmido e mais estável, proporcionando uma condição necessária, mas não suficiente, para a agricultura. Afinal, se o clima recentemente estabilizado tivesse sido o único fator a propiciar a adoção da agricultura, as pessoas a teriam adotado simultaneamente no mundo todo; como elas não o fizeram, deve ter havido outras forças em ação.

Um desses fatores foi um maior sedentarismo, à medida que caçadores-coletores em algumas partes do mundo tornaram-se menos inquietos e começaram a passar a maior parte do ano num único acampamento, até mesmo se estabelecendo em residências permanentes. Há muitos exemplos de comunidades aldeãs sedentárias anteriores à agricultura, como aquelas da cultura natufiana do Oriente Próximo, que floresceu no milênio anterior ao Dryas recente, e outras no litoral norte do Peru e no noroeste da América do Norte, na costa do Pacífico. Em todos os casos, essas pequenas comunidades tornaram-se viáveis graças aos alimentos silvestres locais abundantes, muitas vezes na forma de peixes ou mariscos. Normalmente, caçadores-coletores deslocam seus acampamentos para evitar que a oferta de alimentos numa área específica se esgote, ou para tirar proveito da disponibilidade sazonal de diferentes alimentos. Mas não há necessidade de se mudar de um lugar para outro quando o grupo se estabelece perto de um rio e o alimento vem até ele. O aprimoramento de técnicas de coleta de alimentos no final da Idade da Pedra, com flechas, redes e anzóis melhores, pode também ter promovido o sedentarismo. Podendo extrair mais alimentos (como peixes, pequenos roedores ou mariscos) de seus arredores, um bando de caçadores-coletores não precisava se deslocar tanto.

O sedentarismo nem sempre levou à agricultura, e alguns grupos de caçadores-coletores estabelecidos sobreviveram até os tempos modernos sem jamais adotá-la. É certo, porém, que ele tornou a mudança para a agricultura mais provável. Caçadores-coletores estabelecidos que coletavam grãos silvestres, por exemplo, podem ter começado a plantar algumas sementes para manter a oferta. O plantio poderia também ter se tornado uma segurança contra variações na oferta de outros alimentos. E, como os grãos são processados com o uso de moendas cujo transporte de um acampamento para outro era inconveniente, um maior sedentarismo teria tornado os grãos um gênero alimentício mais atraente. O fato de os grãos serem ricos em energia e de poderem ser secados e armazenados por longos períodos também contava a seu favor. Não eram um gênero alimentício extremamente empolgante, mas podia-se contar com eles em circunstâncias extremas.

Não é difícil imaginar como caçadores-coletores sedentários podem ter começado a depender mais intensamente de cereais em sua dieta. O que no início era um alimento relativamente pouco importante ganhou espaço pela simples razão de que protoagricultores podiam assegurar sua disponibilidade (pelo plantio e armazenagem) como não podiam fazer com outras comidas. Evidências arqueológicas do Oriente Próximo sugerem que, inicialmente, protoagricultores cultivavam quaisquer cereais silvestres que estivessem à mão, como trigo einkorn. Mas, à medida que se tornaram mais dependentes deles, mudaram para itens mais produtivos, como trigo emmer, que proporciona mais alimento com a mesma quantidade de trabalho.

O crescimento populacional resultante do sedentarismo também foi sugerido como fator contribuinte para a adoção da agricultura. Caçadores-coletores nômades têm de carregar tudo consigo quando deslocam seu acampamento, inclusive bebês. Só quando uma criança começa a andar sem ajuda, aos três ou quatro anos, sua mãe pode pensar em ter outro filho. Em comunidades estabelecidas, no entanto, as mulheres não enfrentam esse problema, e podem portanto ter mais filhos. Com isso, a demanda por alimentos nas proximidades teria aumentado e poderia ter estimulado o plantio suplementar e, finalmente, a agricultura. Um problema dessa linha de argumentação, porém, é que em algumas partes do mundo a densidade populacional parece só ter crescido de maneira significativa depois da adoção da agricultura, e não antes.

Há muitas outras teorias. Em certos locais, caçadores-coletores podem ter se voltado para a agricultura quando as espécies de caça de grande porte que eram suas presas preferidas escassearam. A agricultura pode ter sido estimulada pela competição social, quando grupos rivais competiam para promover os banquetes mais suntuosos; isso poderia explicar por que, em algumas partes do mundo, alimentos de luxo parecem ter sido domesticados antes de alimentos de primeira necessidade. Ou talvez a inspiração fosse religiosa, e as pessoas plantassem sementes como um rito de fertilidade ou para apaziguar os deuses depois de colher grãos silvestres. Já foi sugerido que a fermentação acidental de cereais e a resultante descoberta da cerveja incentivaram a adoção da agricultura, no intuito de garantir uma provisão regular.

O importante é que em nenhum momento alguém tomou uma decisão consciente de adotar um estilo de vida inteiramente novo. Em cada passo ao longo do caminho, as pessoas simplesmente decidiram pelo que fazia mais sentido na ocasião: por que ser um nômade quando era possível se estabelecer junto de uma boa provisão de peixes? Se não fosse possível contar com fontes de alimentos silvestres, por que não plantar algumas sementes para aumentar a oferta? A lenta e crescente dependência de alimentos cultivados em que se viram os protoagricultores tomou a forma de uma mudança gradual, não de uma reviravolta repentina. Em algum momento, porém, uma fronteira imperceptível foi atravessada e as pessoas começaram a ficar dependentes da agricultura. A linha é cruzada quando os recursos alimentares silvestres na área circundante, plenamente explorados, já não são suficientes para sustentar a população. A produção deliberada de alimento suplementar por meio da agricultura deixa então de ser opcional e torna-se compulsória. Nesse ponto, não pode haver retorno a um estilo de vida nômade, caçador-coletor – pelo menos sem uma perda significativa de vidas.

Espalharam-se os agricultores ou espalhou-se a agricultura?

Em seguida, a agricultura propõe um segundo enigma. Depois que ganhou raízes em algumas partes do mundo, a questão passa a ser: por que ela se disseminou por praticamente toda parte? Uma possibilidade é que agricultores tenham se espalhado, deslocando ou exterminando caçadores-coletores à medida que avançavam. Outra opção é que caçadores-coletores nas margens de áreas agrícolas podem ter decidido seguir o exemplo e tornar-se eles mesmos agricultores, adotando os métodos, as plantas e os animais domesticados de seus vizinhos. Essas duas possibilidades são conhecidas como "difusão dêmica" e "difusão cultural", respectivamente. Desse modo, foram os próprios agricultores que se difundiram ou foi apenas a ideia de agricultura que se difundiu?

A ideia de que os fazendeiros se espalharam a partir de seus territórios natais cultivados, levando consigo plantas domesticadas e conhecimento de técnicas agrícolas, é sustentada por evidências de muitas partes do mundo. À medida que agricultores passaram a estabelecer novas comunidades em terras não cultivadas, o resultado foi uma "onda de avanço" centrada nas áreas onde a domesticação ocorreu primeiro. A Grécia, por exemplo, parece ter sido colonizada por agricultores que chegaram por mar do Oriente Próximo, entre 7000 a.C. e 6500 a.C. Arqueólogos encontraram no país muito poucos sítios de caçadores-coletores, mas centenas de sítios agrícolas primitivos. De maneira semelhante, agricultores que chegaram da China através da península coreana parecem ter introduzido o cultivo do arroz no Japão a partir de cerca de 300 a.C. Evidências linguísticas também sustentam a ideia de uma migração a partir de territórios natais agrícolas, em que tanto línguas quanto práticas agrícolas se dispersaram. A distribuição de famílias linguísticas na Europa, no leste da Ásia e na Austronésia é amplamente compatível com evidências arqueológicas sobre a difusão da agricultura. Hoje, quase 90% da população do mundo fala algum idioma pertencente a uma das sete famílias de línguas que tiveram suas origens em dois desses territórios: o Crescente Fértil e partes da China. As línguas que falamos hoje, e as comidas que comemos, descendem daquelas usadas pelos primeiros agricultores.

No entanto, existem também evidências que sugerem que caçadores-coletores nem sempre foram expulsos ou exterminados por agricultores forasteiros, mas ao contrário, que viviam ao lado deles e em alguns casos tornaram-se também agricultores. O exemplo mais claro é encontrado no sul da África, onde caçadores-coletores khoisan adotaram o gado bovino eurasiano do norte e tornaram-se pastores desses rebanhos. Vários sítios arqueológicos europeus fornecem evidências de agricultores e caçadores-coletores vivendo lado a lado e trocando produtos. Como os dois tipos de comunidade tinham ideias muito diferentes sobre os tipos de ambiente em que era desejável se estabelecer, não há razão para que não pudessem coexistir, desde que restassem nichos ecológicos adequados para os caçadores-coletores. As coisas, entretanto, teriam ficado progressivamente mais difíceis para os caçadores-coletores que viviam perto de agricultores. Estes não se preocupavam tanto em preservar recursos alimentares silvestres perto de suas comunidades, uma vez que tinham alimentos cultivados a que recorrer. Dessa forma, os caçadores-coletores ou se juntavam às comunidades agrárias, ou adotavam eles mesmos a agricultura, ou eram obrigados a se mudar para novas áreas.

Sendo assim, que mecanismos predominaram? Na Europa, onde o advento da agricultura foi mais intensamente estudado, pesquisadores usaram a análise genética para determinar se os ancestrais dos europeus modernos eram predominantemente caçadores-coletores que adotaram a agricultura ou agricultores imigrantes provenientes do Oriente Próximo. Nesses estudos, pessoas da península anatoliana (oeste da Turquia), que se situa dentro do Crescente Fértil, são consideradas geneticamente representativas dos primeiros agricultores. De maneira semelhante, supõe-se que os bascos são os descendentes mais diretos dos caçadores-coletores, por duas razões. Primeiro, a língua basca não tem nenhuma semelhança com línguas europeias descendentes do proto-indo-europeu, a família linguística introduzida na Europa juntamente com a agricultura, parecendo antes remontar à Idade da Pedra. (Várias palavras bascas para ferramentas começam com "aitz", o termo usado para pedra, o que sugere que datam de um tempo em que ferramentas de pedra estavam em uso.) Segundo, há diversas variações genéticas específicas dos bascos que não são encontradas em outros europeus.

Num estudo recente, amostras genéticas foram colhidas desses dois grupos e depois comparadas com amostras de populações de diferentes partes da Europa. Os pesquisadores descobriram que as contribuições genéticas dos bascos e dos anatolianos variavam significativamente através do continente: a contribuição anatoliana (isto é, do agricultor do Oriente Próximo) era de 79% nos Bálcãs, 45% no norte da Itália, 63% no sul da Itália, 35% no sul da Espanha e 21% na Inglaterra. Em suma, a contribuição de agricultores era mais elevada no leste e mais baixa no oeste. Isso fornece a resposta para o enigma e sugere que a agricultura se difundiu como resultado de um processo híbrido em que uma população agricultora migrante se espalhou pela Europa a partir do leste e foi gradualmente diluída por meio de casamentos com membros do grupo dos caçadores-coletores, de modo que a população resultante terminou sendo descendente de ambos os grupos. Provavelmente, a mesma coisa aconteceu também em outras partes do mundo.

A difusão da agricultura a partir de territórios agrícolas natais, seguida pelo crescimento populacional das comunidades agrárias, significou que os fazendeiros tornaram-se mais numerosos que os caçadores-coletores dentro de poucos milhares de anos. Por volta de 2000 a.C., a maior parte da humanidade havia adotado a agricultura. Foi uma mudança tão fundamental que até hoje, muitos milhares de anos depois, a distribuição das línguas e dos genes humanos continua a refletir o advento da agricultura. Durante a domesticação, plantas foram geneticamente reconfiguradas por seres humanos, e, à medida que a agricultura foi adotada, seres humanos foram geneticamente reconfigurados por plantas.

O homem, um animal agrícola

Os agricultores e suas plantas e animais domesticados selaram um grande pacto e seus destinos se entrelaçaram, embora os agricultores não se dessem conta disso na época. Vejamos o milho. A domesticação o tornou dependente do homem, mas sua aliança com os seres humanos também o levou muito além de suas origens como uma obscura erva mexicana, e hoje ele é um dos produtos mais amplamente cultivados na Terra. Do ponto de vista da humanidade, por outro lado, a domesticação do milho tornou disponível uma nova e abundante fonte de alimento, ao mesmo tempo que seu cultivo (como o de outras plantas) incitou as pessoas a adotar um novo estilo de vida, sedentário, baseado na agricultura. É o homem que está explorando o milho para sua satisfação, ou é o milho que está explorando o homem? A domesticação, ao que parece, é uma via de mão dupla.

Até hoje, milhares de anos depois que os primeiros agricultores iniciaram o processo de domesticação das plantas e animais, a humanidade continua sendo uma espécie agrícola, e a produção de alimento continua sendo sua principal ocupação. A agricultura emprega 41% da população mundial, mais que qualquer outra atividade, e ocupa 40% da área de terras do globo. (Cerca de um terço dessa terra é usada para a produção de plantas, e aproximadamente dois terços fornecem pastos para gado.) Os mesmos três alimentos que sustentaram as primeiras civilizações continuam sendo os fundamentos da existência humana: trigo, arroz e milho ainda fornecem a maior parte das calorias consumidas pela raça humana. Somente uma pequena parcela da comida consumida pelos seres humanos hoje vem de fontes silvestres: peixes, mariscos e uma pequena quantidade de bagas, castanhas, cogumelos etc.

Em consequência, praticamente nenhum dos alimentos que comemos hoje pode ser, de fato, qualificado como natural. A quase totalidade deles é resultado de reprodução seletiva – inadvertida de início, mas depois mais deliberada e cuidadosa, à medida que os agricultores propagaram as características mais valiosas presentes na natureza para criar mutantes novos e domesticados, mais adequados às necessidades humanas. Grãos, vacas e frangos, tal como os conhecemos, não existem na natureza, e não existiriam hoje sem a intervenção humana. Até as cenouras alaranjadas são criação humana. Originalmente, elas eram brancas e roxas; a variedade alaranjada, mais doce, foi criada por horticultores holandeses no século XVI como um tributo a Guilherme I, príncipe de Orange. A tentativa de um supermercado britânico de reintroduzir a variedade roxa tradicional em 2002 fracassou porque os fregueses preferiram o tipo alaranjado seletivamente reproduzido.

Todas as plantas e animais domésticos são tecnologias criadas pelo homem. Mais ainda, quase todas as plantas e animais que conhecemos hoje remontam aos tempos antigos. A maioria foi domesticada antes de 2000 a.C., e muito poucos foram criados desde então. Dos 14 animais de grande porte domesticados, somente um, a rena, foi domesticada nos últimos milênios, e tem valor marginal (embora sua carne seja muito saborosa). O mesmo pode ser dito das plantas: mirtilos, morangos, oxicocos, kiwis, macadâmias, pecãs e cajus foram todos domesticados há relativamente pouco tempo, mas nenhum é um gênero alimentício importante.

Somente espécies aquáticas foram domesticadas em quantidades significativas no século passado. Em suma, os primeiros agricultores conseguiram domesticar a maioria das plantas e dos animais que valiam a pena muitos milhares de anos atrás. Isso pode explicar por que há uma suposição tão generalizada de que plantas e animais domesticados são naturais, e por que esforços contemporâneos para refiná-los ainda mais, usando técnicas modernas de engenharia genética, atraem tantas críticas e provocam tanto medo. No entanto, pode-se alegar que a engenharia genética é apenas um recente desdobramento num campo de tecnologia que remonta a mais de 10 mil anos atrás. Milho tolerante a herbicidas não existe na natureza, é verdade – mas o mesmo pode ser dito de qualquer outro tipo de milho.

A simples verdade é que a agricultura é profundamente antinatural. Ela fez mais para mudar o mundo, e teve mais impacto sobre o ambiente, que qualquer outra atividade humana. Levou ao desmatamento generalizado, à destruição ambiental, ao deslocamento de vida silvestre "natural" e à realocação de plantas e animais milhares de quilômetros distantes de seus habitats naturais. Envolve a modificação genética de plantas e animais para criar mutantes monstruosos que não existem na natureza e que, com frequência, não podem sobreviver sem a intervenção humana. Subverteu o modo de vida do caçador-coletor que definira a existência humana por dezenas de milhares de anos, incitando os seres humanos a trocar uma existência variada e sossegada de caça e coleta por vidas de trabalho árduo e enfadonho. A agricultura certamente não seria tolerada se tivesse sido inventada hoje. Apesar disso, a despeito de todos os seus defeitos, ela é a base da civilização tal como a conhecemos. Plantas e animais domesticados são os próprios fundamentos do mundo moderno.

PARTE II Comida e estrutura social

3. Alimento, riqueza e poder

"É difícil adquirir riqueza, mas a pobreza está sempre à mão."

PROVÉRBIO MESOPOTÂMICO, 2000 A.C.

Orientação vocacional

A Lista das Profissões Usuais é um documento da aurora da civilização, inscrito em pequenas tábuas de argila com as endentações características da escrita cuneiforme. As versões mais antigas, datadas de cerca de 3200 a.C., foram encontradas na cidade de Uruk (a Erech dos dias de hoje), na Mesopotâmia, a primeira região onde a escrita e as cidades surgiram. Existem muitas cópias dessa lista, pois era um texto-padrão usado para ensinar escribas. A lista consiste em 129 profissões, sempre escritas na mesma ordem, com as mais importantes no topo. Os itens listados incluem "juiz supremo", "prefeito", "erudito" e "supervisor dos mensageiros", porém o significado de muitos deles é desconhecido. A lista indica que a população de Uruk, provavelmente a maior cidade da época, era estratificada em diferentes profissões especializadas, algumas mais importantes que as outras. Essa era uma grande mudança em relação às aldeias de agricultores que haviam emergido na região cerca de 5 mil anos antes. O alimento estava na raiz dessa transformação.

A mudança de aldeias pequenas e igualitárias para cidades grandes, socialmente estratificadas, foi possível por conta de uma intensificação da agricultura, quando parte da população já produzia mais alimentos que o necessário para sua própria subsistência. Esse excedente podia, então, ser usado para sustentar outras pessoas – assim, não era mais necessário que todos fossem agricultores. Em Uruk, apenas cerca de 80% da população era de agricultores. Eles cultivavam campos que circundavam a cidade num raio de 16 quilômetros. A produção excedente era apropriada por uma elite dominante que redistribuía parte dela e consumia o resto. Essa estratificação da sociedade, ocasionada pelo excedente de alimentos cultivados, ocorreu não apenas na Mesopotâmia, mas em todas as partes do mundo em que havia agricultura. Foi a segunda importante maneira pela qual o alimento ajudou a transformar a natureza da existência humana. Com a agricultura, as pessoas se estabeleceram; com a intensificação da produção, elas se dividiram em ricas e pobres, em governantes e agricultores.

A ideia de que as pessoas têm diferentes trabalhos ou profissões, e que algumas são mais ricas que outras, é considerada natural hoje, mas durante a maior parte da existência humana essa percepção não existia. A maioria dos caçadores-coletores, e, depois, dos primeiros agricultores, possuía riqueza equivalente e passava seus dias fazendo as mesmas coisas que os demais na comunidade. Estamos acostumados a pensar em comida como algo que reúne as pessoas, seja literalmente, em volta da mesa numa reunião social, ou metaforicamente, através de uma cozinha regional ou cultural partilhada. A comida também pode dividir e separar. No mundo antigo, alimento era riqueza, e controle do alimento era poder.

Como na adoção da agricultura, as mudanças na produção de alimento e a consequente transformação das estruturas sociais ocorreram simultaneamente e de forma entrelaçada. Uma elite dominante não apareceu de repente exigindo que todos trabalhassem mais arduamente nos campos; nem uma produtividade maior gerou um excedente repentino a ser disputado, com o vencedor sendo coroado rei. Na verdade, o abandono do estilo de vida caçador-coletor significou que as limitações à capacidade do indivíduo de acumular bens e angariar prestígio – coisas que eram desaprovadas por caçadores-coletores – deixaram de se aplicar. Ainda assim, o nascimento de sociedades mais complexas levou algum tempo: na Mesopotâmia, a mudança de aldeias simples para cidades complexas demandou cinco milênios, e também na China e nas Américas ela demandou milhares de anos.

O controle da comida era igual a poder porque ela, ao alimentar seres humanos e animais, mantinha literalmente tudo em movimento. A apropriação do excedente de alimentos cultivados deu às elites dominantes os meios para sustentar escribas, soldados e artesãos especializados, em regime de tempo integral. Significou também que certa parcela da população pôde ser utilizada em projetos de construção, já que os agricultores que permaneceram na terra forneceriam alimento suficiente para todos. Assim, uma abundância de comida excedente conferia a seu proprietário o poder de fazer todos os tipos de coisas novas: travar guerras, construir templos e pirâmides e sustentar a produção de itens artesanais elaborados por escultores especializados, tecelões e ferreiros. No entanto, para compreender as origens do poder dos alimentos é necessário começar examinando a estrutura das sociedades de caçadores-coletores e perguntar por que, anteriormente, as pessoas haviam considerado o acúmulo de alimento e poder tão perigoso e desestabilizador – e por que isso mudou.

Antigos igualitários

Os caçadores-coletores podiam passar apenas dois dias por semana vagando em busca de coisas para comer, mas nem por isso suas vidas deixavam de ser regidas pela busca por comida. Bandos de caçadores-coletores tinham de ser nômades, mudando-se a intervalos de algumas semanas, assim que os recursos alimentares ao alcance de cada acampamento começavam a se esgotar. Cada vez que o grupo se deslocava, tinha de levar consigo todas as suas posses. A necessidade de carregar tudo limitava a capacidade dos indivíduos de acumular bens materiais. Um inventário feito por antropólogos modernos de uma família de caçadores-coletores africanos, por exemplo, constatou que seus membros possuíam coletivamente uma faca, uma lança, arco e flechas, um protetor de punho, uma rede, cestas, um enxó, um apito, uma flauta, castanholas, um pente, um cinturão, um martelo e um chapéu. Poucas famílias no mundo desenvolvido poderiam arrolar todas as suas posses numa única frase. Esses itens eram compartilhados. Em vez de cada um ser obrigado a carregar sua própria faca ou lança, faz muito mais sentido partilhá-los, para que outras pessoas possam então carregar diferentes itens, como redes ou arcos. Bandos em que as ferramentas eram partilhadas teriam sido mais flexíveis e teriam tido mais probabilidade de sobreviver do que aqueles em que esses itens eram individuais. Assim, proliferaram os bandos em que havia pressão social para partilhar as coisas.

A obrigação de partilhar estendia-se também à comida. Caçadores-coletores modernos, muitas vezes, seguem uma regra segundo a qual qualquer pessoa que traga comida para o acampamento tem de partilhá-la com todos aqueles que peçam. A regra fornece um seguro contra a escassez de alimentos, pois nem todos podem estar certos de encontrar alimento suficiente num dado dia, e mesmo os melhores caçadores só podem esperar matar um animal a intervalos de alguns dias. Se todos forem egoístas e insistirem em guardar sua própria comida para si mesmos, grande parte das pessoas passará fome a maior parte do tempo. A partilha assegura que a provisão seja equilibrada. Evidências etnográficas de caçadores-coletores modernos mostram que alguns grupos têm regras ainda mais elaboradas para impor a partilha. Em alguns casos, um caçador não tem sequer permissão para se servir de sua própria caça (embora algum parente assegure que ele receba alimento indiretamente). De maneira semelhante, reivindicar um pedaço de terra, e os recursos alimentares a ele associados, não é permitido. Essas regras asseguram que os riscos e recompensas da caça e da coleta sejam partilhados por todo o grupo. Historicamente, bandos que partilhavam a comida tiveram mais probabilidade de sobreviver que aqueles que não o faziam: a competição por recursos tende a estimular a superexploração, e disputas de propriedade teriam provocado a fragmentação do grupo. Mais uma vez, a partilha do alimento predominava porque conferia claras vantagens aos bandos que a adotavam.

Tudo isso significava que caçadores-coletores não tentavam acumular símbolos de status para aumentar seu prestígio pessoal. Para que se incomodar, se esses bens deveriam ser partilhados com outros? Só depois do advento da agricultura foi que as primeiras indicações de riqueza ou posse privada apareceram. Como um antropólogo comentou, tendo observado caçadores-coletores na África:

> Um boxímane faria qualquer esforço para evitar que outro boxímane sinta inveja dele, e por isso as poucas posses que os boxímanes têm estão constantemente circulando entre os membros de seus grupos. Ninguém cuida de conservar uma faca particularmente boa por muito tempo, ainda que possa desejá-lo desesperadamente, porque ela se tornará objeto de inveja; quando se sentar sozinho

polindo um gume afiado na lâmina, ele ouvirá os sussurros dos outros homens de seu bando dizendo: "Vejam-no ali, admirando sua faca enquanto nós não temos nada." Logo, alguém lhe pedirá sua faca, pois todos gostariam de tê-la, e ele a dará. A cultura deles determina que partilhem uns com os outros, e nunca ocorreu que um boxímane deixasse de partilhar objetos, comida ou água com outros membros de seu bando, pois sem uma cooperação muito rígida eles não poderiam sobreviver às fomes e secas que o Kalahari lhes impõe.

Os caçadores-coletores também desconfiam de autopromoção e das tentativas de criar obrigações. Os boxímanes !kung, por exemplo, acreditam que o caçador ideal deve ser modesto e discreto. Depois de retornar da caça, deve minimizar a importância de suas façanhas, mesmo que tenha matado um grande animal. Quando os homens vão recolher o animal abatido, eles expressam seu desapontamento com o tamanho: "Ora, você nos fez andar até aqui por causa desse saco de ossos?" Espera-se que o caçador finja concordar e não se mostre ofendido. O objetivo de tudo isso é evitar que o caçador se considere superior, como um !kung explicou para um etnógrafo visitante: "Quando um jovem caça muita carne, ele passa a pensar em si mesmo como um chefe ou um grande homem, e pensa no resto de nós como seus criados ou inferiores. Não podemos aceitar isso. Por isso sempre desdenhamos de sua caça. Desse modo arrefecemos seu coração e o tornamos dócil."

Para complicar ainda mais as coisas, os !kung têm uma tradição pela qual a carne de um animal abatido pertence ao dono da flecha que o matou, não ao caçador que o atingiu. (Se duas ou mais flechas provocam a morte, a carne pertence ao dono que primeiro atingir o animal.) Como os homens trocam as flechas rotineiramente, isso torna façanhas espetaculares de caçadores solitários ainda menos prováveis. Caçadores particularmente habilidosos são assim impedidos de angariar prestígio pessoal concedendo grandes quantidades de comida a outros, o que poderia criar uma obrigação em contrapartida. De fato, ocorre justamente o contrário: quando atravessa um período de sorte e consegue muita comida, um caçador pode parar de caçar por algumas semanas, para dar a outros a chance de também se sair bem e assim evitar qualquer possibilidade de ressentimento. Afastar-se da caça por algumas semanas significa ainda que o caçador permite que outros lhe forneçam comida, de modo a não haver nenhuma obrigação notável para com ele.

Richard Borshay Lee, um antropólogo canadense que viveu com um grupo !kung em várias viagens de pesquisa durante os anos 1960, enfrentou essas regras quando tentou agradecer a seus anfitriões oferecendo-lhes um banquete. Para tanto, comprou um boi grande e gordo e ficou surpreso quando os boxímanes começaram a zombar dele por ter escolhido um animal velho demais, magro demais, e cuja carne seria dura demais. No fim das contas, porém, a carne do boi revelou-se saborosa e macia. Então por que os boxímanes haviam sido tão críticos? "Os !kung são um povo arrebatadamente igualitário e têm pouca tolerância com a arrogância, a avareza e a insociabilidade entre seus membros", concluiu Lee. "Quando veem sinais desse comportamento em seus pares, têm uma série de truques para impor a humildade e pôr as pessoas de volta na linha." Os !kung, como outros caçadores-coletores, veem presentes suntuosos como uma tentativa de exercer controle sobre outros, angariar apoio político ou elevar o próprio status, coisas que vão contra a sua cultura. Seu igualitarismo estrito pode ser visto como uma "tecnologia social" desenvolvida para assegurar a harmonia social e uma provisão suficiente de alimento para todos.

A comida determina a estrutura da sociedade dos caçadores-coletores também de outras maneiras. O tamanho dos grupos, por exemplo, depende da disponibilidade de recursos alimentares a uma curta distância do acampamento. Um bando grande demais esgota a área circundante mais rapidamente, obriga a um deslocamento mais frequente e exige um território maior. Em consequência, o tamanho dos grupos varia de 6 a 12 pessoas em áreas onde o alimento é escasso a de 25 a 50 pessoas em áreas com recursos mais abundantes. O bando é composto de uma ou mais famílias extensas cujos membros casam-se entre si; assim, os componentes são em sua maioria aparentados. Os bandos geralmente não têm líderes, embora algumas pessoas possam ter funções específicas além das tradicionais tarefas masculinas e femininas de caçar e coletar, respectivamente – como curar, fabricar armas ou negociar com outros bandos. Mas não há especialistas em tempo integral, e essas habilidades particulares não conferem status social mais elevado.

Os bandos de caçadores-coletores mantêm alianças entre si tanto para garantir parceiros para casamentos quanto segurança adicional contra a escassez de alimentos. No caso de escassez, um bando pode, então, visitar outro com que seja relacionado por casamento e partilhar um pouco de sua comida. A partilha intergrupal na forma de grandes banquetes também ocorre em tempos de superabundância sazonal de alimentos. Esses banquetes, que parecem universais entre caçadores-coletores, proporcionam uma oportunidade para arranjar casamentos, realizar ritos sociais, cantar e dançar. Assim, o alimento une sociedades de caçadores-coletores, forjando laços tanto dentro dos bandos como entre eles.

Dito isto, é importante não romantizar demais o estilo de vida dos caçadores-coletores. A "descoberta" de bandos de caçadores-coletores por europeus no século XVIII levou à imagem idealizada do "nobre selvagem", que vivia num Éden não conspurcado. Quando Karl Marx e Friedrich Engels desenvolveram a doutrina do comunismo no século XIX, foram inspirados em parte pelo "comunismo primitivo" de sociedades de caçadores-coletores descritas por Lewis H. Morgan, um antropólogo americano que estudou povos americanos nativos. Mas, ainda que fosse mais sossegada e igualitária que a vida da maioria das pessoas de hoje, a vida dos caçadores-coletores nem sempre era idílica. O infanticídio era usado como meio de controle populacional e havia conflitos rotineiros e generalizados entre diferentes bandos, com evidências de morte violenta e até de canibalismo em alguns casos. A noção de que os caçadores-coletores viviam num mundo perfeito e pacífico é sedutora, mas errada. Mesmo assim, é claro que a estrutura de suas sociedades, sendo determinada sobretudo pela natureza da oferta de alimento, era obviamente diferente da estrutura das sociedades modernas. Assim, quando as pessoas adotaram a agricultura e a natureza da oferta de alimentos foi transformada, tudo mudou.

O aparecimento do "Grande Homem"

Quando as pessoas começaram a se estabelecer e a caça e a coleta transformaram-se gradativamente na agricultura, as primeiras aldeias ainda eram comunidades amplamente igualitárias. Evidências arqueológicas mostram que, habitadas usualmente por não mais de uma centena de pessoas, elas eram formadas por cabanas ou casas de forma e tamanho similares. O sedentarismo e a agricultura, porém, mudaram as regras que haviam desestimulado as pessoas a buscar riqueza e status. Os mecanismos sociais desenvolvidos para inibir as tendências inerentes do homem à organização hierárquica (claramente visível em macacos e em muitas outras espécies animais) começaram a se desgastar. Quando a pessoa não precisa mais se deslocar de um lugar para outro, começa a ser possível acumular excedentes de alimento e outros bens. Os primeiros sinais de diferenciação social começam a aparecer: povoados em que algumas habitações são maiores que outras e contêm itens de prestígio como conchas raras e objetos de adornos, cemitérios em que alguns túmulos contêm bens valiosos... Tudo isso sugere que o conceito de propriedade privada tornou-se rapidamente aceito – não há sentido em possuir símbolos de status se é preciso partilhá-los – e que começou a se instalar uma hierarquia social em que algumas pessoas eram mais ricas que outras.

Apesar de sua generalização só ter se dado com a adoção da agricultura, em alguns lugares esse processo teve início antes disso, quando caçadores-coletores de áreas particularmente ricas em alimentos estabeleceram-se em aldeias permanentes. Aldeias agrícolas primitivas na bacia de Hupei, na China, no alto rio Yangtze – região onde o arroz foi domesticado por volta de 4000 a.C. – fornecem um bom exemplo. De 208 túmulos escavados, alguns continham bens rebuscados, ao passo que outros não continham nada além dos corpos dos mortos. De maneira semelhante, 128 túmulos datados de c.5500 a.C., em Tell es-Sawwan, no que é hoje o norte do Iraque, mostram uma clara variação de objetos tumulares. Alguns túmulos contêm alabastro entalhado, contas feitas de pedras exóticas ou cerâmicas, mas outros não contêm absolutamente nenhum item tumular. Em todos os casos temos o mesmo padrão: a adoção da agricultura conduziu à estratificação social, sutil no início, mas depois cada vez mais pronunciada.

É fácil perceber como variações na produtividade agrícola de diferentes famílias e sua capacidade de armazenar certos alimentos (especialmente cereais secos) tornaram as pessoas mais inclinadas a exigir direitos de propriedade sobre a produção. Como pode ser trocada por outros itens, a produção alimentar armazenável excedente é equivalente a riqueza. É certo, porém, que um povoado onde alguns habitantes conseguem acumular mais alimento e quinquilharias do que outros é uma estrutura ainda muito distante das hierarquias sociais complexas das primeiras cidades, em que as elites dominantes apropriavam-se do excedente por direito e depois distribuíam a porção dele que elas próprias não consumiam. Como esses líderes poderosos emergiram, e como acabaram controlando os excedentes agrícolas?

Um passo importante ao longo do percurso de uma aldeia igualitária para uma cidade estratificada parece ser o aparecimento de "grandes homens", que conquistam o controle do fluxo de comida excedente e outros bens e assim reúnem um grupo de dependentes ou seguidores. Talvez surpreendentemente, o meio de persuasão do grande homem não é a ameaça de violência, mas sua abundante generosidade. Dando presentes a outros ele os transforma em seus devedores, e os põe na obrigação de retribuir com presentes mais generosos no futuro. Tais presentes muitas vezes vinham em forma de comida. Para manter esse ciclo ativo, um grande homem deve persuadir sua família a produzir comida excedente, que depois será dada a outros; em contrapartida, ele recebe mais comida, que pode distribuir entre seus parentes e também dar a outros, gerando assim mais obrigações. Esse processo pode ser observado ainda hoje, pois a cultura do grande homem ainda existe em algumas partes do mundo.

Na Melanésia, um grande homem pode tomar várias esposas para aumentar os recursos excedentes à sua disposição: uma mulher para cultivar a horta e produzir alimento, uma para catar madeira, outra para pescar. Depois, distribui esses recursos cuidadosamente, deixando outras pessoas em dívida com ele, pessoas que deverão pagar-lhe de volta com mais alimento ou recursos; esses produtos serão passados adiante, assegurando assim um círculo de obrigações ainda maior. Esse processo estimula a intensificação da produção de alimentos e culmina, finalmente, em grandes banquetes com os quais o grande homem tenta "criar um nome para si". Ele convida pessoas de fora de seu círculo usual, e até de outras aldeias, pondo-as na posição de devedoras e trazendo-as, assim, para sua esfera de influência. Dessa maneira, o grande homem se estabelece como um membro influente e poderoso da comunidade. A rivalidade entre grandes homens acelera o processo, à medida que eles rivalizam para promover os maiores banquetes e acumular o maior crédito.

Isso significa que os grandes homens são ricos e preguiçosos? Longe disso. Para um grande homem, a riqueza não permite que se acomode, pois ela só é útil se estiver circulando. Em alguns casos, grandes homens podem até acabar ficando mais pobres que seus seguidores. Em grupos esquimós no norte do Alasca, por exemplo, os mais respeitados capitães baleeiros são responsáveis por negociar com caçadores de caribu do interior, e assim terminam controlando a distribuição e a circulação de objetos de valor em seu grupo. Mas, como devem dar tudo que recebem e não podem recusar um pedido de ajuda, veem-se frequentemente em piores condições materiais que seus seguidores. Grandes homens também têm de trabalhar pesado. Segundo um observador na Melanésia, o grande homem "tem de trabalhar mais arduamente que todos os outros para manter seus estoques de comida. Quem aspira a honras não pode repousar sobre os louros, mas deve continuar a promover grandes banquetes e a acumular crédito. É sabido que ele tem de labutar da manhã à noite."

Tudo isso serve realmente a uma finalidade prática dentro do grupo ou da aldeia: o grande homem age como uma carteira de compensação para alimentos excedentes e outros bens, e pode determinar a melhor forma de distribuí-los. Se uma família produz alimento extra, pode dar o excedente a um grande homem na expectativa de cobrar o favor numa data posterior – quando uma ferramenta precisar ser substituída ou a comida escassear. Assim, um grande homem bem-sucedido integra e coordena a economia da comunidade e emerge como seu líder. Mas não tem nenhum poder para coagir seus seguidores. A manutenção de sua posição depende de sua capacidade de prover a subsistência do grupo e administrar a redistribuição. Entre os nambikwara do Brasil, por exemplo, se o líder do grupo não for suficientemente generoso e deixar de prover a subsistência de seus seguidores, eles o deixarão de lado e ingressarão num grupo diferente. Em grupos melanésios, líderes que deixam de distribuir o excedente ou guardam uma parte grande demais para si mesmos podem ser depostos ou até assassinados. Numa situação como essa, o grande homem tem muito mais de um gerente que de um rei.

De cacicados a civilizações

Ora, como um grande homem, cuja posição depende de generosidade e comunhão, se transforma em chefe poderoso de um grupo de aldeias, ou cacicado, e depois em rei, no topo de uma elite dominante? Não é de surpreender, como no caso das origens e da difusão da agricultura, que o mecanismo seja obscuro e que haja muitas teorias conflitantes. Mais uma vez, é improvável que uma só teoria forneça a resposta – e certas explicações têm mais fundamento em algumas partes do mundo do que em outras. No entanto, considerando várias dessas teorias, é possível ter uma ideia de como cacicados, e depois civilizações, podem ter se iniciado. Em cada caso, o surgimento da estratificação social está estreitamente relacionado com a produção de comida. Formas mais elaboradas de organização social tornam possível maior produtividade agrícola, e um maior excedente de alimento pode sustentar formas mais elaboradas de organização social. Mas como o processo se inicia?

Segundo uma teoria, um grande homem ou líder pode se tornar mais poderoso coordenando atividades agrícolas, em particular a irrigação. Os rendimentos do cultivo agrícola podem variar muito, mas com o nivelamento de terras, a construção de canais de irrigação e de sistemas de diques – coisas só possíveis com certo grau de organização social – pode-se reduzir essas variações. Isso aumentaria a produtividade agrícola da aldeia, e teria ainda outros efeitos. Membros da comunidade ficariam menos propensos a partir depois de terem investido em sistemas de irrigação e passado a depender deles; o controle do sistema de irrigação conferiria poder ao líder, já que qualquer pessoa que criasse um conflito poderia ter seu fornecimento de água reduzido; o sistema de irrigação poderia também precisar ser defendido, com o uso de soldados em tempo integral custeados pelo excedente de alimento e postos sob o controle do líder.

Em suma, algo iniciado como um projeto agrícola comunitário poderia ter o efeito de aumentar enormemente o poder do líder. Com seus seguidores mais dependentes e uma guarda privada para protegê-lo, ele poderia então começar a reter uma parte maior do excedente para seu próprio uso, para alimentar sua família, abastecer soldados etc. Sistemas de irrigação são certamente um denominador comum de muitas civilizações primitivas, desde a Mesopotâmia até o Peru. Eles são encontrados também em cacicados, em lugares como o Havaí e o sudoeste da América do Norte. Alguns cacicados que dependiam da irrigação não se tornaram, no entanto, mais complexos ou nitidamente estratificados; e alguns esquemas elaborados de irrigação parecem ser antes a consequência que a causa de maior organização social. Assim, evidentemente outros fatores além da irrigação determinaram o nascimento de civilizações complexas, embora ela pareça ter desempenhado um papel importante em alguns casos.

Outra hipótese sugere que o armazenamento comunal de excedentes agrícolas poderia fornecer ao líder uma oportunidade de estabelecer maior controle sobre seus seguidores. Aldeões entregam cereais excedentes ao grande homem prevendo presentes recíprocos numa data posterior, estimulando-o a organizar a construção de um celeiro. Depois de construído e abastecido, este fornece ao grande homem o "capital de giro" para fazer outras coisas. Ele pode financiar artesãos especializados, em tempo integral, e organizar obras agrícolas usando o excedente, sob a alegação de que tais investimentos produzem um retorno positivo, que pode ser devolvido ao celeiro. Projetos cada vez mais complexos de obras públicas legitimam então a posição do líder e requerem um número crescente de administradores, que despontam como a elite dominante. Segundo essa visão, há uma progressão natural desde a partilha recíproca organizada por um grande homem até a redistribuição do excedente supervisionada por um chefe poderoso.

No Oriente Próximo, grandes prédios centrais começaram a aparecer dentro das aldeias depois de cerca de 6000 a.C., mas não está claro se eram celeiros partilhados, salões de banquetes, construções religiosas ou casas de chefes. É possível que servissem a várias dessas funções: um salão de banquetes construído para impressionar a aldeia vizinha poderia ter sido o lugar lógico para armazenar comida, e um celeiro teria sido um lugar óbvio para a realização de rituais de fertilidade a fim de assegurar uma boa colheita. No Havaí, há evidências de que áreas públicas construídas originalmente para banquetes foram mais tarde muradas, ficando seu acesso restrito a um grupo selecionado, de alta posição social. Assim, templos e palácios poderiam ter origem em casas comunais de armazenamento ou salões de banquetes.

Uma terceira possibilidade é que a competição por terras cultiváveis tenha levado à guerra entre comunidades em áreas nas quais a terra era ambientalmente delimitada. No Peru, por exemplo, 78 rios correm das montanhas dos Andes para o litoral, atravessando 80 quilômetros de um deserto extremamente árido. A agricultura é possível perto dos rios, mas todas as áreas adequadas ao cultivo estão confinadas entre deserto, montanhas e oceano. No Egito, a agricultura é possível numa faixa estreita ao longo do Nilo, mas não no deserto que se estende além dele. E, nas planícies aluviais da Mesopotâmia, somente áreas próximas ao Tigre e ao Eufrates são adequadas para a agricultura. No início, essas áreas deviam ser esparsamente povoadas por alguns agricultores; à medida que a população se expandiu (o sedentarismo e a agricultura permitem que a população de agricultores cresça mais do que a de caçadores-coletores), novas aldeias devem ter sido fundadas. Como toda a terra arável disponível estava sendo usada, os agricultores intensificaram a produção, extraindo mais alimento de uma dada área por meio de sistemas elaborados de terraços e irrigação.

Finalmente, porém, eles chegaram ao limite da produtividade agrícola, e as aldeias começaram a atacar umas às outras. Quando uma aldeia derrotava outra, apropriava-se de sua terra ou obrigava seu povo a entregar uma parte de sua colheita todos os anos. Desse modo, a aldeia mais forte dentro de uma área crescia como classe dominante, e as aldeias mais fracas tinham de entregar sua produção excedente, iniciando assim um sistema em que os pobres cultivavam a terra para os ricos. Tudo isso parece plausível, mas não há nenhuma evidência de que as pessoas chegaram ao limite da produtividade agrícola em qualquer dos lugares onde sociedades estratificadas emergiram pela primeira vez. No caso de uma seca ou de uma má colheita, contudo, é possível imaginar aldeias com reservas de alimentos sendo atacadas por aldeias vizinhas onde a comida tivesse acabado.

Uma visão mais ampla que abarca todas essas teorias é a ideia de que sociedades mais complexas (isto é, aquelas com liderança forte e hierarquia social bem definida) serão mais produtivas, mais resistentes, mais capazes de sobreviver a privações e se defender. Assim, as aldeias em que surgissem líderes fortes suplantariam outras aldeias próximas e menos organizadas, e seriam lugares mais atraentes para se viver, pelo menos para aqueles que não se importassem em se submeter à autoridade do líder. Em geral, supõe-se que o surgimento de líderes fortes implica coerção, porém as pessoas poderiam inicialmente ter achado que valia a pena entregar ao líder toda ou parte de sua produção excedente se os benefícios que recebessem em troca – sistemas de irrigação eficientes, maior segurança, realização de ritos religiosos para conservar a fertilidade do solo, mediação em disputas – fossem considerados suficientemente valiosos. Nesse caso, o líder teria condições de guardar uma parte cada vez maior do excedente para seu próprio uso. Ora, depois que a pessoa se estabelece e investe trabalho numa casa, em campos e sistemas de irrigação, ela tem uma razão para permanecer onde está, mesmo que o líder comece a se pavonear, afirmando ser descendente de um deus ou coisa do gênero.

Como podemos saber o que aconteceu? As evidências arqueológicas mostram o processo de estratificação social ocorrendo no mundo todo mais ou menos da mesma maneira. Ele culminou no surgimento de civilizações da Idade do Bronze bastante comparáveis em diferentes partes do mundo, mas em momentos diferentes: começando no Egito e na Mesopotâmia, por volta de 3500 a.C.; durante a dinastia Shang no norte da China, por volta de 1400 a.C.; com a ascensão da civilização maia no sul do México, a partir de cerca de 300 d.C.; e na América do Sul por volta da mesma época, levando ao estabelecimento do Império Inca no século XV.

O problema é que as evidências arqueológicas não revelam muita coisa sobre o mecanismo de estratificação. Os primeiros sinais de mudança são, em geral, maiores variações nos itens tumulares e o surgimento de estilos de cerâmica regional mais elaborados, o que acontece por volta de 5500 a.C. na Mesopotâmia, 2300 a.C. no norte da China e 900 a.C. nas Américas. Essa cerâmica sugere algum grau de especialização e possivelmente o despontar de elites capazes de sustentar artesãos em tempo integral. Grande número de tigelas de cerâmica, feitas em tamanhos padrão, aparecem na Mesopotâmia por volta de 3500 a.C., o que sugere que sua manufatura estava sob controle centralizado e que medidas padrão de grãos e de outras riquezas naturais eram usadas no pagamento de tributos e na distribuição de provisões.

No norte da China, povoados do período Longshan (3000-2000 a.C.) começam a ter grandes muralhas; armas como lanças e porretes tornam-se mais comuns. Na Mesopotâmia, aparecem entradas de construções em forma de L, depósitos secretos de pedras usadas em atiradeiras e trincheiras defensivas. Tudo isso é sugestivo de uma organização para fins de defesa. Igualmente reveladores são os primeiros passos em direção à escrita, na forma de fichas e selos usados para a administração, no oeste da Ásia, e símbolos escritos em ossos por adivinhos da sorte, no norte da China. Comunidades cada vez maiores, à medida que aldeias se transformam em vilas, indicam melhor organização política, pela simples razão de que sem uma autoridade reconhecida para a solução de conflitos as aldeias parecem não poder crescer além de certo tamanho.

No início da dinastia Shang, na China, por volta de 1850 a.C., há oficinas artesanais especializadas; algumas comunidades têm certos tipos de oficinas e não outros, sugerindo especialização local deliberada. A habilidade para trabalhar o bronze no Oriente Próximo e na China e o ouro na América do Sul é mais um sinal da especialização dos ofícios. A presença de requintadas peças em metal entre os itens tumulares indica estratificação, em alguns casos num grau extraordinário. Nos túmulos "reais" da cidade mesopotâmica de Ur, datados de c.2500 a.C., os mortos eram sepultados com objetos de ouro ou prata, ou ainda com peças incrustadas de pedras preciosas. Eram também acompanhados por dúzias de criados, músicos e guarda-costas sacrificados, e até de bois para puxar suas bigas. Esses túmulos, com exemplos semelhantes na China, fornecem notáveis e horripilantes evidências de estratificação social.

Quando as primeiras cidades surgem, com seus artesãos especializados organizados em distritos e construções monumentais como templos e pirâmides, não há dúvida de que houve uma estratificação social. De fato, há evidências escritas diretas dela. Na China, documentos detalham uma complexa hierarquia de nobres, cada um com seu próprio território, sob um rei. Nas cidades-Estado da Mesopotâmia, pequenas tábuas de argila registram impostos pagos, artigos produzidos e provisões distribuídas; há também listas de membros de associações diversas, desde cervejeiros até encantadores de serpentes. No Egito, o Inspetor de Todas as Obras do Rei na Quarta Dinastia (o período em que as pirâmides foram construídas) tinha uma grande equipe de funcionários e escribas que contratavam, alimentavam e organizavam numerosos pedreiros em tempo integral e um número maior ainda de operários da construção que se revezavam. Isso envolvia uma montanha de listas de provisões e tabelas de horários.

O surgimento da arquitetura monumental, cujos muitos exemplos ainda vemos de pé por todo o mundo, fornece sem dúvida a evidência mais direta e duradoura da estratificação social das primeiras civilizações. Essas obras de grande escala só podem ser levadas a cabo sob uma estratégia de administração eficiente, com um sistema de armazenagem do alimento excedente e de sua distribuição na forma de provisões para os operários. E também sob uma ideologia que convença as pessoas de que o projeto de construção vale a pena – em suma, por uma sociedade hierárquica governada por um rei todo-poderoso. A característica que define esses túmulos, templos e palácios é serem muito maiores e elaborados que o necessário. Essas construções são afirmações de poder, e à medida que as sociedades se tornam mais estratificadas, tornam-se mais proeminentes.

Representação mesopotâmica de uma cidade, com diferentes tipos de trabalhadores supervisionados por um rei.

As pirâmides do Egito, os zigurates da Mesopotâmia e os templos em degraus do centro e do sul do México tornaram-se possíveis graças aos excedentes agrícolas e ao consequente aumento da complexidade social. Caçadores-coletores não teriam nem sonhado em construí-los, e mesmo que tivessem, faltavam-lhes os meios – a riqueza na forma de alimento excedente e as necessárias estruturas organizacionais – para fazê-lo. Esses grandes edifícios representam monumentos não só ao surgimento das primeiras civilizações, mas também ao nascimento de um grau novo e sem precedentes de desigualdade e estratificação social que persiste desde então.

4. Seguir o alimento

> "Fez chover maná para que o povo comesse: deu-lhe o pão dos céus."
>
> *Salmo 78*, versículo 24

Uma indicação das estruturas de poder

Numa manhã de maio, pouco antes do nascer do sol, mais de 600 jovens incas luxuosamente vestidos alinharam-se em duas fileiras paralelas num campo sagrado, cercados por caules oscilantes de milho. Quando os primeiros lampejos do sol despontaram, começaram a cantar, de início suavemente, mas com crescente intensidade à medida que o sol se elevava no céu. Sua canção era um canto de vitória militar, ou *haylli*. O canto foi se avolumando ao longo da manhã, atingindo o clímax ao meio-dia. Depois, tornou-se pouco a pouco mais suave durante a tarde e terminou quando o sol se pôs. No crepúsculo, os rapazes, todos recém-iniciados filhos de incas nobres, começaram a colher o milho. Essa cena, repetida a cada ano, era apenas um de vários costumes incas relacionados ao milho que demonstravam e reforçavam o status privilegiado da elite dominante.

Outro exemplo era a cerimônia do plantio do milho, que ocorria em agosto. Quando o sol se punha entre duas grandes colunas sobre o morro de Picchu, tal como vistas do centro de Cuzco, a capital inca, era hora de o rei dar início à estação do cultivo. Ele fazia isso arando e plantando um dos vários campos sagrados que só podiam ser lavrados por membros da nobreza. Segundo o relato de uma testemunha ocular: "Na ocasião do plantio, o próprio rei ia e arava um pouco ... o dia em que os incas faziam isso era um festival solene de todos os senhores de Cuzco. Eles ofereciam grandes sacrifícios a essa planície, especialmente em prata, ouro e crianças." Os nobres incas então lavravam a terra, mas só depois que o rei iniciara o processo. "Se o rei não tivesse feito isso, nenhum índio ousaria cavar a terra, e tampouco acreditaria que ela seria produtiva, se o rei não a tivesse cavado primeiro", mencionou outro observador. Outros sacrifícios de lhamas e porquinhos-da-índia eram feitos quando o plantio do milho começava. No meio do campo, sacerdotisas derramavam *chicha*, ou cerveja de milho, em torno de uma lhama branca. Essas oferendas visavam a proteger os campos da geada, do vento e da estiagem.

Para os incas, a agricultura estava estreitamente associada à guerra: a terra era derrotada, como numa batalha, pelo arado. Assim, a cerimônia da colheita era realizada por jovens nobres como parte de sua iniciação como guerreiros, e eles cantavam um *haylli* enquanto colhiam o milho para celebrar sua vitória sobre a terra. No início da estação de cultivo seguinte, somente o inca soberano tinha poder para derrotar a terra e se apoderar de suas energias reprodutivas para assegurar o sucesso do ciclo agrícola, por isso tinha de cavar a terra primeiro. Isso enfatizava seu poder sobre o povo: sem ele, todos morreriam de fome. A derrota da terra era também uma reencenação da batalha entre os primeiros incas e os habitantes nativos de Cuzco, os huallas, que os incas tinham derrotado antes mesmo de plantar o primeiro milho. Na visão dos incas, eles haviam triunfado sobre a natureza de duas maneiras: derrotando os selvagens locais e depois introduzindo a agricultura. Os membros da elite dominante afirmavam ser descendentes diretos dos vencedores daquela batalha original. As cerimônias realçavam esse vínculo, e consequentemente o direito da elite de governar as massas, ao mesmo tempo em que também sugeriam que a estrutura hierárquica da sociedade era parte de uma antiga ordem natural. A sugestão era que se o rei e seus nobres fossem derrubados, não haveria ninguém para fazer as plantas crescerem.

Atividades desse tipo relacionadas ao alimento eram amplamente usadas para definir e reforçar a posição privilegiada da elite em civilizações primitivas. A comida, ou a capacidade de produzi-la, era usada para pagar impostos e exigida como tributo após vitórias militares. Oferendas de alimentos e sacrifícios eram usados para manter a estabilidade do universo e assegurar a continuação do ciclo agrícola. Partilhas formais de comida, na forma de provisões e salários e em banquetes e festivais, enfatizavam também como ela – e portanto o poder – era distribuída. No mundo moderno, acompanhamos o dinheiro para determinar onde está o poder. No mundo antigo, é o alimento que revela as estruturas de poder. Para desvendar a organização das primeiras civilizações, devemos seguir o alimento.

Comida é dinheiro

Os alimentos eram usados em civilizações primitivas como moeda, em escambo e para pagar salários e impostos. Eram transferidos dos agricultores para a elite de várias maneiras, e depois redistribuídos na forma de salários e provisões para sustentar as atividades dessa elite: construções, administração, guerra e assim por diante. O princípio de que parte do excedente agrícola ou todo ele tinha de ser entregue é comum a todas as civilizações primitivas, uma vez que, antes de mais nada, a apropriação desse excedente foi a base fundamental para que elas surgissem. Havia muitos arranjos diferentes. Em todos os casos, porém, a estrutura da sociedade – para quem as pessoas trabalhavam, de onde vinha seu sustento e para onde direcionavam suas lealdades – era definida pelo alimento.

No Egito e na Mesopotâmia, tributos eram pagos diretamente na forma de alimento ou indiretamente na forma de trabalho agrícola. A maioria dos agricultores egípcios não possuía sua própria terra, arrendando-a de proprietários que reivindicavam uma fração da produção. O Estado possuía muitas terras, o que, portanto, gerava grande receita em provisão de alimentos. Outras terras pertenciam a funcionários públicos, templos, nobres e ao próprio faraó, e também eram arrendadas a agricultores em troca de uma parcela de sua colheita, com uma fração desse aluguel indo para o Estado como imposto. O aluguel cobrado e o imposto arrecadado dependiam do potencial agrícola da terra, de acordo com sua proximidade de poços e canais e do nível que a cheia do Nilo alcançava a cada ano.

Os Papéis de Hekanakhte, uma série de cartas datadas de c.1950 a.C., escritas por um sacerdote para sua família quando ele estava afastado de sua terra, dão detalhes desse sistema em ação, ao mesmo tempo em que fornecem um raro vislumbre da vida cotidiana no Antigo Egito. Ao que parece, Hekanakhte administrava terras pertencentes a um templo, e em suas cartas ele aconselha a família sobre que áreas cultivar e quanto esperar que cada uma produzisse, quantas sacas de cevada cobrar ao arrendar terras a outros agricultores e quantas pagar aos trabalhadores na propriedade. Fica evidente que os tempos não são bons e que a comida está escassa; Hekanakhte lembra sua família de que eles estão comendo melhor que a maioria das pessoas. Há uma desavença por causa de uma criada chamada Senen, e muita indulgência é demonstrada para com um rapaz mimado chamado Snofru. Dívidas e aluguéis são cobrados em cevada e trigo, e em alguns casos jarros de óleo são aceitos como pagamento no lugar deles: um jarro de óleo vale duas sacas de cevada, ou três de trigo.

Os impostos, como os aluguéis, eram também pagos na forma de alimento. Os cobradores de impostos levavam os víveres para os centros administrativos regionais, onde eram redistribuídos como pagamento a funcionários do governo, artesãos e agricultores recrutados para trabalhar para o Estado em regime de corveia. Esses trabalhadores instalavam e mantinham sistemas de irrigação, construíam túmulos e pirâmides, trabalhavam em minas e executavam serviço militar. Durante um período de trabalho em regime de corveia, que podia durar vários meses, os trabalhadores eram alimentados, abrigados e vestidos pelo Estado. Foram trabalhadores sob esse regime que construíram as pirâmides; listas de provisões mostram que eles recebiam diariamente porções de pão e cerveja, complementadas com cebola e peixe. Um esquema semelhante prevalecia na Mesopotâmia, onde a terra pertencia a famílias ricas, templos, conselhos municipais ou ao palácio. Os agricultores entregavam uma fração de sua colheita para arrendar a terra, e o rei arrecadava impostos sobre os campos não pertencentes ao palácio. Desse modo, a maior parte do excedente ia para o rei, para os templos erguidos a vários deuses e para os proprietários de terras. Como no Egito, o trabalho em regime de corveia era usado em grandes projetos de construção.

Em algumas culturas, no entanto, os impostos eram pagos unicamente na forma de trabalho. Na China, sob a dinastia Shang, clãs rurais cultivavam seus próprios campos de propriedade comunal, mas também trabalhavam em campos especiais cuja produção ia para o rei, governadores rurais ou outras autoridades. De maneira semelhante, famílias de agricultores incas cultivavam seus próprios campos e aqueles pertencentes a seu clã, ou *ayllu*. A produção dos campos dos *ayllu* sustentava o chefe local e o culto ao deus local. Agricultores também passavam parte de seu tempo trabalhando em campos do Estado ou de templos dedicados aos deuses mais importantes. Esse esquema surgiu de um acordo firmado quando os *ayllu*, que eram anteriormente comunidades autônomas, foram incorporados ao reino inca: foi permitido aos clãs conservar sua própria terra e sua produção, contanto que, em troca, fornecessem mão de obra para cultivar campos do Estado. Isso significava que o rei inca não recebia de seus súditos nenhum alimento como imposto, o que o colocaria em débito para com eles; em vez disso, os súditos trabalhavam na suas terras e ele ficava com a produção, que era transportada para depósitos regionais. Os agricultores incas tinham também de trabalhar ocasionalmente em regime de corveia em áreas como construção, mineração ou serviço militar. Tudo isso era registrado mediante um sistema de cordões coloridos com nós chamados de quipos.

A sociedade asteca era dividida em grupos proprietários de terras chamados *calpullis*. Diferentemente dos *ayllu* incas, cujos membros eram todos iguais sob o chefe, os *calpullis* eram supervisionados por algumas famílias de alta posição social pertencentes à nobreza asteca. Cada família cultivava tanto seus próprios campos quanto campos partilhados, cuja produção sustentava os nobres, os templos, os professores e os soldados do *calpulli*. Os *calpullis* tinham também de pagar certa quantidade de impostos e trabalho, em regime de corveia, para o Estado. Além disso, o rei, instituições estatais, nobres e guerreiros importantes possuíam suas próprias terras, que eram cultivadas por agricultores sem terras que, em troca, recebiam apenas comida suficiente para sobreviver. O resto da produção dessas terras ia diretamente para seus proprietários.

O alimento também advinha de Estados súditos, na forma de tributos extorquidos por Estados e cidades-Estado dominantes dos vizinhos mais fracos, sob ameaça de uso de força militar, geralmente após uma vitória bélica. Após a derrota de uma cidade-Estado por outra, na Mesopotâmia por exemplo, a cidade perdedora seria saqueada e teria também de pagar tributos regulares à cidade vencedora. Sargão da Acádia, que conquistou as cidades-

Estado da Mesopotâmia por volta de 2300 a.C. e as unificou num império, exigiu vastas quantidades de tributos de cada cidade: inscrições falam de armazéns inteiros de grãos sendo dados em pagamento. Além de enfatizar sua superioridade, isso mantinha as cidades súditas fracas e a capital de Sargão forte, permitindo-lhe também sustentar uma enorme equipe de empregados: ele se gabava de alimentar 5.400 homens todos os dias. Ao redistribuir tributos entre seus seguidores, os soberanos podiam reforçar sua liderança e conservar apoio para outras campanhas militares.

Talvez o melhor exemplo de cobrança de tributos seja o da "tríplice aliança" asteca entre Tenochtitlan, Texcoco e Tlacopan. Essas três cidades-Estado cobravam tributos de todo o México central. Estados súditos próximos, dentro e em torno do vale do México, tinham de fornecer enormes quantidades de comida: todos os dias o chefe de Texcoco recebia milho, feijões, abóboras, pimentas, tomates e sal para alimentar mais de 2 mil pessoas. Estados mais distantes forneciam algodão, tecidos, metais preciosos, aves exóticas e objetos manufaturados. O montante de imposto pago dependia da distância que separava cada Estado das três capitais (como o controle que a aliança exercia sobre aqueles mais distantes era mais fraco, ela exigia menos tributos deles) e do fato de o Estado ter resistido ou não antes de se submeter ao domínio da aliança (Estados que cediam sem lutar pagavam menos). O fluxo constante de alimento e outros bens para a capital significava que não havia dúvida sobre onde se localizava o poder. Os governantes astecas usavam esses tributos para pagar funcionários, abastecer o exército e sustentar obras públicas. Tributos dados à nobreza reforçavam a posição do soberano e simultaneamente enfraqueciam os chefes de Estados subordinados, que terminavam com menos para distribuir entre seus próprios seguidores: menos alimento significava menos poder.

Alimentando os deuses

À medida que os sistemas de organização social tornaram-se mais complexos, o mesmo ocorreu com as práticas religiosas que davam o respaldo cosmológico ao direito da elite de arrecadar todos esses impostos. Entre as primeiras civilizações do mundo, as crenças e as práticas religiosas variavam amplamente, mas em muitos casos havia uma clara congruência entre o pagamento de impostos pelas massas à elite e o "pagamento" de sacrifícios e oferendas pela elite aos deuses. Acreditava-se que essas oferendas faziam a energia retornar à sua fonte divina, de modo que esta pudesse continuar estimulando a natureza a fornecer alimentos aos seres humanos. Em vez de serem tão poderosos que pudessem existir sem o apoio da humanidade, os deuses eram concebidos como dependentes dos seres humanos, os quais eram por sua vez dependentes dos deuses. Um texto egípcio de c.2070 a.C., por exemplo, refere-se aos seres humanos como o "gado" do deus criador, sugerindo que o deus ao mesmo tempo cuidava dos seres humanos e dependia deles para seu sustento. De maneira semelhante, muitas culturas acreditavam que os deuses haviam criado a humanidade para lhes fornecer alimento espiritual na forma de sacrifícios e preces; em troca, os deuses forneciam alimento físico aos homens fazendo as plantas e os animais crescerem. Sacrifícios eram considerados um meio essencial de manter esse ciclo.

Algumas culturas mesoamericanas acreditavam que, de tempos em tempos, os deuses sacrificavam a si mesmos, ou uns aos outros, para assegurar a continuidade do universo e a sobrevivência da humanidade. Os maias, por exemplo, acreditavam que o milho era a carne dos deuses, contendo poder divino, e no tempo da colheita os deuses estavam, na verdade, sacrificando-se para sustentar a humanidade. O poder divino transferia-se para os seres humanos quando eles comiam o milho e ficava particularmente concentrado em seu sangue. Sacrifícios humanos com derramamento de sangue eram uma maneira de saldar essa dívida e devolver o poder divino aos deuses. Comida e incenso também eram fornecidos como oferendas, mas os sacrifícios humanos eram considerados os mais importantes.

Os astecas também consideravam os sacrifícios humanos uma maneira de restituir a energia devida aos deuses. A Mãe Terra, como acreditavam, era alimentada por sangue humano, e as plantas só cresceriam se ela o recebesse em quantidade suficiente. Embora fosse supostamente uma honra ser sacrificado, parece que as vítimas não pertenciam à elite dominante, sendo em geral criminosos, prisioneiros de guerra e crianças. Como se acreditava que a carne e o sangue humanos eram feitos de milho, esses sacrifícios sustentavam o ciclo cósmico: o milho tornava-se sangue, e o sangue era depois transformado de volta em milho. Vítimas dos sacrifícios eram chamadas de "*tortillas* para os deuses". Os incas também pensavam que os sacrifícios eram necessários para alimentar os deuses. Ofereciam lhamas, porquinhos-da-índia, aves, hortaliças cozidas, bebidas fermentadas, chocolate, ouro, prata e requintados tecidos, que eram queimados para liberar a energia gasta para tecê-los. Comidas e bebidas alcoólicas feitas de milho eram tidas como particularmente apreciadas pelos deuses. Mas os sacrifícios mais valiosos eram os humanos. Depois de subjugar uma nova região, os incas sacrificavam seus mais belos habitantes.

Em templos egípcios, animais eram mortos e sua carne era oferecida às imagens dos deuses. Acreditava-se que os deuses incorporavam-se nas imagens três vezes por dia, para absorver a força vital das oferendas, da qual necessitavam para reabastecer a energia gasta para manter o universo em funcionamento. Oferendas de alimentos eram necessárias também para manter a força vital de seres humanos mortos que haviam se tornado deuses. Assim, eram frequentes as oferendas a faraós mortos; enchiam-se os túmulos com vasos de comida para sustentá-los na vida após a morte. De maneira semelhante, na China, sob a dinastia Shang, cereais, cerveja de milhete, animais (cães, porcos, javalis, ovelhas e bois) e sacrifícios humanos, em geral de prisioneiros de guerra, eram oferecidos tanto aos deuses quanto aos ancestrais dos reis. Pensava-se que os deuses bebiam o sangue das vítimas abatidas. As oferendas mais elaboradas, no entanto, eram feitas aos ancestrais dos reis Shang, que se alimentavam desses sacrifícios. Se não fossem suficientemente bem alimentados, acreditavam os reis Shang, os ancestrais puniriam seus descendentes com más colheitas, derrotas militares e pragas.

Os mesopotâmicos acreditavam que os seres humanos tinham o dever de prover alimentos e residências terrenas para os deuses, que recebiam duas refeições por dia em seus templos. Eles dependeriam desse alimento dado pelos humanos: na versão mesopotâmica da história do dilúvio, os deuses destroem a humanidade e depois se arrependem, pois ficam famintos por causa da falta de oferendas. Um deles, porém, Enki, avisa Utnapishtim (o equivalente mesopotâmico do Noé bíblico) do dilúvio que se aproxima e lhe diz para construir uma arca. Quando Utnapishtim emerge do barco e queima algo como um sacrifício, os deuses se aglomeram em torno da fumaça "como moscas", porque é o primeiro alimento que recebem em dias. Em seguida, perdoam Enki por ter permitido a alguns seres humanos sobreviver. Os mesopotâmicos acreditavam que os deuses poderiam sobreviver sozinhos se produzissem seu próprio alimento, mas eles criaram os humanos e lhes ensinaram agricultura para que o fizessem em seu lugar.

Em todos esses casos, sacrifícios e oferendas canalizam energia de volta para o reino espiritual na forma de alimento para deuses e ancestrais, e asseguram que eles, por sua vez, continuem a alimentar a humanidade, mantendo o ciclo agrícola em funcionamento. O oferecimento de sacrifícios deu à elite um papel decisivo como intermediária entre os deuses e as massas agricultoras. Ao pagar impostos, os agricultores trocavam alimento por ordem e estabilidade terrenas, enquanto a elite administrava os sistemas de irrigação, organizava defesas militares e assim por diante. Ao oferecer sacrifícios aos deuses, a elite trocava alimento espiritual por ordem cósmica, enquanto eles mantinham o equilíbrio do universo e a fertilidade do solo.

Certamente não foi por coincidência que ideologias religiosas tão semelhantes surgiram nas civilizações primitivas, distanciadas como estavam no tempo e no espaço. A noção de que os deuses dependiam de oferendas da humanidade para sua sobrevivência foi peculiar a essas culturas, sem dúvida por ser muito conveniente para os membros das elites dominantes. Isso legitimava a distribuição desigual de riqueza e poder, e fornecia uma advertência implícita de que, sem as atividades administrativas da elite, o mundo acabaria. Os agricultores, seus governantes e os deuses dependiam todos uns dos outros para assegurar sua sobrevivência; haveria uma catástrofe se qualquer um deles se desviasse dos papéis que lhes eram designados. Mas, assim como os agricultores tinham o imperativo moral de fornecer comida para a elite, esta, por sua vez, tinha o dever de cuidar do povo e mantê-lo saudável e em segurança. Havia, em suma, um pacto social entre os agricultores e seus governantes (e, por extensão, os deuses): se nós provemos a sua subsistência, vocês devem prover a nossa. O resultado era que impostos pagos em alimentos terrenos e sacrifícios de alimento espiritual, todos justificados por ideologia religiosa, reforçavam a ordem social e cultural.

As origens agrícolas da desigualdade

No mundo moderno, a equação direta de alimento com riqueza e poder não mais prevalece. Para as pessoas em sociedades agrícolas, o alimento ainda funciona como uma provisão de valor, uma moeda e um indicador de riqueza; é o que as pessoas labutam o dia todo para produzir. Nas sociedades urbanas modernas, porém, é o dinheiro que desempenha esses papéis. O dinheiro é uma forma mais flexível de riqueza, facilmente guardada e transferida, e pode ser prontamente convertido em alimento num supermercado, na quitanda, na cafeteria ou no restaurante. A comida só é equivalente a riqueza e poder quando é escassa ou cara, como ocorreu na maior parte da história. Para os padrões históricos, a comida hoje é relativamente abundante e barata, pelo menos no mundo desenvolvido.

A comida, entretanto, não perdeu por completo sua relação com a riqueza; seria estranho que isso tivesse acontecido, sendo a conexão tão antiga. Mesmo em sociedades modernas há numerosos ecos do papel econômico outrora central da comida, tanto nas palavras quanto nos costumes. Chamamos de "ganha-pão" o trabalho que garante a subsistência do trabalhador. Em inglês, dinheiro pode ser chamado de *bread* ou *dough*. Refeições partilhadas continuam sendo uma forma importante de moeda social. Um jantar requintado deve ser retribuído com uma refeição igualmente suntuosa. Banquetes são uma maneira usual de demonstrar riqueza e status e, no mundo dos negócios, de lembrar às pessoas quem é o chefe. Em muitos países a linha da pobreza é definida em relação à renda necessária para comprar um mínimo básico de gêneros alimentícios. Pobreza é falta de acesso aos alimentos; portanto, riqueza significa não ter de se preocupar em saber de onde virá a próxima refeição.

Uma característica comum a sociedades ricas, contudo, é um sentimento de que a antiga conexão com a terra foi perdida, assim como o desejo de restabelecê-la. Para os mais abastados nobres romanos, o conhecimento de agricultura e a posse de grandes áreas de terra eram uma maneira de demonstrar que não haviam se esquecido das origens de humildes agricultores de seu povo. De maneira semelhante, muitos séculos depois, na França pré-revolucionária, a rainha Maria Antonieta mandou construir uma fazenda planejada no terreno do palácio de Versalhes, onde ela e suas damas de companhia, vestidas como pastoras e ordenhadoras, ordenhavam vacas que haviam sido meticulosamente limpas. Hoje, pessoas em muitas partes ricas do mundo gostam de cultivar seus próprios alimentos, em hortas ou terrenos alugados da municipalidade. Em muitos casos, elas poderiam facilmente dar-se ao luxo de, em vez disso, comprar as frutas e hortaliças, mas o cultivo de seu próprio alimento proporciona uma ligação com a terra, uma forma suave de exercício, uma provisão de produtos frescos e uma fuga do mundo moderno. (O cultivo de alimentos sem uso de substâncias químicas costuma ser muito valorizado nesses círculos.) Na Califórnia, a parte mais rica do país mais rico do mundo, a comida simples dos camponeses italianos é mais venerada. Na Índia, chegou a ser inaugurada uma aldeia turística, perto do vibrante centro tecnológico de Bangalore, onde a classe média recém-enriquecida experimenta uma versão romantizada da existência de seus antepassados, agricultores de subsistência. Um dos privilégios da riqueza é a opção de imitar os estilos de vida dos pobres camponeses.

A riqueza tende a afastar as pessoas do cultivo da terra; de fato, não ter necessidade de trabalhar como agricultor é uma outra maneira de definir riqueza. Hoje, as sociedades mais ricas são aquelas em que a proporção da renda gasta com alimentos e a fração da força de trabalho envolvida na sua produção são mais baixas. Os agricultores representam apenas cerca de 1% da população em países ricos como os Estados Unidos e a Grã-Bretanha. Em países pobres como Ruanda, o percentual da população dedicado à agricultura ainda é de mais de 80% – como em Uruk 5.500 anos atrás. No mundo desenvolvido, a maioria das pessoas tem trabalhos especializados sem relação com a agricultura, e teria dificuldade em sobreviver caso se visse, de repente, obrigada a produzir sua própria comida. O processo de separação em diferentes papéis, que teve início quando as pessoas começaram a se dedicar à agricultura e abandonaram o estilo de vida igualitário dos caçadores-coletores, chegou à sua conclusão lógica.

O fato de as pessoas no mundo desenvolvido de hoje terem geralmente um trabalho específico – advogado, mecânico, médico ou motorista de ônibus – é uma consequência direta dos excedentes alimentares que resultam de um contínuo aumento de produtividade da agricultura, durante os últimos milhares de anos. Outro corolário desses excedentes alimentares cada vez maiores foi a divisão em ricos e pobres, poderosos e fracos. Nenhuma dessas distinções pode ser encontrada num bando de caçadores-coletores, a estrutura social que definiu a humanidade durante a maior parte de sua existência. Os caçadores-coletores têm poucas posses, ou nenhuma, mas isso não significa que sejam pobres. Sua "pobreza" só se torna visível quando eles são comparados com membros das sociedades agrícolas, estabelecidas, que têm condições de acumular bens. Riqueza e pobreza, em outras palavras, parecem ser consequências inevitáveis da agricultura e de seu produto, a civilização.

PARTE III Os caminhos dos alimentos

5. Estilhaços do paraíso

> "Não cessamos de comprar e vender nas várias ilhas, até que chegamos à terra de Hind, onde compramos cravos-da-índia, gengibre e toda sorte de especiarias, e dali viajamos para a terra de Sind, onde também compramos e vendemos. Nesses mares indianos, vi incontáveis maravilhas."
>
> DE "SIMBÁ, O MARUJO"
> EM *O livro das mil e uma noites*

O intrigante atrativo das especiarias

Serpentes voadoras, aves carnívoras gigantescas e criaturas ferozes semelhantes a morcegos eram apenas alguns dos perigos que esperavam quem tentasse colher especiarias nas terras exóticas em que elas cresciam, segundo os historiadores da antiga Grécia. Heródoto, o escritor grego do século V a.C. conhecido como o "pai da história", explicou que para colher canela-da-china era preciso vestir um traje de corpo inteiro feito com couro de boi, cobrindo tudo exceto os olhos. Somente assim a pessoa estaria protegida das "criaturas aladas semelhantes a morcegos que gritam horrivelmente e são muito ferozes… É preciso impedir que elas ataquem os olhos dos homens enquanto eles cortam a canela-da-china."

Mais estranho ainda, afirmou Heródoto, era o processo de colheita da canela. "Ignora-se por completo em que país ela cresce", escreveu ele. "Dizem os árabes que os paus secos que chamamos de canela são trazidos à Arábia por grandes aves, que os carregam para seus ninhos feitos de barro e localizados sobre precipícios nas montanhas que nenhum homem é capaz de galgar. O método inventado para se obter os paus de canela é este: as pessoas cortam os corpos de bois mortos em pedaços muito grandes e os deixam no chão perto dos ninhos. Depois elas se dispersam, e as aves vêm voando e carregam a carne para seus ninhos, os quais, sendo fracos demais para suportar o peso, caem no chão. Os homens aproximam-se e apanham a canela. Adquirida desta maneira, ela é exportada para outros países."

Teofrasto, um filósofo grego do século IV a.C., tinha uma história diferente. A canela, ele ouvira contar, crescia em vales profundos, onde era guardada por serpentes mortais. A única maneira segura de colhê-la era usando luvas e sapatos protetores e, tendo-a colhido, deixar um terço da colheita para trás como um presente para o sol, que faria a oferenda se inflamar. Outra história era contada sobre as serpentes voadoras que protegiam as árvores que produzem o olíbano. Segundo Heródoto, os colhedores da especiaria só podiam afugentar as serpentes queimando benjoim, uma resina aromática, para produzir nuvens de incenso.

Escrevendo no século I, Plínio o Velho, um escritor romano, não dava crédito a essas histórias. "Esses velhos contos", declarou, "foram inventados pelos árabes para elevar o preço de suas mercadorias." Ele poderia ter acrescentado que as histórias fantásticas serviam também para camuflar dos compradores europeus as origens das especiarias. O olíbano vinha da Arábia, mas a canela não; suas origens eram muito mais distantes, no sul da Índia e no Sri Lanka, de onde era expedida através do oceano Índico, juntamente com a pimenta e outras especiarias. Contudo, os mercadores árabes que transportavam esses produtos importados junto com seus próprios condimentos locais em caravanas de camelos através do deserto, até o Mediterrâneo, preferiam manter envoltas em mistério as verdadeiras origens de suas mercadorias incomuns.

Isso funcionava maravilhosamente. Os clientes dos mercadores árabes em todo o Mediterrâneo estavam dispostos a pagar somas extraordinárias por especiarias, em grande parte graças às suas conotações exóticas e origens misteriosas. Não há nada de inerentemente valioso nas especiarias, que são principalmente extratos vegetais derivados de seivas secas, gomas e resinas, cascas de árvores, raízes, sementes e frutas secas, mas elas eram apreciadas por seus aromas e sabores incomuns, que são em muitos casos mecanismos defensivos para repelir insetos ou pragas. Além disso, as especiarias são nutricionalmente irrelevantes. O que têm em comum é serem duráveis, leves e de difícil obtenção, só podendo ser encontradas em lugares específicos. Esses fatores as tornaram ideais para o comércio a longa distância – e quanto maiores as distâncias pelas quais eram transportadas, mais desejadas, exóticas e caras se tornavam.

Por que as especiarias eram especiais

A palavra *especiaria* vem do latim *species*, que é também a raiz de palavras como *especial*, *especialmente* e assim por diante. O sentido literal de *species* é "tipo" ou "variedade" – a palavra ainda é usada nesse sentido em biologia –, mas ela passou a denotar itens valiosos porque era usada para designar os tipos ou variedades de coisas sobre as quais era preciso pagar imposto. A Tarifa de Alexandria, um documento romano do século V, é uma lista de 54 desses itens, sob o título *species pertinentes ad vectigal*, que significa literalmente "os tipos (de coisas) sujeitos a taxas". A lista inclui canela, canela-da-china, gengibre, pimenta-branca, cardamomo, agáloco e mirra, todos itens de luxo sujeitos a uma taxa de importação de 25% no porto egípcio de Alexandria, através do qual as especiarias do Oriente seguiam rumo ao Mediterrâneo e mais além para fregueses europeus.

Hoje reconheceríamos essas variedades, ou "*species*", como especiarias. Mas a Tarifa de Alexandria arrola também vários itens exóticos – leões, leopardos, panteras, seda, marfim, casco de tartaruga e eunucos indianos – que eram tecnicamente também especiarias. Como apenas itens de luxo raros e dispendiosos, sujeitos a taxas extras, eram assim qualificados, se a oferta de um item aumentava e seu preço caía, ele podia ser retirado da lista. Isso provavelmente explica porque a pimenta-do-reino, a especiaria mais usada pelos romanos, não aparece na Tarifa de Alexandria: ela se tornara banal no século V em resultado de importações cada vez maiores da Índia. Hoje a palavra especiaria é usada de maneira mais restrita, aplicável somente a itens comestíveis ou culinários. Pimenta-do-reino é uma especiaria, embora não apareça na Tarifa, e tigres não são, embora apareçam.

As especiarias eram portanto, por definição, mercadorias importadas e caras. Esse era um componente a mais de sua atratividade. Consumi-las era uma maneira de demonstrar riqueza, poder e generosidade. Elas eram dadas de presente, legadas em testamentos ao lado de outros itens de valor, e até usadas como moeda em alguns casos. Na Europa, os gregos parecem ter sido os pioneiros em usá-las na culinária – antes eram utilizadas em incensos e perfumes. Como aconteceu com tantas outras coisas, os romanos tomaram emprestada, ampliaram e popularizaram essa ideia grega. O livro de receitas de Apício, uma compilação de 478 receitas romanas, requeria generosas quantidades de especiarias estrangeiras, entre as quais pimenta, gengibre, saussúrea, malóbatro, nardo e cúrcuma, em receitas como a de avestruz condimentada. Na Idade Média, a comida era prodigamente afogada em especiarias. Nos livros de culinária medievais, elas aparecem em pelo menos metade das receitas, por vezes três quartos delas. Carne e peixe eram servidos com molhos intensamente condimentados, inclusive com várias combinações de cravos, noz-moscada, canela, pimenta e macis. Com sua comida ricamente temperada, a elite tinha literalmente gostos caros.

Esse entusiasmo pelas especiarias é por vezes atribuído a seu uso para mascarar o gosto de carne podre, dada a suposta dificuldade de conservação desta por longos períodos. Mas usá-las dessa maneira teria sido uma coisa muito estranha, em vista do seu alto custo. Qualquer pessoa com condições para comprar especiarias teria certamente tido condições para comprar carne boa; as especiarias eram de longe o ingrediente mais caro. E há muitos registros medievais de comerciantes punidos por vender carne em mau estado, o que sem dúvida desmente a noção de que esta era invariavelmente pútrida e sugere que isso era a exceção, não a regra. A origem do mito surpreendentemente persistente sobre carne ruim e especiarias reside no uso destas para ocultar o gosto salgado da carne conservada pela salga, uma prática generalizada.

Num outro sentido, mais místico, as especiarias eram vistas como antídotos para a miséria terrena. Pensava-se que eram estilhaços do paraíso que tinham caído no mundo comum. Segundo algumas autoridades antigas, o gengibre e a canela eram pescados no Nilo com redes, tendo sido arrastados do rio do paraíso (ou do Jardim do Éden, segundo autores cristãos posteriores), onde plantas exóticas cresciam em abundância. Eles proporcionavam um gosto sobrenatural do paraíso em meio à sórdida realidade da existência terrena. Daí o uso religioso do incenso, para fornecer o aroma do reino celeste, e o costume de oferecer especiarias aos deuses como oferendas incandescentes. Especiarias eram também usadas para embalsamar os mortos e prepará-los para a vida após a morte. Um escritor romano chegou mesmo a dizer que a mítica fênix fazia seu ninho com – que mais? – uma seleção de especiarias. "Ela reúne as especiarias e aromas colhidos pelos assírios e pelos ricos árabes; aqueles que são colhidos pelos povos pigmeus e pela Índia, e que crescem no seio macio da terra de Sabá. Reúne canela, o perfume do amomo, que flutua longamente no ar, bálsamos misturados com folhas de *tejpat*; há também uma nota de cássia suave e goma-arábica, e ricas gotas de olíbano. Acrescenta as tenras espigas do suave nardo e o poder da mirra de Panqueia."

O atrativo desses produtos, portanto, originou-se de uma combinação de suas origens misteriosas e distantes, seus consequentes altos preços e valor como símbolo de status e suas conotações místicas e religiosas – além, é claro, de seu aroma e sabor. O fascínio antigo pelas especiarias pode parecer arbitrário e estranho hoje, mas sua intensidade não pode ser subestimada. A busca por elas foi a terceira maneira pela qual o alimento refez o mundo, tanto ao ajudar a iluminar sua completa extensão e geografia quanto ao motivar exploradores europeus a procurar um acesso direto para as Índias, estabelecendo, assim, impérios comerciais rivais. Examinar o comércio de especiarias da perspectiva europeia pode parecer estranho, uma vez que esse continente ocupou nele apenas uma posição periférica e um papel pequeno nos tempos antigos. Isso serviu, porém, para especialmente realçar o mistério e o atrativo desses produtos para os europeus, levando-os finalmente a descobrir as verdadeiras origens dessas raízes secas, bagas murchas, ramos ressecados, lascas de casca de árvore e fragmentos pegajosos de goma tão estranhamente atraentes – com consequências da máxima importância para o curso da história humana.

A rede internacional do comércio de especiarias

Por volta de 120 a.C., um navio foi encontrado encalhado no litoral do mar Vermelho, aparentemente sem nenhum sobrevivente. Todos a bordo tinham morrido de fome – exceto, como se descobriu, um homem, e também ele estava quase morto. Deram-lhe água e comida e levaram-no para a corte egípcia em Alexandria, onde foi apresentado ao rei Ptolomeu VIII (conhecido como Fiscon, ou "barrigudo", por causa de sua pança). Contudo, como ninguém conseguia entender o que o marinheiro estrangeiro dizia, o rei o despachou para aprender um pouco de grego, a língua oficial do Egito na época. Não muito tempo depois, o marinheiro voltou à corte para contar sua história. Explicou que era da Índia e que seu navio, tendo se desviado da rota ao cruzar o oceano, acabara à deriva no mar Vermelho.

Como a única rota conhecida para a Índia na época envolvia bordejar a costa da península Arábica – algo que os marinheiros alexandrinos eram proibidos de fazer pelos mercadores árabes, que queriam guardar o lucrativo comércio com a Índia para si mesmos –, a referência do marinheiro a uma rota rápida e direta através do oceano aberto foi recebida com descrença. Para provar que dizia a verdade, e certamente para assegurar uma passagem de volta para casa, o marinheiro ofereceu-se como guia numa expedição à Índia. O rei concordou e nomeou como chefe da expedição um de seus leais conselheiros, um grego chamado Eudoxo, conhecido por seu interesse em geografia. Eudoxo partiu no dia aprazado e voltou muitos meses depois com um carregamento de especiarias e joias, que o rei confiscou todo para si. Mais tarde, Eudoxo fez uma segunda viagem à Índia por ordem da mulher e sucessora de Ptolomeu VIII, Cleópatra III. Inspirado pelo naufrágio do que parecia ser um navio espanhol na costa da Etiópia, no leste da África, ele tornou-se obcecado pela ideia de que era possível navegar por toda a volta do continente. Navegou ao longo do litoral norte e rumou para o Atlântico para tentar a circunavegação, mas nunca mais se teve notícia dele.

Essa, pelo menos, é a história contada por Estrabão, filósofo grego que escreveu um tratado de geografia no início do século I. O próprio Estrabão era cético em relação à história: por que o marinheiro indiano sobreviveu se todos os seus companheiros de bordo morreram? Como aprendeu grego tão depressa? No entanto, a história parece plausível porque o comércio direto por via marítima entre o mar Vermelho e a costa oeste da Índia realmente teve início durante o século I a.C., logo após a suposta aparição do náufrago indiano em Alexandria. Até essa época, só marinheiros árabes e indianos conheciam o segredo dos ventos alísios sazonais, que permitiam uma passagem rápida e regular através do oceano entre a península Arábica e a costa oeste da Índia. Esses ventos sopram do sudoeste entre junho e agosto e impelem navios em direção ao leste; depois, entre novembro e janeiro, sopram do nordeste e impelem-nos novamente em direção ao oeste. O conhecimento dos ventos e o controle dos árabes sobre as rotas por terra através da península Arábica davam aos comerciantes indianos e árabes um firme controle sobre o comércio entre a Índia e o mar Vermelho. Eles vendiam especiarias e outras mercadorias orientais a comerciantes alexandrinos em mercados no sudoeste da Arábia. Essas mercadorias eram depois enviadas mar Vermelho acima, por terra até o Nilo, e finalmente Nilo acima até a própria Alexandria.

Na esteira de Eudoxo, no entanto, marinheiros alexandrinos aprenderam como tirar proveito dos ventos alísios – consta que os detalhes foram descobertos por um grego chamado Hipalo, cujo nome foi dado ao vento sudoeste. Eles tornaram-se então capazes de passar ao largo dos mercados árabes e navegar diretamente através do oceano para a costa oeste da Índia, eliminando os intermediários árabes e indianos. O volume das expedições aumentou quando comerciantes romanos ganharam acesso direto ao mar Vermelho, após a anexação do Egito por Roma em 30 a.C. O controle romano do comércio entre o mar Vermelho e a Índia foi cimentado sob o imperador Augusto, que ordenou ataques aos portos do sul da Arábia, reduzindo Aden, o principal entreposto, a uma "mera aldeia", segundo um observador. No início do século I, nada menos que 120 navios romanos navegavam para a Índia todos os anos para comprar especiarias, entre as quais pimenta-do-reino, saussúrea e nardo – juntamente com pedras preciosas, seda chinesa e animais exóticos para serem abatidos nas muitas arenas do mundo romano. Pela primeira vez, os europeus haviam se tornado participantes diretos da florescente rede comercial do oceano Índico, o eixo do comércio global na época.

O "Périplo do mar Eritreano", um manual para marinheiros escrito no século I por um navegador grego desconhecido, dá uma ideia da frenética atividade comercial nos mercados interconectados pelo oceano Índico. Ele descreve os portos ao longo da costa oeste da Índia e suas especialidades, de Barbarikon no norte (um bom lugar para comprar saussúrea, nardo, bdélio e lápis-lazúli) a Barygaza (bom para pimenta-longa, marfim, seda e uma

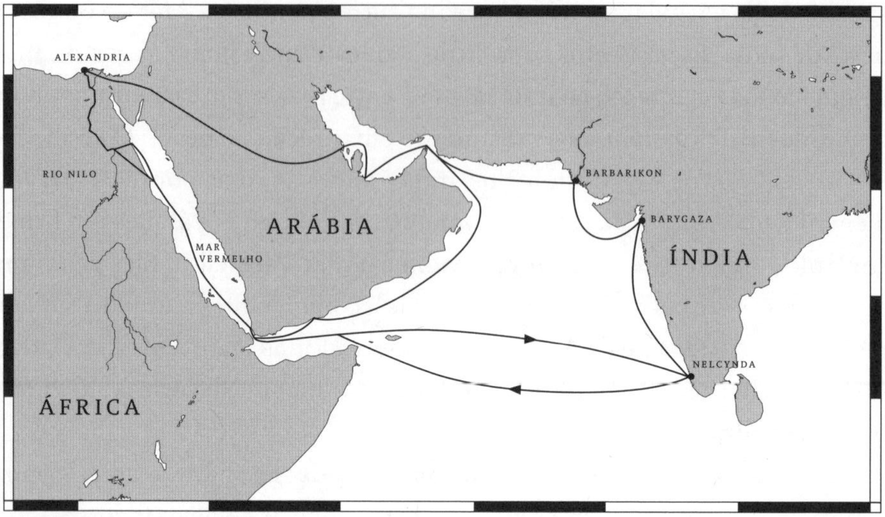

A rota marítima para a Índia deu aos marinheiros alexandrinos (e mais tarde aos romanos) acesso direto ao mercado de especiarias, evitando a Arábia inteiramente.

forma local de mirra), até Nelcynda, quase na extremidade sul do país. Nessa região, o principal comércio era o de pimenta, "cultivada em quantidade" no interior, segundo o Périplo. Havia também oferta de malóbatro, a folha da canela local e uma especiaria particularmente apreciada: meio quilo de folhas pequenas alcançavam 75 denários em Roma, ou cerca de seis vezes o salário mensal básico. Em todos esses portos, os comerciantes romanos ofereciam vinho, cobre, estanho, chumbo, vidro e coral vermelho do Mediterrâneo, apreciado na Índia como um amuleto protetor. Mas, em geral, os comerciantes romanos tinham de pagar pelas especiarias com ouro e prata, pois a maioria de suas mercadorias tinha pouco atrativo para os comerciantes indianos. Os poemas em tâmil do século I mencionam os "*yavanas*", um termo genérico para pessoas do Ocidente, com seus grandes navios e riqueza que "nunca minguavam", uma referência às vastas quantidades de ouro e prata que eram entregues em troca de especiarias.

Em seguida, o Périplo fala dos portos da costa leste da Índia e dos navios pequenos que faziam comércio entre as costas leste e oeste. Menciona também os navios muito maiores que atravessam a baía de Bengala, entre a Índia e o sudeste da Ásia, provavelmente embarcações malaias ou indonésias. Dado o tamanho dos navios romanos, o fato de as dimensões dessas outras embarcações serem ressaltadas sugere que elas eram realmente muito grandes. Provavelmente, transportavam mercadorias de regiões mais a leste, como noz-moscada, macis e cravos das ilhas das especiarias da Indonésia (as Molucas) e seda da China.

Além desse ponto, o Périplo torna-se bastante vago. Fornece, porém, pelo menos um vislumbre, pela perspectiva europeia, de uma vasta rede comercial cujas primeiras conexões haviam sido estabelecidas milhares de anos antes. O cardamomo do sul da Índia já estava disponível na Mesopotâmia no terceiro milênio a.C.; navios egípcios já traziam olíbano e outras plantas aromáticas da terra de Punt (provavelmente Etiópia) no segundo milênio a.C., e o faraó Ramsés II foi enterrado, em 1224 a.C., com um grão de pimenta-do-reino da Índia enfiado em cada uma das narinas. Numa onda de expansão entre 500 a.C. e 200 d.C., no entanto, a rede do comércio de especiarias passou a abarcar todo o Velho Mundo, com a canela e a pimenta da Índia sendo levadas a regiões tão a oeste quanto a Britânia, e o olíbano da Arábia chegando tão a leste quanto a China. A plena extensão dessa rede era, porém, geralmente desconhecida por seus participantes, uma vez que nem sempre eles estavam cientes das origens das mercadorias que comerciavam. Assim como os gregos pensavam que as especiarias indianas que chegavam até eles por meio de comerciantes árabes provinham de fato da Arábia, do mesmo modo, ao que parece, os chineses supunham que noz-moscada e cravos vinham da Malásia, de Sumatra ou de Java, embora estes fossem na realidade apenas portos de escala ao longo das rotas de comércio marítimo desde sua verdadeira fonte mais a leste, nas Molucas.

As especiarias também cruzavam o mundo por terra. Desde o século II a.C., rotas terrestres conectavam a China ao leste do Mediterrâneo, ligando o mundo romano no Ocidente à China Han no Oriente. (No século XIX, essas rotas foram chamadas de Rota da Seda, embora muitos produtos além desse fossem transportados por ali e embora houvesse, de fato, uma rede de caminhos Oriente-Ocidente, não uma única rota.) Almíscar, ruibarbo e alcaçuz eram comerciados por essa via. Especiarias também viajavam por terra entre o norte e o sul da Índia, entre a Índia e a China e entre o sudeste da Ásia e o interior da China. Noz-moscada, macis e cravos eram disponíveis na Índia e na China nos tempos romanos, mas só passaram a chegar regularmente à Europa nos estertores do Império Romano.

A extensão desse comércio e o montante gasto com a importação de mercadorias estrangeiras exóticas provocaram alguma oposição em Roma. Em primeiro lugar, ele era extravagante, o que não condizia com os valores romanos, supostamente tradicionais, de modéstia e frugalidade. Significava também que grandes quantidades de prata e ouro estavam fluindo para o Oriente. Para compensar esse fluxo, era preciso que os romanos encontrassem novas fontes de metais preciosos, seja através da conquista ou pela abertura de novas minas. E tudo isso se destinava à compra de produtos que eram, estritamente falando, desnecessários e vendidos a preços exorbitantes.

Nas palavras de Plínio o Velho: "A Índia absorve pelo menos 55 milhões de sestércios de nossa riqueza por ano, mandando de volta mercadorias que nos são vendidas por cem vezes o seu custo original." No total, relatou ele, o déficit comercial anual de Roma com o Oriente montava a cem milhões de sestércios, ou cerca de dez toneladas de ouro, depois que a seda chinesa e outros artigos finos passaram a ser contados junto com as especiarias. "Essa é a soma que nossos luxos e nossas mulheres nos custam", lamentou. Plínio dizia-se perplexo com a popularidade da pimenta. "É notável que seu uso tenha se tornado tão apreciado. Algumas comidas têm a doçura como atrativo, outras têm uma aparência convidativa, mas no caso da pimenta nem o grão nem a fruta têm nada que os recomendem", escreveu. "A única qualidade agradável é sua pungência – e por causa disso vamos à Índia!"

De maneira semelhante, Tácito, contemporâneo de Plínio, preocupava-se com a dependência romana de "luxos extravagantes da mesa". Quando escreveu essas palavras, por volta do fim do século I, contudo, o comércio romano de especiarias já não estava mais no auge. Nos séculos seguintes, à medida que o Império Romano declinou e sua riqueza e esfera de influência encolheram, o comércio direto de especiarias com a Índia minguou; os comerciantes árabes, indianos e persas se reafirmaram como os principais fornecedores para o Mediterrâneo. Mas as especiarias continuaram a circular. Um livro de receitas romano do século I, *Os excertos de Vinidário*, lista mais de 50 ervas, especiarias e extratos de plantas sob o título "Sumário das especiarias que se deve ter em casa para que nada falte à condimentação dos pratos", inclusive pimenta, gengibre, saussúrea, nardo, folha de canela e cravos. Quando sitiou Roma em 408 d.C., Alarico, o rei dos Godos, exigiu um resgate de 2.200 quilos de ouro, 30.000 peças de prata, 4.000 túnicas de seda, 3.000 peças de tecido e 1.300 quilos de pimenta. Evidentemente, a oferta de seda chinesa e pimenta indiana continuava, mesmo enquanto o Império Romano desmoronava e fragmentava-se.

No entanto, durante o período em que floresceu, o comércio direto com o Oriente introduziu brevemente o povo da Europa no vibrante sistema comercial do oceano Índico. No século I, essa rede comercial abarcava todo o Velho Mundo, interligando os mais poderosos da Eurásia na época: o Império Romano na Europa, o Império Parto na Mesopotâmia, o Império Kushan no norte da Índia e a dinastia Han na China. (Roma e China chegaram até a estabelecer contatos diplomáticos mútuos.) As especiarias eram apenas uma das coisas que viajavam através dessa rede global por terra e mar. Por terem uma relação muito vantajosa entre valor e peso, só poderem ser encontradas em certas partes do mundo, serem facilmente armazenadas e intensamente procuradas, porém, as especiarias foram excepcionais, sendo comerciadas de uma ponta a outra da rede, como demonstram, por exemplo, as referências em fontes romanas aos cravos, que só cresciam nas ilhas Molucas, do outro lado do globo. Elas levavam um sabor do sudeste da Ásia para mesas romanas e o perfume da Arábia para templos chineses. E à medida que eram comerciadas pelo mundo todo, as especiarias levavam também outras coisas consigo.

Carregadas de significado

Mercadorias não são as únicas coisas que circulam ao longo de rotas comerciais. Novas invenções, línguas, estilos artísticos, costumes sociais e crenças religiosas, tanto quanto mercadorias físicas, são também transportados através do mundo por comerciantes. Foi assim que o conhecimento sobre o vinho e sua fabricação viajou do Oriente Próximo para a China no

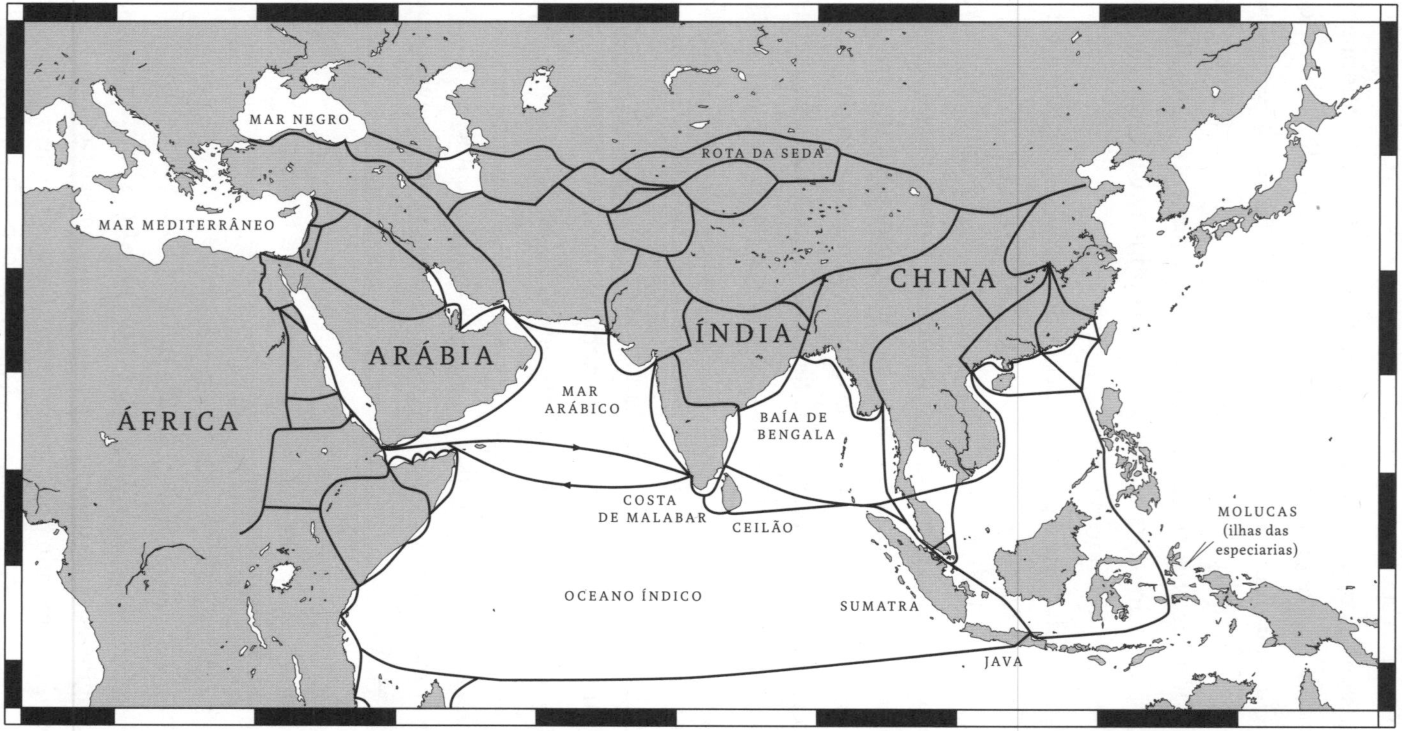

No século I, as redes de comércio do Velho Mundo ligavam o Mediterrâneo, no Ocidente, à China e às ilhas das especiarias, no Oriente.

século I, e que o conhecimento sobre o macarrão fez a viagem na direção contrária. Outras ideias logo se seguiram, inclusive o papel, a bússola magnética e a pólvora. Os numerais arábicos originaram-se realmente na Índia, mas foram transmitidos para a Europa através de comerciantes árabes, o que explica seu nome. Influências helenísticas são claramente visíveis na arte e na arquitetura da cultura kushan do norte da Índia; as construções venezianas eram decoradas com floreios árabes. No entanto, em dois campos em particular – geografia e religião – comércio e transmissão de conhecimento reforçavam-se mutuamente.

Uma das coisas que fazem as especiarias parecerem tão exóticas é sua associação com terras misteriosas e longínquas. Para os geógrafos primitivos do Velho Mundo, que tentavam compor os primeiros mapas e descrições do mundo, as especiarias muitas vezes marcavam os limites de seu conhecimento. Estrabão, por exemplo, referiu-se ao "país indiano que produz canela" situado "na borda do mundo habitável", além do qual a Terra, dizia ele, era quente demais para permitir aos seres humanos viver. Mesmo o autor do Périplo, mais viajado, tinha pouca ideia do que acontecia a leste da foz do Ganges: havia uma grande ilha, "o último lugar habitável do mundo" (possivelmente Sumatra), depois do qual "o mar chega ao fim em algum lugar". Para o norte ficava a misteriosa terra de "Thina" (China), a fonte da seda e das folhas de malóbatro (canela).

Os comerciantes e geógrafos dependiam uns dos outros: os primeiros precisavam de mapas, e os cartógrafos precisavam de informação. Os comerciantes visitavam geógrafos antes de viajar, e podiam partilhar informações na volta. Saber quantos dias de viagem eram necessários para chegar de um ponto a outro, ou itinerários típicos de rotas particulares, tornava possível a estimativa de distâncias, e assim a elaboração de mapas. Desse modo os geógrafos aprendiam sobre o traçado do mundo como um resultado indireto do comércio de especiarias e outras mercadorias. É também por isso que tanta informação sobre especiarias vem dos primeiros geógrafos. Nem eles nem os comerciantes queriam revelar todos os seus segredos, mas alguma troca de ideias fazia sentido para ambas as partes. Os comerciantes trabalhavam de mãos dadas com cartógrafos, culminando no mapa compilado no século II por Ptolomeu, um matemático, astrônomo e geógrafo romano.

Surpreendentemente preciso mesmo para padrões modernos, ele formou a base da geografia ocidental por mais de mil anos.

A interdependência da geografia e do comércio foi ressaltada pelo próprio Ptolomeu, que observou que era somente graças àquele que a localização da Torre de Pedra, um posto comercial fundamental na Rota da Seda para a China, era conhecida. Ele estava perfeitamente ciente de que a Terra era esférica, algo que havia sido demonstrado por filósofos gregos centenas de anos antes, e deu tratos à bola para encontrar a melhor maneira de representar isso numa superfície plana. Sua estimativa da circunferência da Terra, no entanto, estava errada. Embora Eratóstenes, um matemático grego, tivesse feito esse cálculo 400 anos antes e chegado bem perto da resposta certa, o número de Ptolomeu foi um sexto menor – assim, ele pensou que a massa de terra eurasiana estendia-se pelo mundo muito mais do que de fato o faz. Essa superestimação da extensão de terras da Ásia para o leste foi um dos fatores que mais tarde estimularam Cristóvão Colombo a viajar rumo ao oeste para encontrá-la.

Ptolomeu acreditava também que o oceano Índico era cercado de terra por todos os lados, apesar de relatos de que podia ser alcançado a partir do Atlântico quando se contornava o extremo sul da África. (Heródoto, por exemplo, contou sobre fenícios que haviam circunavegado a África por volta de 600 a.C., levando cerca de três anos para fazê-lo e achando as estações do ano estranhamente invertidas à medida que avançavam para o sul.) Geógrafos árabes compreenderam durante o século X que a ideia de um oceano Índico cercado por terra era errada. Um deles, al-Biruni, escreveu sobre "uma abertura nas montanhas ao longo da costa sul [da África]. Há certas provas dessa comunicação, embora ninguém tenha sido capaz de confirmá-la visualmente." Os informantes de al-Biruni eram sem dúvida comerciantes.

Crenças religiosas eram outro tipo de informação que se espalhava naturalmente ao longo de rotas comerciais, à medida que missionários seguiam caminhos abertos por comerciantes e que os próprios comerciantes levavam suas crenças para novas terras. O budismo Mahayana espalhou-se pelas rotas comerciais da Índia até a China e o Japão, e o budismo Hinahyana espalhou-se do Sri Lanka até Burma, Tailândia e Vietnã. Reza a tradição que, no século I, o apóstolo Tomás levou o cristianismo para a costa de Malabar, na Índia, chegando num navio mercante de especiarias a Cranganore (a moderna Kodungallur) em 52 d.C. Mas a simbiose religiosa mais impressionante foi com o islamismo. Sua expansão inicial, a partir de seu lugar de origem, na península Arábica, foi de natureza militar. Um século depois da morte do profeta Maomé, em 632 d.C., seus seguidores já haviam conquistado toda a Pérsia, a Mesopotâmia, a Palestina e a Síria, o Egito, o resto da costa norte-africana e a maior parte da Espanha. Após o ano 750 d.C., porém, a difusão do islamismo esteve estreitamente associada ao comércio: à medida que viajavam para fora da península Arábica, os comerciantes muçulmanos levavam sua religião consigo.

Os distritos comerciais árabes em portos estrangeiros logo se converteram ao islamismo. Os impérios africanos que comerciavam com o mundo muçulmano através do Saara (como o reino de Gana e o Império Mali que o substituiu) converteram-se entre os séculos X e XII. O islamismo espalhou-se também ao longo de rotas comerciais para as cidades da costa leste da África. E, é claro, foi levado através das rotas das especiarias do oceano Índico para a costa oeste da Índia, e além. No século VIII, comerciantes árabes estavam navegando por todo o percurso até a China para comerciar em Cantão – um comércio direto facilitado pela unificação política produzida pela ascensão do islamismo no Ocidente e o início da dinastia Tang da China no Oriente. Tratava-se, contudo, de uma viagem particularmente perigosa. Buzurg ibn Shahriyar, um escritor persa, fala do capitão Abharah, um navegador lendário que fez a viagem para a China sete vezes e viveu para contar a história, mas por pouco: vítima de um naufrágio em uma de suas viagens, ele escapou como o único sobrevivente de seu navio.

Esse foi o período das estrambólicas aventuras descritas nas histórias de Simbá, o Marujo, que faz grandes viagens oceânicas, volta para casa como um homem rico, gasta o butim e depois fica ávido por aventuras, partindo novamente. As histórias de Simbá se baseiam nas experiências reais de comerciantes árabes que atravessavam o oceano Índico. Ocorre que o comércio direto com a China terminou em 878 d.C., quando rebeldes que se opunham ao regime Tang saquearam Cantão e mataram milhares de estrangeiros; dali em diante os mercadores da Arábia não foram além da Índia ou do sudeste da Ásia, onde comerciavam com mercadores chineses. O islamismo, contudo, continuou a se espalhar ao longo das rotas comerciais e finalmente se enraizou por toda a volta do oceano Índico, chegando a Sumatra no século XIII e às ilhas das especiarias, as Molucas, no século XV.

Comércio e islamismo provaram-se extremamente compatíveis. A profissão de comerciante era considerada honrada, até porque o próprio Maomé a exercera, fazendo várias viagens à Siria ao longo das rotas terrestres que levavam especiarias do oceano Índico para o Mediterrâneo. À medida que o islamismo se difundiu, a língua, a cultura, as leis e os costumes comuns dentro do mundo muçulmano proporcionaram um ambiente fértil em que o comércio pôde prosperar. Comerciantes muçulmanos em viagem eram mais propensos a fazer negócios com correligionários nos centros comerciais, e depois que uma importante cidade comercial em determinada região se convertia ao islamismo, fazia sentido para outras cidades nas proximidades seguir seu exemplo, adotando as leis muçulmanas e a língua árabe. O explorador veneziano Marco Polo, visitando Sumatra no fim do século XIII, observou que a extremidade nordeste da ilha era "tão frequentada por comerciantes sarracenos [árabes] que eles tinham convertido os nativos à Lei de Maomé". Mesmo que alguns comerciantes se convertessem de início por razões de conveniência comercial, a rápida difusão do islamismo sugere que eles, ou pelo menos seus descendentes, logo se tornaram inteiramente sinceros em sua adesão à nova religião. O comércio espalhou o islamismo, e o islamismo promoveu o comércio. Vale a pena notar que no fim do século XX, os dois países com as maiores populações muçulmanas eram a Indonésia e a China – ambos muito além do âmbito das conquistas militares islâmicas.

Duas figuras históricas ilustram o alcance e o poder unificador do islamismo. A primeira é Ibn Battuta, um muçulmano de Tânger, muitas vezes chamado de o Marco Polo árabe. Em 1325, aos 21 anos, ele partiu para uma peregrinação (*hajj*) a Meca, aonde chegou no ano seguinte, tendo visitado Cairo, Damasco e Medina ao longo do caminho. Em vez de voltar diretamente para casa, ele decidiu viajar um pouco mais e embarcou no que viria a ser uma viagem de 29 anos e 117 mil quilômetros por grande parte do mundo conhecido. Visitou o Iraque, a Pérsia, a costa leste da África, a Turquia e a Ásia Central, e viajou através do oceano Índico em direção ao sul da China. Depois retornou ao norte da África, a partir de onde visitou o sul da Espanha e o reino de Mali, na África Central. Foi uma viagem assombrosa por quaisquer padrões, mas é particularmente notável que durante a maior parte dela Ibn Battuta tenha permanecido dentro do mundo muçulmano, ou do que os muçulmanos chamam de *dar al-Islam* (literalmente, "a residência do islamismo"). Ele serviu como juiz em Delhi e nas Maldivas, foi enviado como embaixador à China por um sultão indiano e, quando visitou Sumatra, em 1346, constatou que os juristas eram membros de sua própria escola Hanafi de pensamento jurídico.

A segunda figura é Zheng He, almirante da extraordinária armada de navios-tesouro da China. Entre 1405 e 1433, ele comandou sete viagens oficiais, cada uma com dois anos de duração, que avançaram muito pelo oceano Índico. Sua frota de 300 navios tripulados por 27 mil marinheiros era a maior já reunida, e não seria superada em tamanho por mais 500 anos. Zheng He tinha ordens para apresentar a riqueza, o poder e a sofisticação da China a outras nações, estabelecer ligações diplomáticas e estimular o comércio. Assim, passando pelas ilhas das especiarias no sudeste da Ásia, ele navegou até a costa da Índia, subiu o golfo Pérsico e avançou a oeste até a costa leste da África. Ao longo do caminho, seus navios recolheram curiosidades, comerciaram com soberanos locais e reuniram embaixadores para levá-los à China. Zheng He era o embaixador chinês no mundo exterior; talvez surpreendentemente, era também um muçulmano. Mas isso o tornava idealmente qualificado para percorrer os portos, mercados e palácios dos reinos em torno do oceano Índico. No fim das contas, porém, seus esforços deram em nada, já que, embora ele tenha estabelecido a China como uma presença poderosa no oceano Índico, rivalidades internas dentro da corte chinesa levaram ao desmantelamento da Marinha, em parte para atender a queixas políticas, mas também para que fosse possível desviar recursos para a proteção do Império contra inimigos vindos do norte.

Se as rotas de comércio de especiarias do mundo eram as redes de comunicação da época, conectando terras distantes, então o islamismo era o protocolo comum com que elas operavam. Mas, embora o comércio florescesse no mundo muçulmano, a ascensão do islamismo teve o efeito de isolar a Europa do sistema comercial do oceano Índico. Depois que Alexandria foi tomada por tropas muçulmanas em 641 d.C., as especiarias não puderam mais chegar diretamente ao Mediterrâneo. Os europeus foram relegados a uma região comercialmente estagnada por uma "cortina muçulmana" que bloqueava seu acesso ao Oriente.

Contornar a cortina muçulmana

Em 1345, Jani Beg, o chefe da Horda Dourada, fez um cerco ao porto de Caffa, na península da Crimeia. A Horda Dourada (o fragmento mais a oeste do então prostrado Império Mongol) havia vendido a cidade a comerciantes genoveses em 1226, e ela era o principal empório comercial destes no mar Negro. Mas Jani Beg desaprovava o uso do porto para o comércio de escravos, e tentou retomá-lo. Exatamente quando parecia prestes a ocupar o porto, seu exército foi atingido por uma terrível peste. Segundo um relato da época feito por Gabriele de Mussi, um notário italiano, as tropas de Jani Beg carregaram as catapultas com os cadáveres atingidos pela peste e os lançaram na cidade. Os genoveses jogaram os corpos para fora das muralhas de Caffa e no mar, mas a peste se apoderara da cidade. "Logo, como se poderia supor, o ar ficou contaminado e os poços d'água envenenados, e dessa maneira a doença se espalhou tão rapidamente que poucos habitantes tiveram forças suficientes para escapar dela", registrou De Mussi. Mas alguns dos genoveses conseguiram fugir – e quando avançaram para o Ocidente, levaram consigo a peste em seus navios.

A peste, hoje conhecida como Peste Negra, espalhou-se por toda a bacia do Mediterrâneo durante 1347, chegando à França e à Inglaterra em 1348 e à Escandinávia em 1349, matando entre um terço e metade da população da Europa até 1353, segundo algumas estimativas. "Uma peste atacou quase todas as terras costeiras do mundo e matou a maioria das pessoas", registrou um cronista bizantino. A especificação biológica exata dessa peste ainda é acaloradamente debatida, mas geralmente se pensa tratar-se da peste bubônica, transmitida por pulgas de ratos-pretos. Ela era conhecida na época como a "pestilência", e a expressão "Peste Negra", cunhada no século XVI, tornou-se popular no século XIX. Nenhum tratamento podia salvar as vítimas depois que a peste se instalava. Há relatos de pessoas sendo trancafiadas em suas casas para impedir que a peste se alastrasse, e de pessoas abandonando suas famílias para evitar o contágio. Os médicos propunham toda sorte de medidas estranhas que iriam, segundo eles, minimizar o risco de infecção, aconselhando as pessoas gordas a não tomarem sol, por exemplo, e emitindo uma série desconcertante de conselhos dietéticos. Médicos em Paris recomendaram às pessoas evitar hortaliças, em conserva ou frescas; evitar frutas, a menos que consumidas com vinho; e abster-se de comer aves, patos e leitão. "Azeite de oliva", advertiam, "é fatal."

Além das longas listas de produtos a evitar, havia alguns exemplos de alimentos que supostamente ofereciam proteção contra a peste – entre eles se destacavam as especiarias, com suas associações exóticas, quase mágicas, seus aromas pungentes e uma longa história de usos medicinais. Os médicos franceses recomendavam que se bebesse caldo de carne temperado com pimenta, gengibre e cravos. Como se pensava que a peste era transmitida pelo ar contaminado, as pessoas eram aconselhadas a queimar incenso e borrifar água de rosas em suas casas, e a levar consigo várias misturas de pimenta, pétalas de rosa e outras substâncias aromáticas quando saíssem. O escritor italiano Giovanni Boccaccio descreveu pessoas que "saíam de casa carregando nas mãos flores ou ervas aromáticas ou diversos tipos de especiarias, que levavam frequentemente a seus narizes". Isso ajudava a esconder o cheiro dos mortos e moribundos, bem como, supostamente, a purificar o ar. João de Escenden, professor adjunto da Universidade de Oxford, estava convencido de que uma combinação de canela em pó, babosa, mirra, açafrão, macis e cravos lhe permitira sobreviver mesmo quando as pessoas à sua volta sucumbiam à peste.

Como meio de prevenir o contágio, porém, as especiarias eram completamente inúteis. Na verdade, eram piores que inúteis; para começar, foram em parte responsáveis pela chegada e a difusão da peste. O porto genovês de Caffa era valioso porque se situava no extremo oeste da Rota da Seda para a China, e porque especiarias e outras mercadorias provenientes da Índia, enviadas golfo acima e depois transportadas por terra para Caffa e outros portos do mar Negro davam a volta por trás da cortina muçulmana. Assim, Caffa permitia aos genoveses burlar o monopólio muçulmano e obter mercadorias orientais para vender a fregueses europeus. (Nessa altura, seus arquirrivais, os venezianos, haviam se aliado aos sultões muçulmanos que controlavam o comércio no mar Vermelho e agiam como seus distribuidores europeus oficiais.) A peste, que parece ter se originado na Ásia Central, chegou a Caffa pelas rotas comerciais terrestres antes de se espalhar pela Europa através dos navios de especiarias genoveses.

Quando a relação entre o comércio de especiarias e a peste foi percebida, já era tarde demais. "Em janeiro de 1348, impelidas por um violento vento leste, três galés entraram no porto de Gênova, horrivelmente infectadas e carregadas com variedades de especiarias e outras mercadorias valiosas", escreveu um cronista flamengo. "Quando os habitantes de Gênova ficaram sabendo disso, e viram quão repentina e irremediavelmente elas infectavam outras pessoas, as embarcações foram expulsas daquele porto por flechas incendiárias e diversas máquinas de guerra; pois nenhum homem ousava tocá-las; não havia tampouco nenhum homem capaz de comerciar com elas, pois se o fizesse estaria certo de morrer imediatamente. Assim, elas foram escorraçadas de porto em porto." Mais tarde naquele ano, um escritor francês em Avignon escreveu, acerca dos navios genoveses, que "as pessoas não comem, sequer tocam, especiarias que não ficaram armazenadas por um ano, pois temem que possam ter chegado recentemente nos supracitados navios ... Foi observado muitas vezes que aqueles que comeram as novas especiarias ... caíram subitamente doentes."

A importância das várias rotas marítimas e terrestres entre a Europa e o Oriente variava de acordo com a situação geopolítica na Ásia Central. A unificação política sob o Império Mongol, por exemplo, que abarcou grande parte do norte da massa eurasiana – da Hungria, no Ocidente, até a Coreia, no Oriente –, tornou o comércio por terra muito mais seguro, e os volumes cresceram de maneira correspondente. No século XIII, dizia-se que uma donzela podia atravessar o Império Mongol caminhando com um pote de ouro na cabeça sem ser molestada. O estabelecimento de pontos de apoio cristãos no Levante, durante as Cruzadas, proporcionou outros escoadouros para mercadorias trazidas por terra pela Rota da Seda ou pelo golfo. Inversamente, a desintegração do Império Mongol, no início do século XIV, significou que a balança voltou a pender em favor da rota do mar Vermelho, agora controlada pela dinastia muçulmana dos mamelucos.

Durante o século XV, houve uma crescente inquietação na Europa com relação à extensão do controle muçulmano sobre o comércio com o Oriente. Em 1400, cerca de 80% desse comércio estava em mãos muçulmanas. Seus distribuidores europeus, os venezianos, estavam no auge do poder. Veneza negociava cerca de 500 toneladas de especiarias por ano, das quais 60% eram de pimenta. O carregamento de um único galeão veneziano tinha o valor equivalente a um resgate real. Vários papas tentaram proibir o comércio com o mundo muçulmano, mas os venezianos ou os ignoravam ou ganhavam dispensas especiais para continuar fazendo negócios, como de costume. Nesse meio-tempo, Gênova estava em declínio. Suas possessões no mar Negro estavam sob pressão dos turcos otomanos, um poder muçulmano ascendente que avançava sobre o Império Bizantino, que por sua vez encolhia rapidamente. Entre 1410 e 1414 houve uma súbita alta dos preços das especiarias – na Inglaterra, o preço da pimenta subiu oito vezes –, o que lembrou penosamente a todos a grande dependência em que estavam de seus fornecedores. (As causas dessa elevação foram provavelmente as atividades de Zheng He, cuja chegada inesperada à costa oeste na Índia rompeu os padrões usuais de oferta e demanda, e fez os preços subirem.) Tudo isso alimentou um crescente interesse pela possibilidade de encontrar algum novo caminho que contornasse a cortina muçulmana e estabelecesse vínculos comerciais diretos com o Oriente.

A queda de Constantinopla, em 1453, é por vezes retratada como o evento que finalmente desencadeou a idade europeia das explorações, mas ela foi apenas o mais proeminente de uma série de eventos que extinguiram por completo a rota terrestre para o Oriente. Em 1451, os turcos otomanos já haviam conquistado a Grécia e a maior parte da Turquia ocidental, e consideravam Constantinopla, agora o último reduto significativo do antigo Império Bizantino, um "osso na garganta de Alá". Depois da queda, eles impuseram pesados pedágios a navios que entravam e saíam do mar Negro, e em seguida trataram de tomar os portos genoveses em torno de sua costa, inclusive Caffa, que foi tomada em 1475. Enquanto isso, os rivais muçulmanos dos otomanos, os mamelucos, aproveitaram a oportunidade para elevar as tarifas sobre as especiarias que passavam por Alexandria, provocando uma alta constante dos preços na Europa durante a segunda metade do século XV. Em suma, não foi simplesmente a queda de uma cidade, mas o crescimento gradual da insatisfação com o monopólio muçulmano sobre as especiarias que incitou exploradores europeus a buscar rotas marítimas para o Oriente inteiramente novas.

6. Sementes de impérios

> "Depois do ano 1500 não se encontrava em Calicute nenhuma pimenta que não estivesse tingida de sangue."
>
> VOLTAIRE, 1756

"Acredito ter encontrado ruibarbo e canela"

Em junho de 1474, Paolo Toscanelli, um eminente astrônomo e cosmógrafo italiano, escreveu uma carta para a corte portuguesa em Lisboa esboçando sua extraordinária teoria: a rota mais rápida da Europa para a Índia, "a terra das especiarias", era navegar para o oeste, em vez de tentar navegar para o sul e para o leste em torno da parte inferior da África. "E não se espantem quando digo que as especiarias crescem em terras a oeste, ainda que costumemos dizer a leste", escreveu ele. Toscanelli descreveu as riquezas do Oriente, fazendo grandes empréstimos da narrativa de Marco Polo, e incluiu prestimosamente uma carta náutica que mostrava as ilhas de Cipangu e Antília, localizadas no caminho para Cathay (China), que ele estimava estar 10 mil quilômetros a oeste da Europa. "Esse país é mais rico que qualquer outro já descoberto, e não somente poderia fornecer grande lucro e muitas coisas valiosas, como também possui ouro, prata, pedras preciosas e toda sorte de especiarias, em grandes quantidades", declarou ele. A corte portuguesa acabou por ignorar o conselho de Toscanelli, mas Cristóvão Colombo, um marinheiro genovês que vivia em Lisboa na época, ouviu falar da carta e obteve uma cópia dela, possivelmente do próprio Toscanelli.

Como Toscanelli, Colombo estava convencido de que navegar para oeste era a rota mais rápida para as Índias, e passou muitos anos reunindo documentos que sustentavam sua argumentação, efetuando cálculos e traçando mapas. A ideia tinha sólidos fundamentos intelectuais – autoridades antigas, Ptolomeu e Estrabão, haviam aludido a ela; Colombo inspirava-se também em Pierre d'Ailly, um erudito francês do século XIV cuja "Descrição do mundo" declarava que a viagem da Espanha para a Índia, navegando para o oeste, levaria "alguns dias". Mas o respaldo de Toscanelli, um dos cosmógrafos mais respeitados de seu tempo, deu peso adicional à sua teoria.

Baseando-se nos cálculos de Ptolomeu, que havia superestimado o tamanho da Eurásia e subestimado a circunferência da Terra, Colombo escolheu a dedo estimativas de várias autoridades para se convencer de que a Terra era ainda menor e a Eurásia ainda maior, encolhendo assim o oceano que estava de permeio. Usou uma estimativa de Al-Farghani, um geógrafo muçulmano, para a circunferência da Terra; deixou, porém, de levar em conta a diferença entre milhas muçulmanas e romanas, e acabou com um número que era, convenientemente, 25% menor do que devia. Depois, usou a estimativa excepcionalmente grande do tamanho da Eurásia de Marino de Tiro, e acrescentou a isso descrições que Marco Polo fizera de Cipangu (Japão), uma grande ilha que estaria supostamente a centenas de quilômetros da costa leste da China, o que reduzia ainda mais a amplitude do oceano que teria de cruzar. Desse modo Colombo calculou a distância entre as ilhas Canárias (ao largo da costa oeste da África) e o Japão como sendo ligeiramente superior a 3.200 quilômetros – menos de um quarto da verdadeira distância.

Convencer um patrocinador a financiar a expedição que propunha, contudo, provou-se difícil. Isso não ocorreu, como por vezes se sugere, porque os grupos de especialistas nomeados nos anos 1480 pelas cortes portuguesa e espanhola para avaliar a proposta de Colombo discordaram de sua afirmação de que a Terra era esférica; isso era geralmente aceito. O problema foi que seus cálculos pareciam duvidosos, em particular porque se baseavam em evidências fornecidas por Marco Polo, cujo livro descrevendo as viagens no Oriente era considerado em geral, na época, uma obra de ficção. Portugal estava, de todo modo, desenvolvendo seu próprio programa de exploração da costa oeste da África, e não estava disposto a abandoná-lo (razão por que a carta de Toscanelli também caiu em ouvidos moucos). Assim, ambos os grupos de especialistas disseram não. A sorte de Colombo mudou, porém, quando o rei Fernando e a rainha Isabel da Espanha, que acabavam de conquistar Granada, o último baluarte muçulmano na Espanha, decidiram afinal patrociná-lo. Colombo talvez os tenha levado a mudar de opinião ao sugerir que os lucros de sua expedição poderiam financiar uma campanha para reconquistar Jerusalém. Certamente ele apresentou sua viagem como uma aventura abertamente comercial, e os documentos que definiram as condições da expedição lhe asseguravam "um décimo de todo o ouro, prata, pérolas, gemas, especiarias e outras mercadorias produzidas ou obtidas por permuta e mineração dentro dos limites daqueles domínios".

Seus três navios rumaram para oeste a partir das ilhas Canárias em 6 de setembro de 1492, e encontraram terra, após uma viagem cada vez mais angustiante, no dia 12 de outubro. Colombo teve certeza de que havia riquezas ao alcance assim que avistaram terra. Seu diário de bordo menciona "ouro e especiarias" repetidamente e detalha tentativas de convencer os nativos a lhe dizer onde encontrá-los. "Eu estava atento e dei-me ao trabalho de averiguar se havia ouro", escreveu em seu diário em 13 de outubro, após encontrar um grupo de nativos. Duas semanas depois de chegar, visitou várias das que supôs serem as 7.459 ilhas que Marco Polo afirmou se situarem ao longo da costa leste da China, e escreveu em seu diário: "Desejei partir hoje para a ilha de Cuba ... sendo minha crença que ela será rica em especiarias." Colombo não conseguiu encontrar especiarias em Cuba, mas disseram-lhe ser possível encontrar canela e ouro mais a sudeste. Em meados de novembro, ele ainda sustentava em seu diário que "sem dúvida há nestas terras uma grande quantidade de ouro ... pedras, pérolas preciosas e infinitas especiarias". Em dezembro, ancorado ao largo da ilha que chamou de Hispaniola, registrou que podia ver na costa "um campo de árvores de mil tipos, todas carregadas de frutas ... que se acredita serem especiarias e nozes-moscadas".

Como se comunicava com os nativos usando a linguagem dos sinais, Colombo podia interpretá-los praticamente como bem entendia. De maneira igualmente conveniente, havia várias explicações plausíveis para seu fracasso em encontrar qualquer especiaria. Talvez não fosse a estação própria; seus homens não conheciam as técnicas corretas de colheita e processamento; e, é claro, de qualquer maneira os europeus não sabiam que aparência tinham as especiarias na natureza. "Não ter conhecimento dos produtos causa-me o maior pesar do mundo, pois vejo mil tipos de árvores, cada uma com sua característica especial, bem como mil tipos de ervas com suas flores; no entanto não conheço nenhuma delas", escreveu Colombo. Ao que parece, ele sofria também de falta de sorte: um membro da tripulação disse ter encontrado três lentiscos, mas lamentavelmente deixara a amostra cair; outro disse ter descoberto ruibarbo, mas não conseguira colhê-lo sem uma pá.

Colombo partiu para a Espanha em 4 de janeiro de 1493, tendo reunido uma pequena quantidade de ouro através de negociações com nativos. Levou também amostras do que pensava serem especiarias. Depois de uma viagem difícil, chegou de volta à Espanha em março de 1493, e sua carta oficial a Fernando e Isabel relatando suas descobertas tornou-se um best-seller em toda a Europa, com 11 edições publicadas até o fim daquele ano. Ele descreveu ilhas exóticas com montanhas elevadas, aves estranhas e novos tipos de fruta. Sobre a ilha de Hispaniola, escreveu: "Há muitas especiarias e grandes minas de ouro e outros metais." Explicou que a distribuição das riquezas dessas novas terras podia começar imediatamente: "Darei a Suas Majestades especiarias e algodão de imediato, tanto quanto ordenem que se envie, e tanto quanto ordenem que se envie de lentisco ... e babosa tanto quanto ordenem que se envie; e escravos tantos quanto ordenem que se enviem, e estes serão de povos idólatras. E acredito ter encontrado ruibarbo e canela."

A julgar pelo tom triunfante da carta, parecia que Colombo alcançara seu objetivo de encontrar uma nova rota para as riquezas do Oriente. Embora as ilhas que visitou não correspondessem às descrições da China e de Cipangu no relato de Marco Polo, ele tinha certeza de que o continente estava próximo. Que prova melhor haveria do que a presença de canela e ruibarbo, que sabidamente se originavam nas Índias? Mas a opinião na corte espanhola ficou dividida. Os gravetos que Colombo dizia serem canela não tinham o cheiro certo e pareciam ter se estragado durante a viagem de volta. As outras amostras de especiarias também não impressionavam, e ele só encontrara uma pequena quantidade de ouro. Céticos concluíram que ele não havia encontrado nada mais do que algumas novas ilhas no Atlântico. Mas como Colombo afirmou que estava se aproximando da fonte do ouro, uma segunda expedição, muito maior, foi despachada.

A segunda expedição só perpetuou a confusão relativa à existência de especiarias. Escrevendo de Hispaniola em 1494 para sua casa em Sevilha, Diego

Álvarez Chanca, que serviu como médico de Colombo na viagem, explicou a situação: "Há algumas árvores que, 'penso eu', dão nozes-moscadas, mas não estão dando fruto no momento. Digo 'penso eu' porque o cheiro e o gosto da casca se assemelham aos de nozes-moscadas", escreveu. "Vi uma raiz de gengibre, que um índio trazia amarrada em volta do pescoço. Há também babosa: não é do tipo que foi visto até agora em nosso país, mas não tenho dúvida de que tem valor medicinal. Há também lentisco muito bom." Nenhuma dessas coisas estava realmente lá, mas os espanhóis queriam muito que estivessem. "Foi também encontrado um tipo de canela; é verdade que não é tão boa como a que conhecemos em casa. Não sabemos se por acaso isso se deve a falta de conhecimento sobre quando deve ser colhida, ou se por acaso a terra não produz melhor."

Colombo lançou-se ele mesmo à exploração, na esperança de mostrar que havia encontrado o continente asiático. Afirmou ter descoberto as pegadas de grifos e pensava ter detectado semelhanças entre os nomes locais dos lugares visitados e aqueles mencionados por Marco Polo. Em certa altura, conseguiu fazer todos os marinheiros de sua frota jurarem que Cuba era maior que qualquer ilha conhecida e que estavam muito próximos da China. Todo marinheiro que refutasse essas afirmações era ameaçado com uma pesada multa e a perda da língua. No entanto, as dúvidas cresciam à medida que Colombo voltava de cada uma de suas viagens com somente alguns pedaços de ouro e mais de suas especiarias duvidosas. Ele precisou recorrer a justificativas religiosas para suas atividades – os nativos poderiam ser convertidos ao cristianismo –, embora sugerisse também que poderiam dar bons escravos. Seus colonos tornavam-se cada vez mais rebeldes. Colombo foi acusado de má administração das colônias e de ter pintado um quadro enganoso de seu potencial. Ao cabo da terceira viagem, foi enviado de volta para a Espanha acorrentado e destituído do título de governador. Após uma quarta e última viagem, morreu em 1506, convencido até o fim de que tinha realmente chegado à Ásia.

A ideia de encontrar especiarias nas Américas sobreviveu a Colombo. Em 1518, Bartolomé de las Casas, um missionário espanhol no Novo Mundo, afirmou que as novas colônias espanholas eram "muito boas" para gengibre, cravos e pimenta. O conquistador Hernán Cortés encontrou grande quantidade de ouro, pilhando-o dos astecas durante a conquista espanhola do México, mas até ele se sentiu mal com relação ao fracasso em obter alguma noz-moscada ou cravo. Insistiu, em cartas ao rei da Espanha, que acabaria encontrando o caminho para as ilhas das especiarias. Na década de 1540, outro conquistador, Gonzalo Pizarro, esquadrinhou a selva amazônica numa busca fatal pela lendária cidade de El Dorado e pelo "*país de la canela*". Foi só no século XVII que a procura do Velho Mundo por especiarias nas Américas foi finalmente abandonada.

Obviamente, as Américas ofereciam ao resto do mundo toda sorte de novos gêneros alimentícios, inclusive milho, batatas, abóbora, chocolate, tomate, abacaxis e novos condimentos, como baunilha e pimenta-da-jamaica. E, embora Colombo não tenha conseguido encontrar no Novo Mundo as especiarias que procurava, encontrou algo que era, sob alguns aspectos, ainda melhor. "Há abundância de *aji*", escreveu ele em seu diário, "que é a pimenta deles, mais valiosa que pimenta-do-reino, e todas as pessoas não comem outra coisa, sendo ela muito saudável. Seria possível carregar 50 caravelas anualmente com ela." Tratava-se do chili, e embora não fosse pimenta-do-reino, podia ser usado de maneira semelhante. Um observador italiano na corte espanhola observou que cinco grãos eram mais ardidos e tinham mais sabor que 20 grãos da pimenta comum de Malabar. Melhor ainda, como podia ser facilmente cultivado fora da região de origem, diferentemente da maioria das especiarias, o chili espalhou-se rapidamente pelo mundo e em poucas décadas já estava assimilado à culinária asiática.

Apesar das suas virtudes culinárias, porém, o chili não era o que Colombo queria. A facilidade com que podia ser transplantado de uma região para outra significava que não tinha o valor financeiro das especiarias tradicionais, que se devia, em grande parte, às limitações geográficas de sua oferta e à necessidade de transporte por longas distâncias. No entanto, o mais importante para Colombo era encontrar as especiarias do Velho Mundo não por seu gosto ou valor, mas para provar ter realmente chegado à Ásia. Foi por isso que ele semeou uma confusão que dura até hoje, chamando os chilis de "pimentas" e as pessoas que encontrou nas Bahamas de "índios", em ambos os casos dando-lhes os nomes daquilo que estava empenhado em encontrar. Isso porque encontrar a fonte das especiarias significava ter chegado às Índias, as terras exóticas e aromáticas descritas por Marco Polo e por outros cujas histórias enfeitiçaram os europeus por tantos séculos.

"Cristãos e especiarias"

As especiarias não eram um dos objetivos originais do programa português para explorar a costa oeste da África, iniciado nos anos 1420 pelo infante Henrique de Portugal (conhecido em inglês pelo equivalente de príncipe Henrique o Navegador, mais uma alcunha criada do século XIX). O objetivo era aprender mais sobre a geografia da costa e das ilhas próximas, estabelecer relações comerciais e talvez fazer contato com Preste João, o legendário soberano cristão de um reino que se supunha estar situado em algum lugar na África ou nas Índias, e que seria um valioso aliado contra os muçulmanos.

À medida que desciam pela costa africana, cada um indo um pouco mais longe que o anterior, os navios de Henrique refutavam a antiga noção grega de que os extremos da Terra ficavam quentes demais para os humanos. Eles levavam de volta ouro, escravos e "grãos do paraíso", uma especiaria inferior parecida com a pimenta-do-reino, vagamente conhecida na Europa porque era ocasionalmente comerciada através do Saara, chegando ao Mediterrâneo. Também procuraram algum braço do Nilo, na esperança de segui-lo contra a corrente para encontrar Preste João. Com o decorrer do século XV, porém, a necessidade europeia de encontrar uma rota alternativa para as Índias tornou-se cada vez mais urgente. Os navios portugueses avançaram mais ao sul e finalmente, em 1488, Bartolomeu Dias contornou o cabo do sul da África – por acidente, depois de ser arrastado pelo Atlântico por uma tempestade – e em seguida rumou para leste. Ele voltou a Lisboa com a notícia de que, ao contrário do que pensavam alguns dos antigos, o oceano Índico não era todo rodeado por terra e podia ser alcançado a partir do Atlântico – e o mesmo valia, por extensão, para a Índia.

Por que então Portugal levou nove anos para enviar uma expedição à Índia? A organização de uma frota teria levado tempo, mas as descobertas de Colombo no Atlântico podem também ter sido responsáveis pelo atraso.

Se ele tivesse realmente encontrado uma rota para o leste navegando em direção ao oeste, contornar toda a África seria desnecessário. Mas quando Colombo voltou de sua segunda viagem, em 1496, com muito pouco para mostrar, os portugueses recobraram o entusiasmo por uma expedição à Índia contornando a extremidade sul da África. Os navios zarparam no ano seguinte. Como um cronista da época relatou sucintamente: "No ano 1497, o rei Manuel, o primeiro com esse nome em Portugal, enviou quatro navios que partiram numa busca por especiarias, capitaneados por Vasco da Gama."

A viagem foi marcada por conflitos religiosos e rivalidade. Tendo contornado o cabo e navegado pela costa leste da África acima, Vasco da Gama e seus homens foram confundidos com muçulmanos pelo sultão de Mocobiquy (Moçambique). Ele prometeu fornecer-lhes um piloto que poderia guiá-los até a Índia, mas depois percebeu seu erro. Seguiu-se uma luta e os navios de Vasco da Gama bombardearam a cidade, matando pelo menos duas pessoas. Houve outras querelas com muçulmanos locais, enquanto os portugueses tentavam, em vão, conseguir um piloto. Em Malindi, mais acima na costa africana, Vasco da Gama confundiu os hindus ali residentes com cristãos de uma seita desconhecida. Depois de conseguir um piloto perito, os navios portugueses avançaram através do oceano Índico até a costa de Malabar, na Índia, onde ancoraram perto de Calicute em 20 de maio de 1498. Seguindo o costume, Vasco da Gama enviou para a costa um degredado, em geral um criminoso ou proscrito considerado sacrificável, para fazer contato com os nativos. Não conseguindo entendê-lo, os indianos o levaram à casa de alguns mercadores muçulmanos vindos da Tunísia que ali residiam. "Que diabos o trouxeram aqui?", perguntaram eles ao homem. A resposta foi: "Viemos à procura de cristãos e especiarias."

Embora as últimas fossem evidentemente abundantes em Calicute, os primeiros não o eram. Mas Vasco da Gama e seus homens pensavam de outro modo. Supunham que os hindus nativos eram cristãos, prostravam-se de joelhos nos templos hindus, confundiam representações de deusas hindus com a Virgem Maria e imagens de deuses hindus com santos cristãos. O rei, ou *zamorin*, de Calicute foi também tomado por cristão, portanto um aliado natural contra os comerciantes muçulmanos residentes. Contudo, o rei ficou inteiramente indiferente às quinquilharias que os portugueses ofereceram (chapéus vermelhos e recipientes de cobre, itens comuns de permuta na costa oeste da África). Talvez ele tivesse uma lembrança remota da chegada a Calicute dos galeões de ouro de Zheng He, apenas algumas décadas antes, que haviam oferecido sedas suntuosas em troca de especiarias. Esperava-se de estrangeiros misteriosos mais que as oferendas insignificantes de Vasco da Gama. Este, atribuindo o desapontamento do *zamorin* à influência maligna dos muçulmanos, afirmou que seus navios eram apenas a vanguarda de uma frota-tesouro, que evidentemente nunca se materializou. Assim, ele rumou para casa só com pequenas quantidades de pimenta-do-reino, canela, cravo e gengibre, chegando a Lisboa em setembro de 1499. Somente dois de seus navios e menos da metade de seus homens haviam sobrevivido à viagem – mas sua expedição mostrara ser possível evitar a cortina muçulmana e obter especiarias diretamente da Índia.

O rei Manuel ficou encantado, e logo estava se intitulando "Senhor da Guiné e da Conquista, da Navegação e do Comércio da Etiópia, Arábia, Pérsia e Índia". Embora isso fosse evidentemente um enorme exagero, não deixava dúvida acerca de sua intenção: arrancar dos muçulmanos o controle sobre o comércio de especiarias. Manuel explicou isso em detalhes numa carta a Fernando e Isabel da Espanha, na qual se vangloriava e declarava que seus exploradores "realmente chegaram e descobriram a Índia e outros reinos vizinhos dela ... entraram e navegaram seu mar, encontrando grandes cidades ... e enormes populações em meio às quais é levado a cabo todo o comércio de especiarias e pedras preciosas". Continuando, ele expressou a esperança de que "com a ajuda de Deus, o grande comércio que agora enriquece os mouros destas partes ... deverá, em consequência de nossos próprios preceitos, ser desviado para os nativos e navios de nosso próprio reino, de modo que doravante toda a cristandade nesta parte do mundo será suprida dessas especiarias". Manuel queria, em suma, estabelecer um monopólio português sobre essas mercadorias, pretensamente por razões religiosas – embora obviamente fosse obter benefícios comerciais também.

Como podia no entanto o pequenino Portugal esperar sobrepujar os vários navios muçulmanos do oceano Índico, a milhares de quilômetros de distância? Os homens de Vasco da Gama haviam contado "cerca de 500 navios mouriscos chegando em busca de especiarias" durante os três meses que passaram em Calicute. Mas tinham notado também algo muito interessante sobre esses navios: estavam desarmados. Essa era uma prática corrente no oceano Índico, onde não havia nenhum poder político ou militar dominante; mesmo os muçulmanos estavam divididos em várias comunidade distintas. De fato, o que unia a região era o comércio, baseado em torno de um punhado de portos principais e algumas dúzias de outros menores. Em cada porto, comerciantes de diferentes comunidades podiam encontrar depósitos para armazenar suas mercadorias, serviços bancários, acesso a mercados locais e, com frequência, um bairro da cidade onde seus pares moravam e suas próprias leis vigoravam. Os portos competiam para oferecer as mais baixas tarifas e atrair o maior volume de comércio. Havia um forte senso de reciprocidade: se a polícia de um porto particular maltratava comerciantes estrangeiros, os próprios comerciantes locais tinham grande propensão a se queixar, uma vez que tal comportamento podia levar a retaliação em outros portos e solapar o comércio, o que teria sido ruim para todos. Ocasionalmente, governantes locais podiam tentar controlar o comércio numa área específica usando a força, mas isso só tinha por efeito desviar os negócios para outro lugar. Assim, o comércio desarmado era a norma.

Portugal poderia ter aderido a esse sistema, pagando às autoridades asiáticas pelo uso das instalações dos portos e saldando tarifas da maneira usual. Mas os portugueses estavam acostumados com a maneira como as coisas funcionavam no Mediterrâneo, onde o uso da força para proteger rotas marítimas, a marinha mercante e colônias comerciais prevalecia desde os tempos greco-romanos. Além disso, Portugal não esperava apenas participar do comércio no oceano Índico: queria dominá-lo, expulsando os muçulmanos. Tudo isso logo ficou claro durante a segunda viagem dos portugueses à Índia, com uma frota de 13 navios sob o comando de Pedro Álvares Cabral, que partiu em março de 1500, menos de seis meses depois do retorno de Vasco da Gama. Quando avançaram pelo Atlântico rumo ao sul e ao oeste, os navios encontraram inesperadamente o até então desconhecido continente sul-americano, e reivindicaram o Brasil para Portugal – mais uma consequência imprevista da busca de especiarias. Um navio voltou para Lisboa com a notícia, enquanto os demais prosseguiram para a costa africana, chegando a Calicute em setembro. As hostilidades começaram quase imediatamente:

os homens de Cabral capturaram alguns navios muçulmanos e, em resposta, os muçulmanos prenderam e mataram cerca de 40 comerciantes portugueses na cidade. Cabral reagiu apoderando-se de mais navios muçulmanos e ateando-lhes fogo com as tripulações ainda a bordo. Em seguida, bombardeou Calicute durante dois dias, aterrorizando os habitantes, antes de rumar para os portos de Cochin (a atual Kochi) e Cannanore (a moderna Kannur), onde os governantes locais, preocupados em evitar uma sorte semelhante, permitiram aos portugueses iniciar postos comerciais em termos generosos.

Os navios de Cabral voltaram então para Portugal carregados de especiarias. Sua chegada, em julho de 1501, foi saudada com júbilo em Lisboa e consternação em Veneza. "Essa foi considerada uma notícia muito ruim para Veneza", registrou um cronista. "Os comerciantes venezianos estão verdadeiramente em maus lençóis." Afinal, além de trazer o primeiro grande carregamento de especiarias para a Europa contornando a cortina muçulmana, os portugueses também pareciam ter eliminado o fornecimento do mar Vermelho. Em 1502, chegando aos portos mamelucos de Beirute e Alexandria, navios venezianos constataram que havia muito pouca pimenta-do-reino disponível, o que elevou os preços às alturas e inspirou alguns observadores a prever a ruína de Veneza. O número de galeões em sua frota mercante foi reduzido de 13 para três, e, em vez de mandá-los a Alexandria duas vezes por ano, como costumava fazer, Veneza começou a enviar a frota ano sim, ano não.

A beligerância dos portugueses alcançou novos níveis durante a terceira viagem para a Índia, comandada por Vasco da Gama. Seus navios saquearam portos na costa leste da África, exigindo butim e tributo. Ao chegar à Índia, queimaram e bombardearam arbitrariamente diversas cidades na costa, para forçar portos estratégicos a comprar dele um "cartaz". Tratava-se de uma permissão que garantia proteção para o porto e seus navios, e que só era emitida mediante o pagamento de uma taxa e a promessa de não comerciar com muçulmanos – em outras palavras, extorsão mediante venda de proteção. Vasco da Gama e seus homens também afundaram e pilharam embarcações muçulmanas e locais. Em certa ocasião, usaram prisioneiros para a prática de besta. Mãos, narizes e orelhas de outros prisioneiros foram cortados e enviados para a terra num bote; os mutilados foram depois amarrados e queimados até a morte num de seus próprios navios. Por fim, Vasco da Gama negociou um acordo com fornecedores de pimenta-do-reino em Cochin, carregou seus navios com especiarias e rumou para casa; no caminho, afundou uma frota local que havia sido enviada para exigir vingança e bombardeou Calicute mais uma vez, por medida de precaução.

Esse era o tom dos esforços portugueses para controlar o comércio no oceano Índico: qualquer navio ou porto sem "cartaz" era considerado um alvo de hostilidades, os governantes locais eram intimidados e forçados a negociar em termos generosos com os portugueses e a violência era usada de maneira arbitrária e imoderada. Outras expedições foram enviadas pelo rei Manuel com ordens de estabelecer bases em locais-chave e ameaçar navios muçulmanos navegando entre a Índia e o mar Vermelho, para que "eles não possam transportar nenhuma especiaria para o território do sultão [mameluco] e todos na Índia percam a ilusão de poder negociar com qualquer um senão nós". Em 1510, Portugal tomou Goa, na costa oeste da Índia, fazendo dela sua maior base no oceano Índico, e no ano seguinte tomou Málaca, o principal ponto de distribuição de noz-moscada e cravo das misteriosas ilhas das especiarias, as Molucas, situadas mais a leste. Pouco depois, uma expedição portuguesa finalmente chegou a essas ilhas, procuradas durante tanto tempo, e relações comerciais informais foram iniciadas. Noz-moscada e macis seriam encontrados nas ilhas Banda, perto dali.

Os portugueses haviam encontrado as fontes exatas do comércio de especiarias, mas o plano de tomar dos muçulmanos o controle do fornecimento para a Europa acabou fracassando. O oceano Índico era simplesmente grande demais. No máximo, Portugal chegou a controlar cerca de 10% do comércio de pimenta-do-reino de Malabar, e talvez 75% do fluxo de especiarias para a Europa, mas as tentativas de bloquear o transporte muçulmano nunca foram mais do que parcialmente eficazes. Em 1560, o fluxo de especiarias levadas por comerciantes muçulmanos a Alexandria havia retornado aos níveis anteriores. Mas, ainda que tenha fracassado nos esforços para estabelecer um monopólio, Portugal teve êxito em definir um novo modelo para o comércio europeu no Oriente, baseado em monopólios e bloqueios impostos por navios armados a partir de uma rede de postos comerciais. Esse modelo foi rapidamente adotado por seus rivais europeus. Muito apropriadamente, as rivalidades entre essas potências coloniais emergentes centraram-se nas próprias ilhas Molucas.

Sementes de impérios

As especiarias ajudaram a atrair Colombo para o oeste, onde não seriam encontradas, e Vasco da Gama para o leste, onde foram achadas em abundância. E para coroar as façanhas de ambos na criação de novas rotas marítimas, elas também inspiraram a primeira circunavegação da Terra. Em 1494, Espanha e Portugal assinaram o Tratado de Tordesilhas, que previa uma maneira simples de dividir as novas terras alcançadas por seus exploradores. Eles traçaram uma linha que passava pelo meio do oceano Atlântico, a meio caminho entre as ilhas de Cabo Verde, ao largo da costa africana (que eram reivindicadas por Portugal), e Hispaniola (que Colombo acabava de reclamar para a Espanha). Combinou-se que qualquer nova terra a oeste da linha pertenceria à Espanha, e aquelas a leste pertenceriam a Portugal; a opinião dos habitantes locais foi considerada irrelevante. Posteriormente percebeu-se que parte da América do Sul, desconhecida na época da assinatura do tratado, situava-se a oeste da linha, mas, como o acordo declarava expressamente que ela pertencia a Portugal, a região se tornou portuguesa. Tudo parecia muito bem acertado até que os portugueses chegaram às Molucas, do outro lado do mundo. De que lado da linha estavam? O tratado de 1494 não especificara uma linha divisória no Pacífico, mas a maneira lógica de traçar uma era estender o meridiano atlântico em torno do globo – caso em que, suspeitava a Espanha, as ilhas das especiarias poderiam cair no lado que ela considerava sua propriedade. Uma expedição espanhola foi devidamente despachada para definir a localização precisa das ilhas das especiarias e reivindicá-las para a coroa espanhola.

Muito estranhamente, a expedição foi chefiada por um navegador português, Fernão de Magalhães, que caíra em desgraça na corte portuguesa, renunciara à sua nacionalidade e oferecera seus serviços à Espanha. Os navios rumaram para o oeste através do Atlântico em 1519, e foram os primeiros a atravessar do Atlântico para o Pacífico pela passagem hoje conhecida como estreito de Magalhães, na extremidade sul da América do Sul. Fernão de Magalhães foi morto nas Filipinas em 1521, quando interveio numa contenda entre dois chefes locais, mas a expedição continuou e chegou às Molucas.

Depois de ser carregado com cravos, um dos navios de Magalhães, o *Victoria*, capitaneado por Juan Sebastian Elcano, continuou rumo a oeste, chegando de volta a Sevilha em 1522. As 26 toneladas de cravos a bordo cobriram todo o custo da expedição, e Elcano foi recompensado com um brasão ornamentado com paus de canela, nozes-moscadas e cravos. A viagem provara definitivamente que o mundo era redondo e que os oceanos eram interligados. Um membro da tripulação, um abastado italiano chamado Antonio Pigafetta, manteve um diário detalhado, e observou algo extraordinário quando o navio parou para se abastecer nas ilhas de Cabo Verde, no caminho de volta para a Espanha: era o dia errado, "pois havíamos feito nossa viagem sempre para o oeste, e tínhamos voltado ao mesmo lugar de partida do sol, razão por que a longa viagem havia proporcionado um ganho de 24 horas, como se vê claramente".

A circunavegação, porém, não resolveu a disputa pela propriedade das Molucas. Isso seria finalmente decidido por outro tratado, em 1529, quando a Espanha abriu mão de sua reivindicação geograficamente duvidosa em troca de um pagamento de 350 mil ducados de ouro por Portugal. Ao fim e ao cabo, a discussão sobre quem tinha direito às Molucas tornou-se irrelevante graças à união das coroas de Espanha e Portugal em 1580.

A essa altura, contudo, os ingleses e holandeses tinham entrado em cena. O explorador inglês Francis Drake passou pelas Molucas em 1579, e observou que elas produziam uma "abundância de cravos, de que nos abastecemos em grande monta, tão grande quanto nosso desejo de que seu preço fosse muito baixo". A viagem de Drake inspirou várias tentativas subsequentes de outros marinheiros ingleses, todas terminadas em fracasso. Os holandeses tiveram mais sucesso. Durante algum tempo, mercadores holandeses tinham sido os distribuidores de especiarias portuguesas no norte da Europa, mas, como perderam esse privilégio após a união da Espanha com Portugal, passaram a tentar estabelecer seu próprio fornecimento. Informações reunidas por Jan Huyghen van Linschoten, um especialista holandês que trabalhara muitos anos para os portugueses na Índia, indicavam que uma excelente pimenta-do-reino local podia ser encontrada em Java. Como os portugueses não comerciavam ali, comprando pimenta na Índia, dificilmente poderiam se queixar se os holandeses manifestassem interesse pelo produto. Após uma expedição bem-sucedida a Java em 1595, comerciantes holandeses que se associaram através da Vereenigde Oost-Indische Compagnie (VOC), ou Companhia Holandesa das Índias Orientais, em 1602, começaram a fazer carregamentos regulares de especiarias da região, tirando partido da incapacidade de Portugal de controlar o abastecimento.

Quando perceberam quão tênue o controle português realmente era, os astutos holandeses decidiram tomar o controle do comércio, e enviaram uma grande frota para as ilhas das especiarias em 1605. "As ilhas de Banda e as Molucas são nosso alvo principal", explicaram os diretores da VOC para seu almirante na região. "Recomendamos fortemente que o senhor tente vincular essas ilhas à Companhia, se não por tratado, então pela força!" Os holandeses expulsaram os espanhóis e portugueses das Molucas, ordenaram a alguns navios ingleses recém-chegados que partissem e assumiram controle direto sobre o fornecimento de cravos. A VOC passou, então, a impor implacavelmente seu novo monopólio, decidida a triunfar onde os portugueses tinham fracassado. A produção de cravos foi concentrada nas ilhas centrais de Ambon e Ceram, para ser mais rigorosamente controlada; os antigos arvoredos de craveiros em outras ilhas foram extirpados, os apanhadores massacrados e suas aldeias incendiadas.

Onde a produção de cravos foi permitida, o cultivo de outros produtos agrícolas foi proibido, para assegurar que os nativos ficassem dependentes dos holandeses para alimentação. Os holandeses vendiam comida a alto preço e compravam os cravos por uma baixa quantia. A produção declinou, levando os holandeses a ordenar o plantio de mais árvores. Quando estas cresceram, porém, a oferta superou a demanda e os agricultores receberam ordem de abatê-las novamente. Seguiu-se um ciclo de expansões e retrações, enquanto os holandeses lutavam para conciliar uma demanda variável com a oferta que dependia de árvores de crescimento lento e agricultores insatisfeitos. O cultivo de cravos fora do controle holandês era punido com pena de morte, e o comércio clandestino reprimido. O porto de Makassar, um centro comercial regional onde ingleses, portugueses e chineses iam comprar cravos contrabandeados, foi fechado.

Houve um caso semelhante nas ilhas Banda, que ficavam ali perto e eram a fonte de noz-moscada e macis. De início os holandeses convenceram os habitantes a assinar um documento concordando em não vender suas especiarias para mais ninguém, mas eles continuaram a fazê-lo normalmente, provavelmente por desconhecer o teor do que haviam assinado. Vendiam, em especial, para os ingleses, que haviam estabelecido uma base na pequena ilha de Run, um pouco a oeste. Uma tentativa holandesa de construir um forte nas Bandas em 1609 provocou uma disputa com os nativos; um grupo chefiado por um almirante holandês que chegara para negociar foi dizimado pelos bandaneses, com o apoio dos ingleses. Os holandeses retaliaram apoderando-se das Bandas, construindo dois fortes e reivindicando outro monopólio sobre as especiarias. Aldeias foram incendiadas e os habitantes foram mortos, expulsos ou vendidos como escravos. Os chefes das aldeias foram torturados e depois decapitados pelos samurais mercenários da VOC, trazidos do Japão, onde os holandeses eram os únicos europeus com permissão para negociar. As ilhas foram então divididas em 68 lotes, abastecidos com escravos e arrendados a ex-empregados da VOC. As condições eram brutais – os trabalhadores nos lotes de noz-moscada eram executados de uma variedade de maneiras horripilantes pela mais insignificante transgressão –, mas agora o fluxo das especiarias mais valiosas estava em mãos holandesas.

Os ingleses concordaram em se retirar das ilhas das especiarias em 1624, e passaram a se concentrar em oportunidades comerciais na China e na Índia, embora os holandeses lhes tivessem permitido conservar a soberania sobre Run, onde um pequeno contingente havia resistido durante muitos anos. Esse minúsculo pontinho de terra, com 3,2 quilômetros de comprimento e menos de 800 metros de largura, havia sido originalmente reivindicado pelos ingleses em 1603, exatamente quando os tronos inglês e escocês se uniram – tendo sido portanto a primeira possessão colonial britânica no mundo, o primeiro minúsculo passo em direção à formação do Império Britânico. Finalmente, em 1667, Run foi entregue aos holandeses sob os termos do Tratado de Breda, um dos muitos tratados de paz assinados durante as intermitentes guerras anglo-holandesas dos séculos XVII e XVIII. Como parte do acordo de 1667, a Grã-Bretanha recebeu uma pequena ilha na América do Norte chamada Manhattan.

Os lucros do comércio de especiarias ajudaram a custear a "idade de ouro" da Holanda do século XVII, um período em que esse país ficou à frente do mundo no comércio, na ciência e na inovação financeira, e a abastada classe mercantil patrocinou artistas como Rembrandt e Vermeer. Em última análise, porém, o monopólio holandês provou-se menos valioso que o esperado. As guarnições e navios de guerra necessários para protegê-lo eram enormemente dispendiosos e não eram justificados pelos lucros, à medida que o preço das especiarias começou a cair na Europa, no fim do século XVII. Como essa queda de valor devia-se em parte a uma oferta mais abundante, os holandeses impuseram-lhe limitações artificiais: queimaram grandes quantidades de especiarias nas docas de Amsterdam e começaram a limitar os volumes expedidos da Ásia, num esforço para segurar os preços. Porém, com o comércio de têxteis tornando-se cada vez mais importante, as especiarias passaram a ser responsáveis por uma parcela menor dos lucros holandeses, caindo de 75% em 1620 para 23% em 1700.

Os preços mais baixos obtidos na Europa também refletiam uma mudança mais profunda no comércio desses produtos. Dissipados os mitos sobre sua procedência sobrenatural, eles já não eram tão fascinantes; tornaram-se facilmente acessíveis, até banais. Pratos fortemente condimentados começaram a ser vistos como fora de moda, na melhor das hipóteses, ou decadentes, na pior, à medida que os gostos mudavam e novas culinárias, mais simples, entravam em moda na Europa. Ao mesmo tempo, novos símbolos exóticos de status, tais como tabaco, café e chá, eclipsaram as especiarias. Ao dissiparem o mistério sobre as origens destas, os negociantes, paradoxalmente, acabaram por desvalorizar o tesouro que tinham procurado com tanto afinco. Hoje, a maioria das pessoas passa pelas especiarias nos supermercados, dispostas nas prateleiras em pequenos frascos de vidro, sem lhes dar a menor atenção. De certo modo, é um triste fim para um comércio outrora poderoso, que remodelou o mundo.

Alimentos locais e globais

Sendo idealmente adequadas ao transporte por longas distâncias, as especiarias levaram à implantação das primeiras redes comerciais globais. As grandes distâncias que viajavam eram uma das razões por que as pessoas se dispunham a pagar tanto por elas – pelo menos algumas pessoas. Nem todos, no entanto, aprovavam que esses ingredientes frívolos, dispensáveis, fossem transportados por tão longe: já mencionamos os comentários negativos de Plínio o Velho sobre a pimenta no século I. Hoje, um argumento semelhante é proposto pelos adeptos da "comida local", que defendem o consumo da comida produzida perto dos consumidores (num raio de 160 quilômetros, digamos), em vez daquela trazida de mais longe. Eles condenam o transporte de alimentos que, em alguns casos, viajam milhares de quilômetros da fazenda ao prato; alguns fundamentalistas da comida local tentam até evitar alimentos não locais por completo. Plínio achava que comprar comida importada era simplesmente um desperdício de dinheiro, mas os defensores da comida local de nossos dias (chamados em inglês de *locavores*) geralmente fundam seus argumentos na proteção do ambiente: o transporte de toda essa comida de um lado para o outro causa emissões de dióxido de carbono que contribuem para a mudança climática. Isso deu origem ao conceito de "milhas alimentares" – a ideia de que a distância pela qual a comida é transportada dá uma medida razoável do dano ambiental que causou, e de que deveríamos, portanto, comer alimentos locais para minimizar esse impacto.

Parece bastante plausível, mas a realidade é bem mais complexa. Em primeiro lugar, produtos locais podem por vezes ter um impacto ambiental maior que aqueles produzidos em outros países, simplesmente porque alguns lugares são mais adequados que outros para a produção de determinados alimentos. Os tomates são normalmente cultivados em estufas aquecidas na Grã-Bretanha, por exemplo, resultando num maior volume de emissões de carbono do que tomates cultivados na Espanha, mesmo levando-se em conta as emissões produzidas pelo transporte dos tomates espanhóis.

De maneira semelhante, um estudo realizado na Universidade Lincoln, na Nova Zelândia, descobriu que a carne de cordeiro produzida naquele país era responsável pela emissão de muito menos dióxido de carbono (563 quilos por tonelada métrica de carne) que a carne de cordeiro produzida na Grã-Bretanha (2.849 quilos por tonelada métrica de carne). Isso se deve, em grande parte, ao fato de haver mais espaço para pastos na Nova Zelândia, permitindo que os cordeiros comam capim, ao passo que na Grã-Bretanha eles recebem ração, cuja produção requer a queima de grande quantidade de carvão. Enviar carne de cordeiro da Nova Zelândia para a Grã-Bretanha envolve emissões adicionais de 125 quilos por tonelada métrica, de modo que a "pegada de carbono" da carne de cordeiro da Nova Zelândia é muito menor, mesmo quando o transporte é levado em conta. Talvez a maneira menos poluidora de organizar a produção de alimentos fosse alcançada se países ou regiões se concentrassem nos alimentos que podem produzir de maneira particularmente eficiente, dadas as condições locais, e trocassem os alimentos resultantes uns com os outros.

Concentrar-se nas emissões de carbono relacionadas ao transporte dos alimentos pode ser também escolher o alvo errado. Um estudo americano constatou que o transporte é responsável por 11% da energia usada na cadeia alimentar, comparados com 26% para o processamento e 29% para o cozimento. No caso das batatas, as emissões associadas a seu cozimento ultrapassam de longe aquelas envolvidas no cultivo e no transporte. Você deixar ou não a panela tampada ao cozinhar batatas tem mais impacto sobre as emissões totais de dióxido de carbono que o fato de elas serem cultivadas em lugares próximos ou muito distantes. Outro complicador é a ampla variação da eficiência dos diferentes meios de transporte. Um navio grande pode transportar uma tonelada de comida por 1.200 quilômetros com um galão de combustível, enquanto com a mesma quantidade um trem faz cerca de 320 quilômetros, um caminhão faz 96 e um carro, 32. Portanto, o percurso de ida e volta de carro entre sua casa e a loja ou o mercado pode produzir mais emissões, para uma certa quantidade de comida, que todo o resto da viagem.

É claro que nem todos os argumentos apresentados em favor do alimento local são ambientais: há argumentos sociais também. Essa prática pode promover a coesão social, apoiar empresas locais e incentivar pessoas a se interessar mais pela procedência dos alimentos e o modo como são cultivados. Há também, por outro lado, argumentos sociais em favor de alimentos importados. Em particular, um foco exclusivo em alimentos locais prejudicaria as perspectivas de agricultores em países em desenvolvimento, que cultivam produtos de alto valor para exportar para mercados estrangeiros. Afirmar que eles deveriam se concentrar no cultivo de gêneros de primeira necessidade para si mesmos, em vez de produtos mais valiosos para estrangeiros abastados, é o mesmo que lhes negar a oportunidade de desenvolvimento econômico.

Há indubitavelmente algum espaço para a "realocação" da oferta de alimentos. Além disso, no mínimo o debate sobre os quilômetros que os alimentos percorrem está fazendo consumidores e companhias prestarem mais atenção ao impacto ambiental deles. Mas o provincianismo pode ser levado longe demais. Equiparar alimento local a alimento virtuoso, hoje como nos tempos romanos, é demasiado simplista. A rica história do comércio das especiarias nos lembra que, durante séculos, as pessoas apreciaram sabores exóticos do outro lado do mundo, e que a satisfação de suas necessidades gerou uma florescente rede de trocas comerciais e culturais. Os caçadores-coletores eram limitados à comida local por definição; mas se gerações subsequentes tivessem se limitado da mesma maneira, o mundo seria hoje um lugar muito diferente. Reconhecidamente, o legado do comércio das especiarias é misto. As grandes viagens em busca delas revelaram a verdadeira geografia do planeta e inauguraram uma nova era na história humana. Foi também por causa delas que potências europeias começaram a ocupar bases pelo mundo e a estabelecer postos comerciais e colônias. Além de enviar europeus em viagens de descoberta e exploração, as especiarias forneceram as sementes a partir das quais os impérios coloniais da Europa floresceram.

PARTE IV Comida, energia e industrialização

7. Novo Mundo, novos alimentos

> "O maior serviço que pode ser prestado a qualquer país é acrescentar uma planta útil à sua [agri]cultura."
>
> THOMAS JEFFERSON

Um abacaxi para o rei

O retrato do rei Carlos II da Inglaterra pintado por volta de 1675 não é simples como parece. O rei é mostrado usando um paletó até a altura dos joelhos e calções, de pé nos primorosos jardins de uma grande casa. Dois cães *spaniels* o acompanham, e perto dele ajoelha-se John Rose, o jardineiro real, que o presenteia com um abacaxi. O simbolismo parece claro. Na época, essa fruta era extremamente rara na Inglaterra, pois tinha de ser importada das Índias Ocidentais, e muito poucas sobreviviam à viagem sem apodrecer. De tão valorizadas, eram conhecidas como a "fruta dos reis", uma conotação reforçada pela coroa folhosa que a adorna. Na Inglaterra, a associação do abacaxi com riqueza e poder reais remontava a 1661, quando um espécime havia sido enviado a Carlos por um consórcio de agricultores e comerciantes de Barbados que queriam que ele impusesse um preço mínimo ao seu principal produto de exportação, o açúcar. Carlos recebeu mais de 10 mil petições de grupos de interesses diversos durante a década de 1660, e presenteá-lo com um abacaxi, um dos primeiros já vistos na Inglaterra, foi um gesto hábil do consórcio de Barbados, que certamente fez sua solicitação sobressair. A tática funcionou: Carlos concordou com a proposta alguns dias depois da chegada do presente.

Mas o abacaxi da pintura é mais que simplesmente um símbolo de status; é também um lembrete da ascensão da Inglaterra como uma potência comercial marítima, bem como de sua ascendência nas Índias Ocidentais em particular. Carlos havia aprovado nos anos 1660 as Leis da Navegação,

Retrato de Carlos II recebendo um abacaxi de John Rose.

que proibiram navios estrangeiros de comerciar com as colônias inglesas e encorajaram assim uma espetacular expansão da frota mercante nacional. Em 1668, um abacaxi servira de advertência sobre o crescente poderio naval da Inglaterra num banquete oferecido por Carlos em homenagem ao embaixador francês, Charles Colbert. Como na época a Inglaterra e a França disputavam possessões coloniais nas Índias Ocidentais, a presença dessa fruta como item principal da sobremesa enfatizou o compromisso do rei com seus territórios ultramarinos. Um observador ressaltou que Carlos cortou ele mesmo os pedaços e ofereceu-os de seu próprio prato. Isso poderia parecer um gesto de humildade, mas era na realidade uma demonstração de poder: somente um rei podia oferecer abacaxis a seus convidados.

Emprestava significado adicional à pintura o fato de que o abacaxi mostrado era uma fruta extraordinária: tratava-se, segundo o título da tela, do "primeiro abacaxi cultivado na Inglaterra". Parece extremamente provável que o abacaxi em questão tivesse sido importado como uma planta jovem, e apenas amadurecido na Inglaterra, não tendo sido cultivado a partir do zero – algo que só se tornaria possível mais tarde, nos anos 1680, com a invenção da estufa aquecida. Mesmo assim, ter amadurecido uma fruta tropical na Inglaterra já era um feito e tanto, e indicava a competência dos horticultores ingleses, numa época em que as nações europeias competiam para descobrir, categorizar, propagar e explorar a abundância de plantas da Ásia e das Américas que haviam se tornado subitamente disponíveis para eles. Nesse campo da "botânica econômica", a busca pelo conhecimento científico caminhava de mãos dadas com os interesses nacionais, e jardins botânicos estavam sendo criados no mundo todo como laboratórios coloniais.

Os líderes incontestes no campo da botânica econômica no fim do século XVII eram os holandeses, que, à época, haviam tirado os portugueses do caminho para se tornar a potência europeia dominante no Oriente. Os holandeses queriam conhecer as novas plantas por duas razões: descobrir tratamentos para as doenças tropicais que afligiam seus marinheiros, comerciantes e colonos e encontrar novos e rentáveis produtos agrícolas, além das especiarias conhecidas. Os holandeses fundaram jardins botânicos em seus postos coloniais avançados no Cabo, em Malabar, no Ceilão, em Java e no Brasil, todos os quais trocavam espécimes com estabelecimentos semelhantes na matriz, em Amsterdam e Leiden. Esses jardins botânicos eram muito mais ambiciosos que aqueles estabelecidos na Europa durante o século XVI – sendo o primeiro na Itália, nos anos 1540 –, cujas finalidades eram sobretudo medicinais. Ao apostar corrida para rivalizar com os holandeses e estabelecer postos comerciais próprios, a Inglaterra e a França descobriram também um entusiasmo pela botânica econômica. A história do comércio de especiarias havia mostrado que vastas fortunas aguardavam quem fosse capaz de controlar a oferta e o comércio de gêneros alimentícios valiosos; que outras plantas estariam esperando para ser exploradas?

Como que para enfatizar o vínculo entre o domínio botânico e o geopolítico, alguns jardins botânicos eram planejados para representar o mundo. Em sua maioria, eram quadrados e divididos em quatro partes – uma para a Europa, uma para a África, uma para a Ásia e uma para as Américas.

Depois, essas áreas eram progressivamente subdividas, até chegar aos canteiros individuais para plantas particulares. Os botânicos que os estabeleciam sonhavam em ser capazes de reunir as plantas do mundo todo num só lugar, como expressa o catálogo do Jardim Botânico de Oxford: "Assim como todas as criaturas foram reunidas na Arca ... assim também temos as plantas do mundo em microcosmo em nosso jardim." Essa meta ambiciosa, porém, provou-se irremediavelmente irreal à medida que o número de plantas conhecidas multiplicou-se rapidamente. O tratado "Investigação das plantas", de Teofrasto, um autor grego antigo, relacionava apenas 500 plantas; o "Pinax Theatri Botanici", uma obra épica publicada pelo botânico suíço Caspar Bauhin em 1596, listava 6 mil; nos anos 1680, a "Historia Generalis Plantarum", de John Ray, listava mais de 18 mil. Em botânica, como em tantos outros campos, verificava-se que o conhecimento das autoridades antigas era incompleto ou simplesmente errado.

Assim, os botânicos serviam a dois senhores: por um lado, eram membros de uma comunidade internacional de pesquisa, trabalhando juntos em prol da compreensão da natureza e participando de uma revolução científica em que a observação direta finalmente triunfou sobre a sabedoria herdada. Por outro lado, esperava-se que fizessem o possível para que seu próprio país tirasse o maior proveito das novas plantas. Robert Kyd, um oficial do exército britânico baseado na Índia, fundou os Jardins Botânicos de Calcutá em 1787. Ele sintetizou essa duplicidade quando escreveu que os jardins foram criados "não para reunir plantas raras como objeto de curiosidade ou para fornecer artigos de luxo, mas para estabelecer um sortimento que colabore na disseminação daqueles artigos que possam se provar benéficos para os habitantes, bem como para os nativos da Grã-Bretanha, e que possam finalmente conduzir à extensão do comércio e das riquezas nacionais". Colonialismo, comércio e ciência caminhavam de mãos dadas; o número de plantas que uma nação tinha ao seu dispor e a capacidade de seus botânicos de cultivá-las fora dos habitats naturais demonstravam a proeza técnica dessa nação. A botânica era considerada a "grande ciência" da época, uma indicação do poderio e da sofisticação de um país, assim como o domínio da ciência nuclear ou da tecnologia espaciais nos nossos dias. Tudo isso significava que o abacaxi oferecido a Carlos II era mais que uma mera fruta, era um símbolo vivo de seu poder.

À medida que exploradores, colonos, botânicos e comerciantes europeus se empenhavam na procura de novas plantas, aprendiam como cultivá-las e tentavam descobrir onde mais poderiam florescer, eles remodelavam os ecossistemas globais. A "Troca Colombiana" de produtos agrícolas entre o Velho e o Novo Mundo, na qual trigo, açúcar, arroz e bananas deslocaram-se para oeste e milho, batatas, batatas-doces, tomates e chocolate deslocaram-se para leste (para mencionar apenas alguns exemplos em cada direção), representa uma grande parte da história, mas não ela toda. Os europeus também deslocaram produtos agrícolas de um lado para outro dentro do Velho e do Novo Mundo, transplantando café árabe e pimenta indiana para a Indonésia, por exemplo, e batatas sul-americanas para a América do Norte. Evidentemente, as plantas sempre migraram de um lugar para outro, mas nunca com tal velocidade, em tão grande escala ou por distâncias tão grandes. A mistura pós-colombiana do caldeirão global de alimentos correspondeu à mais importante reordenação do ambiente natural pela humanidade desde a adoção da agricultura. Novos alimentos provenientes de terras estrangeiras foram inseridos em nichos ecológicos anteriormente subexplorados, em muitos casos aumentando a oferta de comida. Isso se aplica às batatas e ao milho em partes da Eurásia, aos amendoins na África e na Índia e às bananas no Caribe, por exemplo. Por vezes os novos produtos agrícolas eram mais resistentes que os locais: as batatas-doces vindas das Américas prosperaram no Japão porque podiam sobreviver aos tufões que ocasionalmente destruíam as safras de arroz, e a mandioca, também proveniente das Américas, foi adotada na África depois de se mostrar resistente a gafanhotos, já que suas raízes comestíveis permanecem fora de alcance, debaixo da terra.

Apesar das ambições nacionalistas dos botânicos, tentativas de monopolizar novas plantas em geral não duravam muito. Para ganhar dinheiro com açúcar, por exemplo, era preciso ter possessões coloniais com o clima adequado, e isso dependia principalmente de poderio militar, não de poderio botânico. Mesmo assim, uma nação europeia sobressaiu como vencedora dessa competição colonial, embora sua vitória tenha tomado uma forma inteiramente inesperada. A troca e a redistribuição de plantas alimentícias refez o mundo, e em particular as áreas em torno do oceano Atlântico, em dois estágios. Primeiro, novos alimentos e novos padrões comerciais redefiniram as características das populações das Américas, da África e da Europa. Tendo feito isso, contribuíram para a emergência da Grã-Bretanha como a primeira nação industrializada. Se Carlos II soubesse disso em 1675, teria sem dúvida se orgulhado, embora talvez tivesse ficado desapontado em saber que o abacaxi não era um dos muitos alimentos que desempenhariam um papel na história. Em vez disso, os dois alimentos centrais seriam o açúcar, que atravessou o Atlântico em direção ao oeste, e a batata, que viajou na direção contrária.

Colombo e sua troca

A Troca Colombiana, como o historiador Alfred Crosby a denominou, foi assim chamada porque realmente começou com o próprio Cristóvão Colombo. Embora muitas outras pessoas tenham transportado plantas, animais, pessoas, doenças e ideias entre o Velho e o Novo Mundo nos anos seguintes, Colombo foi diretamente responsável por duas das primeiras e mais importantes trocas de produtos agrícolas com as Américas. No dia 2 de novembro de 1492, tendo chegado à ilha de Cuba, ele enviou dois de seus homens – Rodrigo de Jerez e Luis de Torres – ao interior, com dois guias locais. Colombo acreditava que Cuba era parte do continente asiático e esperava que seus homens encontrassem uma cidade grande, onde ele pudesse entrar em contato com o imperador. Torres falava um pouco de árabe, que seria, segundo se supunha, compreendido pelos representantes do monarca. Passados quatro dias, os homens voltaram sem conseguir encontrar nem cidade, nem imperador. Mas tinham encontrado, como Colombo registrou, muitos campos de um "grão parecido com milhete, que os índios chamam de *mahiz*. Esse grão tem um gosto muito bom quando cozido, seja assado ou moído, transformado num mingau." Era o primeiro contato dos europeus com o milho, e Colombo provavelmente levou um pouco consigo para a Espanha quando voltou da primeira viagem, em 1493; certamente levou milho na volta de sua segunda expedição, no ano seguinte.

Embora o milho fosse inicialmente encarado por eruditos europeus como uma curiosidade botânica, logo ficou claro que ele era apropriado para o clima mediterrâneo do sul e que era, na verdade, um produto agrícola extremamente valioso. Na década de 1520, ele já era cultivado em várias partes da Espanha e do norte de Portugal, e pouco depois se espalhou em torno do Mediterrâneo, pela Europa central e pela costa oeste da África. Sua difusão pelo mundo foi tão rápida que suas origens não ficam claras. Na Europa, era conhecido como grão espanhol, grão indiano, grão guineano e milho da Turquia, refletindo a confusão sobre sua procedência. A velocidade com que o milho chegou à China – provavelmente nos anos 1530, embora a primeira referência explícita a ele só apareça em 1555 – levou alguns à conclusão errônea de que devia já estar presente na Europa e na Ásia antes de Colombo. O milho difundiu-se tão rápido por ter propriedades muito desejáveis. Como crescia bem em solo úmido demais para trigo e seco demais para arroz, fornecia um alimento extra vindo de terras em que os alimentos básicos eurasianos não podiam ser cultivados. Também demandava pouco tempo de crescimento e propiciava uma produção maior por unidade de terra e de trabalho que qualquer outro grão. Embora o trigo produzisse normalmente quatro a seis vezes mais grãos que o número de sementes utilizadas, o milho produzia de 100 a 200 vezes mais.

Se o milho que Colombo levou para o leste foi uma bênção, a cana-de-açúcar que ele levou para o oeste foi uma maldição. Tendo trabalhado na juventude como comprador de açúcar para comerciantes genoveses, Colombo conhecia esse cultivo. Percebeu que as novas terras que tinha descoberto seriam apropriadas para a plantação desse lucrativo produto, e levou-o consigo para Hispaniola em sua segunda viagem às Américas, em 1493. Se não pudesse encontrar ali ouro nem especiarias, poderia, ao menos, produzir açúcar. Como tal cultivo requeria muita mão de obra, teria de encontrar força de trabalho suficiente, é claro. Mas Colombo tinha observado, depois de sua primeira viagem, que "os índios não têm armas e andam completamente nus... precisam apenas que lhes deem ordens para serem levados a trabalhar, a plantar ou a fazer qualquer coisa de útil". Em outras palavras, ele podia pôr os nativos para trabalhar como escravos.

Açúcar e escravidão tinham andado juntos por séculos. A cana-de-açúcar, originária das ilhas do Pacífico, foi encontrada na Índia pelos gregos antigos e introduzida na Europa pelos árabes, que começaram a cultivá-la em grande escala no Mediterrâneo, no século XII, usando escravos do leste da África. Os europeus tomaram gosto pelo açúcar durante as Cruzadas e se apropriaram de muitas das plantações de cana dos árabes, explorando-as com escravos sírios e árabes. O sistema de produção baseado em mão de obra escrava foi transplantado para a Ilha da Madeira, no Atlântico, nos anos 1420, depois que ela foi descoberta pelos portugueses. Durante os anos 1440, Portugal aumentou a produção com o uso de grande número de escravos negros trazidos de seus novos postos comerciais na costa oeste da África. A princípio, esses escravos eram sequestrados, mas logo os portugueses concordaram em comprá-los de comerciantes africanos em troca de mercadorias europeias. Em 1460, a Ilha da Madeira tornou-se o maior produtor de açúcar do mundo, e não era de admirar: tinha o clima ideal para a cana-de-açúcar, era próxima do fornecedor de escravos e estava no ponto mais extremo do mundo conhecido, de modo que as realidades brutais da produção do açúcar eram mantidas convenientemente afastadas da vista da crescente multidão de consumidores europeus. Os espanhóis, por sua vez, começaram a produzir açúcar nas ilhas Canárias, perto dali, também usando escravos da África.

Isso se revelou apenas o aquecimento para o que aconteceria no Novo Mundo. Foi só em 1503 que o primeiro engenho de açúcar foi aberto em Hispaniola. Os portugueses iniciaram a produção no Brasil por volta da mesma época, e os britânicos, franceses e holandeses o fizeram no Caribe durante o século XVII. Depois que as tentativas de escravizar os nativos fracassaram, principalmente porque eles sucumbiam a doenças para as quais não tinham nenhuma imunidade, os colonos começaram a importar escravos diretamente da África. E assim começou o tráfico de escravos. No curso de quatro séculos, cerca de 11 milhões de escravos foram transportados da África para o Novo Mundo. Esse número, na verdade, subestima a real escala do sofrimento, porque nada menos que a metade dos escravos capturados no interior africano morria no caminho para a costa. A vasta maioria dos escravos enviados através do Atlântico – cerca de três quartos deles – era posta para trabalhar na produção de açúcar, que se tornou uma das principais mercadorias no comércio atlântico.

Esse comércio prosperou nos séculos XVII e XVIII, e acabou consistindo em dois negócios triangulares que se sobrepunham. No primeiro, mercadorias das Américas, principalmente açúcar, eram enviadas para a Europa, enquanto artigos acabados, sobretudo têxteis, eram enviados para a África e usados na compra de escravos; esses escravos eram então enviados para as plantações de cana-de-açúcar no Novo Mundo. O segundo triângulo também dependia do açúcar. O melaço, um espesso xarope remanescente da produção de açúcar, era levado das ilhas produtoras para as colônias americanas da Inglaterra, onde era destilado para a fabricação de rum, que era então enviado para a África. O rum, juntamente com os têxteis, era usado como moeda na compra de escravos, que eram enviados ao Caribe para então produzir mais açúcar. E assim por diante.

O preço do açúcar, que havia sido um luxo dispendioso no tempo das Cruzadas, caiu à medida que a produção aumentou; no fim do século XVII, ele se tornou um item de consumo diário para muitos europeus. A demanda aumentou quando novas bebidas exóticas como o chá, o café e o chocolate (da China, da Arábia e das Américas, respectivamente) tornaram-se populares na Europa, invariavelmente adoçadas com açúcar. Tendo usado frutas e mel como adoçantes durante séculos, os consumidores europeus tornaram-se subitamente habituados com o açúcar, até viciados nele. A demanda enriqueceu os barões da cana caribenhos, mercadores europeus e colonos norte-americanos. O rum tornou-se o item manufaturado mais lucrativo produzido na Nova Inglaterra, e, no início do século XVIII, era responsável por 80% das exportações. Tentativas do governo britânico de restringir as importações do melaço barato proveniente das ilhas francesas da cana pela Nova Inglaterra, através da Lei do Açúcar e do Melaço, de 1733, e da Lei do Açúcar, de 1764, desagradaram profundamente aos colonos, causando a primeira das muitas divergências e protestos que levaram, finalmente, à Declaração de Independência.

Além de notável por sua dependência da escravidão e sua importância econômica, a produção de açúcar também cristalizou um novo modelo de organização industrial. Envolvia uma série de processos: cortar a cana, moê-la para extrair o caldo, ferver e tirar a escuma deste e depois esfriá-lo, para permitir a formação dos cristais de açúcar, e destilar o melaço restante para fabricação de rum. O desejo de fazer tudo isso em grande escala da maneira mais rápida e eficiente possível levou ao desenvolvimento de um maquinário cada vez mais complexo e estimulou a divisão dos trabalhadores em equipes especializadas nas diferentes etapas da produção.

Em particular, a produção do açúcar dependia do uso de moendas para prensar a cana. Estas podiam extrair o caldo de maneira mais eficiente que os métodos antiquados de picar os talos de cana à mão e esmagá-los ou usar uma prensa com rosca. As moendas eram também mais apropriadas para a produção contínua: depois de espremidos, os bagaços podiam ser usados como combustível para as caldeiras, na etapa seguinte do processo. O maquinário desenvolvido para processar açúcar – movido pelo vento, pela água ou por tração animal – era a mais complexa e cara tecnologia industrial da época, e prefigurou o equipamento usado mais tarde nas indústrias têxtil, do aço e do papel.

Entretanto, operar as moendas, tomar conta dos caldeirões de caldo fervente e operar o equipamento de destilação podia ser perigoso. Um minuto de desatenção ao introduzir a cana na moenda, ou ao lidar com o açúcar fervente, podia levar a ferimentos horríveis e à morte. Como um observador registrou: "Se um caldeireiro encosta no açúcar escaldante, ele gruda como cola, ou visgo, e é difícil salvar seja o membro ou a vida." Ninguém faria um trabalho tão perigoso e repetitivo pelos baixos salários que os produtores ofereciam, razão por que eles recorriam ao trabalho escravo. Para minimizar o risco de acidentes, era lógico para os trabalhadores especializarem-se em certas tarefas. Mesmo nas funções menos perigosas, como o cultivo da cana, os produtores descobriram que dividir seus escravos em equipes e dar-lhes tarefas predeterminadas facilitava a supervisão do trabalho e a coordenação dos diferentes estágios do processo.

Iniciar uma plantação de cana-de-açúcar exigia investimento de grande capital para pagar por terra, construções, maquinário e escravos. A produção da cana era o maior negócio privado de seu tempo, deixando os proprietários (que podiam esperar lucros anuais de cerca de 10% do capital investido) entre os homens mais ricos da época. Foi sugerido que os lucros do açúcar e do comércio de escravos geraram a maior parte do capital de giro necessário para a industrialização subsequente da Grã-Bretanha. De fato, há poucas evidências de que isso tenha ocorrido, mas a ideia de organizar a fabricação como um processo contínuo, em linha de produção, com máquinas energizadas poupadoras

Gravura mostrando a produção pré-industrial de açúcar nas Índias Ocidentais.

de mão de obra e trabalhadores especializados em funções exclusivas, tem uma clara dívida para com a indústria açucareira das Índias Ocidentais, onde esse sistema foi implementado pela primeira vez em grande escala.

“Que comam batatas”

Conta-se que, quando Maria Antonieta, a rainha da França, ouviu que os camponeses não tinham pão para comer, ela teria declarado: “Que comam brioches.” Numa versão da história, ela disse isso quando os pobres famintos vociferavam nos portões de seu palácio; em outra, a rainha fez o comentário ao andar por Paris em sua carruagem e notar como as pessoas estavam desnutridas. Ou talvez tenha dito isso quando multidões iradas tomaram de assalto as padarias de Paris, em 1775, e quase causaram o adiamento da coroação de seu marido, Luís XVI. Na verdade, ela provavelmente nunca disse nada parecido. Esse é apenas um dos muitos mitos associados à famigerada rainha, que foi acusada de toda sorte de excessos e devassidão por seus adversários políticos no período em que se preparava a Revolução Francesa, em 1789. A frase sintetiza, no entanto, a percepção de que Maria Antonieta era alguém que dizia se preocupar com os pobres famintos, mas que era inteiramente incapaz de compreender suas aflições. Mesmo que nunca tenha defendido a substituição de pão por brioche, porém, ela endossou publicamente o uso de outro gênero alimentício como um meio de aplacar a fome dos pobres: a batata. Provavelmente, também não disse "que comam batatas", mas foi isso que ela e muitas outras pessoas pensaram. E não era uma ideia tão má assim. No fim do século XVIII, esses tubérculos estavam sendo tardiamente aclamados como um alimento prodigioso do Novo Mundo.

Os europeus tiveram o primeiro contato com as batatas nos anos 1530, quando os conquistadores espanhóis se aventuraram na tomada do Império Inca, que se estendia até a costa oeste do continente sul-americano. Elas eram o esteio da dieta inca, ao lado do milho e do feijão. Originalmente domesticadas na região do lago Titicaca, espalharam-se depois pelos Andes e além. Os incas desenvolveram centenas de variedades, cada uma adequada a uma combinação de sol, solo e umidade. Mas os europeus que primeiro as conheceram não perceberam seu valor. O primeiro relato escrito, datado de 1537, descreve-as como "raízes esféricas que são semeadas e produzem um caule com ramos e flores, embora poucas, de uma cor roxa suave; e à raiz dessa mesma planta ... elas estão presas, sob a terra, e são mais ou menos do tamanho de um ovo, algumas redondas e algumas alongadas; são brancas e roxas e amarelas, raízes farinhosas de bom sabor, uma iguaria para os índios e um prato delicioso até para os espanhóis". Embora algumas batatas tenham sido enviadas para a Espanha e espalhadas, a partir de lá, pelos jardins botânicos da Europa, elas não foram entusiasticamente adotadas como um novo produto agrícola à semelhança do que ocorrera com o milho. Em 1600, elas estavam sendo cultivadas em pequena escala em poucas partes da Europa, porque os espanhóis as haviam introduzido em suas possessões na Itália e nos Países Baixos. Em 1601, Clusius, um botânico de Leiden, descreveu a batata e deu-lhe o nome científico de *Solanum tuberosum*. Registrou que havia recebido espécimes em 1588, e que a cultivavam na Itália para consumo tanto de seres humanos quanto de animais.

Por que as batatas não se tornaram mais populares? Afinal, no solo arenoso do norte da Europa, elas acabariam se provando capazes de produzir de duas a quatro vezes mais calorias por hectare do que havia sido possível anteriormente com trigo, centeio ou aveia. Além disso, levam somente três a quatro meses para amadurecer, contra dez para os cereais, e podem ser cultivadas em quase qualquer tipo de solo. Um problema foi que as primeiras batatas levadas das Américas eram adaptadas para crescer nos Andes, onde a duração do dia não varia muito ao longo do ano. Na Europa, onde a quantidade de luz por dia varia muito mais, elas produziram de início uma safra escassa, e os botânicos levaram alguns anos para produzir novas variedades adaptadas ao clima europeu.

Mesmo assim, os europeus permaneciam desconfiados desse novo produto. Diferentemente do milho, que era percebido como um primo até então desconhecido do trigo e de outros grãos, as batatas eram estranhas e estrangeiras. Não eram mencionadas na Bíblia, o que sugeria que Deus não pretendera que os homens as comessem, diziam alguns clérigos. A aparência inestética, malformada, também repelia as pessoas. Para herbanários que acreditavam que a aparência de uma planta era uma indicação das doenças que ela podia causar ou curar, as batatas se assemelhavam às mãos nodosas de um leproso, e a ideia de que causavam lepra disseminou-se. De acordo com a segunda edição de *Herball*, de John Gerard, publicada em 1633, "os borgonheses são proibidos de fazer uso desses tubérculos, porque lhes asseguram que comê-los causa lepra". Botânicos mais inclinados à ciência interessaram-se pelas batatas, os primeiros tubérculos comestíveis conhecidos, e as identificaram como membros da venenosa família da doce-amarga. Isso também não ajudou sua reputação: elas passaram a ser associadas à bruxaria e ao culto do diabo.

No início do século XVII, as batatas eram vistas em geral como forragem apropriada para animais, mas, para seres humanos, eram tidas apenas como um último recurso, quando nenhuma outra comida estivesse disponível. O tubérculo fez lento progresso nos anos seguintes, sendo consumido apenas pelos muito ricos (era apreciado por alguns jardineiros aristocráticos e servido como uma novidade) e muito pobres (tornou-se um item básico da dieta dos desfavorecidos, primeiro na Irlanda e depois em partes da Inglaterra, da França, dos Países Baixos, da Renânia e da Prússia). Períodos de fome fizeram surgir novos adeptos, pois pessoas que não tinham escolha senão comer batatas logo descobriram que, afinal de contas, elas não eram tão horríveis assim. Um dos primeiros atos da Royal Society, sociedade científica pioneira da Grã-Bretanha, após sua fundação em 1660, foi chamar atenção para seu valor em épocas de fome – argumentando que nos anos em que a safra de trigo fracassava, havia muitas vezes uma boa colheita de batatas. Mas esse conselho foi ignorado, e somente quando a fome assolou, como ocorreu na França em 1709, foi que as virtudes da batata foram completamente evidenciadas e a ameaça de inanição obrigou as pessoas a pôr os preconceitos de lado.

Uma série de períodos de fome no século XVIII valeu à batata alguns amigos altamente posicionados. Quando as safras fracassaram em 1740, Frederico o Grande, da Prússia, recomendou insistentemente a produção mais ampla do tubérculo entre seus súditos. Seu governo distribuiu um manual que explicava como cultivar o novo produto e distribuiu batatas-sementes gratuitas. Outros governos europeus fizeram o mesmo, fazendo da promoção da batata uma política oficial. Na Rússia, os conselheiros médicos de Catarina a Grande convenceram-na de que o tubérculo podia ser um antídoto para a inanição; governos na Boêmia e na Hungria também defenderam seu cultivo. Por vezes, a defesa da batata era apoiada pela força: os camponeses austríacos foram ameaçados com 40 chicotadas caso se recusassem a aceitá-la. A guerra também ajudou a mudar atitudes. Durante as campanhas no norte da Europa, nos anos 1670 e 1680, os exércitos de Luís XIV encontraram batatas em Flandres e na Renânia, onde nessa época já estavam sendo cultivadas em alguma quantidade. Um observador registrou que "o exército francês encontrou assim grande apoio, alimentando os soldados rasos mais abundantemente; ela é ao mesmo tempo deliciosa e saudável".

Soldados austríacos, franceses e russos que lutaram na Prússia durante a Guerra dos Sete Anos (1756-63) viram como as batatas (plantadas por insistência de Frederico o Grande) sustentavam a população local e passaram a defender seu cultivo quando voltaram para casa. Uma vantagem desse alimento durante os tempos de guerra era que ele permanecia escondido, em segurança, debaixo da terra; mesmo que um exército acampasse num campo de batatas, o agricultor ainda poderia colhê-las depois.

A experiência de um homem em especial com as batatas durante a Guerra dos Sete Anos o inspirou a se tornar o maior defensor desses tubérculos. Antoine-Augustin Parmentier, um cientista francês, serviu como farmacêutico no exército francês. Depois de capturado pelos prussianos, passou três anos na prisão, e durante grande parte desse tempo só lhe deram batatas para comer. Ele concluiu que elas eram um alimento nutritivo e saudável; quando a guerra terminou e ele voltou à França, tornou-se um eloquente defensor da batata. Após outra má colheita em 1770, foi oferecido um prêmio para o melhor ensaio sobre "gêneros alimentícios capazes de reduzir as calamidades da fome"; Parmentier foi o vencedor, com um elogio às batatas. Embora ainda houvesse uma crença generalizada de que elas eram venenosas e podiam causar doenças, em 1771 Parmentier ganhou o respaldo do corpo docente médico da Sorbonne, que decidiu que a batata era realmente apropriada para o consumo humano. Pouco depois, Parmentier publicou uma detalhada análise científica dos méritos daquele alimento. Mas o apoio em meio à comunidade científica era uma coisa; após anos de esforço, Parmentier descobriu que convencer as pessoas a cultivar e a comer batatas era outra muito diferente.

Diante disso, ele organizou uma série de eventos publicitários. Em 1785, num banquete para celebrar o aniversário de Luís XVI, Parmentier presenteou o rei e a rainha com um buquê de flores de batata; o rei prendeu uma das flores na lapela e Maria Antonieta pôs uma guirlanda delas no cabelo. Quando os convidados se sentaram para comer, vários dos pratos incluíam batatas. Com o endosso do rei e da rainha, comer batatas e usar flores dessa planta logo se tornaram moda na aristocracia. Parmentier também promoveu ele mesmo vários jantares, servindo batatas preparadas numa variedade de maneiras para enfatizar sua versatilidade. (O estadista e cientista americano Benjamin Franklin estava entre as celebridades convidadas para esses eventos.) O melhor truque de Parmentier, contudo, foi postar guardas armados em torno dos campos próximos de Paris, dados a ele pelo rei, em que cultivava batatas. Isso despertou o interesse dos moradores das vizinhanças, que perguntavam a si mesmos que planta valiosa poderia requerer tais medidas de segurança. Quando uma safra ficou madura, Parmentier mandou os guardas se afastarem; a gente do lugar invadiu o campo correndo e roubou as batatas. Quando a hostilidade em relação ao tubérculo finalmente se dissipou, consta que o rei teria dito a Parmentier: "A França lhe agradecerá algum dia por ter encontrado pão para os pobres." Foi somente alguns anos mais tarde, depois da Revolução Francesa (durante a qual Luís XVI e Maria Antonieta foram guilhotinados), que a previsão do rei se confirmou. Em 1802, Napoleão Bonaparte instituiu a ordem da Légion d'Honneur, e Parmentier foi um dos primeiros a recebê-la. O serviço que prestou à batata é lembrado hoje na forma de vários pratos baseados em batata que levam seu nome.

A história foi parecida, ainda que menos poética, no resto da Europa: com a combinação de fome, guerra e promoção governamental, por volta de 1800 a batata havia se tornado um novo e importante gênero alimentício. Sir Frederick Eden, um escritor inglês e pesquisador social, escreveu que em Lancashire "ela é um prato sempre presente em todas as refeições, exceto no desjejum, tanto nas mesas dos ricos quanto nas dos pobres ... as batatas são talvez o mais forte exemplo da extensão do prazer humano que pode ser mencionado". A batata foi saudada como "a maior bênção que a terra produz", "o milagre da agricultura" e "a mais valiosa das raízes". Em 1795, depois de más colheitas de trigo em 1793 e 1794, muita gente deixou de lado a rejeição ao novo alimento. Nesse ano, o jornal *Times*, de Londres, chegou até a imprimir receitas de sopa de batata e de pão de milho e batata. Um fator que contou em favor do tubérculo foi o alto status do pão branco, feito de trigo, em relação ao pão preto, feito de centeio, aveia e cevada. Os trabalhadores ingleses, que haviam prosperado o suficiente para trocar o pão preto pelo branco durante o século XVII, estavam muito relutantes em voltar ao pão preto. Quando os tempos ficavam difíceis, eles preferiam comer batatas.

Em seu livro *A riqueza das nações*, publicado em 1776, o filósofo e economista escocês Adam Smith observou que "o alimento produzido por um campo de batatas não é inferior em quantidade ao produzido por um campo de arroz, e muito superior ao que é produzido por um campo de trigo". Mesmo admitindo o fato de que as batatas continham grande quantidade de água, ele comentou: "Um acre de batatas ainda produzirá 6 mil [pesos] de alimento consistente, três vezes a quantidade de trigo produzida por acre." Seu elogio à batata continuava com palavras que hoje parecem proféticas: "Caso essa raiz se tornasse um dia, em qualquer parte da Europa, o que é o arroz em algumas regiões arrozeiras, o alimento vegetal comum e favorito do povo, de modo a ocupar a mesma proporção de terras cultivadas que o trigo e outros tipos de grãos para a alimentação humana ocupam hoje, a mesma quantidade de terra sustentaria um número muito maior de pessoas e ... a população aumentaria."

De Colombo a Malthus

Três séculos depois da chegada de Colombo às Américas, o intercâmbio de plantas, doenças e pessoas havia transformado a população do mundo e sua distribuição. A varíola, a catapora, a gripe, o tifo, o sarampo e outras doenças do Velho Mundo – muitas delas consequências da proximidade entre seres humanos e animais domesticados, como porcos, vacas e frangos, desconhecidos no Novo Mundo – tinham dizimado os povos nativos das Américas, que não eram imunes a elas, abrindo caminho para a conquista europeia. Estimativas do tamanho da população pré-colombiana variam de 9 a 112 milhões, mas um número mais realista de 50 milhões, reduzido por doenças e guerras a cerca de 8 milhões em 1650, dá uma ideia da dimensão da destruição. Enquanto seus aliados biológicos invisíveis ainda exterminavam os povos indígenas das Américas, os europeus começaram a importar escravos africanos em grande escala para trabalhar em plantações de cana-de-açúcar. As características das populações da África e das Américas foram transformadas, e é certo que a Troca Colombiana também ajudou a alterar as características da população da Eurásia.

Na China, a chegada do milho e da batata-doce contribuiu para um aumento na população de 140 milhões em 1650 para 400 milhões em 1850. Como podia ser cultivado em áreas secas demais para o arroz e em encostas de morros não irrigáveis, o milho aumentou a oferta de comida e permitiu às pessoas viver em novos lugares. As regiões montanhosas da bacia do Yangtze foram desmatadas para dar lugar à produção de anileiras e juta, por exemplo, e os camponeses que os cultivavam subsistiam à base de milho e batata-doce, que cresciam bem nos morros. Outra prática que permitiu à produção de comida acompanhar a população crescente foi a de múltiplos plantios. Quando cultivado em campos alagados, o arroz absorve a maior parte de seus nutrientes da água, não do solo, de modo que pode ser repetidamente plantado na mesma terra, sem necessidade de deixá-la descansar para permitir a recuperação do solo. Os agricultores no sul da China podiam, por vezes, obter duas ou até três colheitas por ano num único pedaço de terra.

Na Europa, nesse meio-tempo, foi em parte graças aos novos produtos agrícolas que a população pôde crescer de 103 milhões em 1650 para 274 milhões em 1850. Durante o século XVI, os itens básicos da dieta europeia, trigo e centeio, produziam por hectare cerca da metade da quantidade (medida por peso) que o milho produzia nas Américas, e cerca de um quarto do que o arroz produzia no sul da China. Assim, a chegada do milho e das batatas à Europa proporcionou uma maneira de produzir muito mais alimento com a mesma quantidade de terra. O exemplo mais impressionante foi o da Irlanda, onde a população cresceu de cerca de 500 mil em 1660 para 9 milhões em 1840 – algo que não teria sido possível sem a batata. Sem ela, o país inteiro só poderia ter produzido trigo suficiente para sustentar 5 milhões de pessoas. As batatas garantiram o sustento de quase o dobro desse número, embora o trigo tenha continuado a ser cultivado para exportação. As batatas podiam ser cultivadas em terras europeias impróprias para o trigo, e eram muito mais confiáveis. Melhor alimentadas, as pessoas tornavam-se mais saudáveis e resistentes a doenças, fazendo com que a taxa de mortalidade caísse e a de natalidade aumentasse. E o que as batatas fizeram no norte da Europa, o milho fez no sul: as populações da Espanha e da Itália quase dobraram durante o século XVIII.

Além de adotar novos produtos agrícolas, os agricultores europeus aumentaram a produção ampliando as terras cultivadas e desenvolvendo novas técnicas agrícolas. Em especial, introduziram as rotações de culturas de trevos e nabos (no caso mais famoso, na Grã-Bretanha, a rotação em quatro etapas de Norfolk, com nabos, cevada, trevo e trigo). Nabos eram plantados em terras que teriam sido deixadas em repouso, e depois dados para os animais, cujo estrume aumentava a produção de cevada no ano seguinte. Alimentar animais com nabo também permitia que aquela área, antes usada como pasto, fosse destinada ao cultivo de produtos para o consumo humano. De maneira semelhante, cultivar trevos ajudava a restaurar a fertilidade do solo, para assegurar uma boa safra de trigo no ano seguinte. Outra inovação foi a adoção do dril, uma máquina puxada a cavalo que inseria sementes dentro de sulcos no solo a uma profundidade precisa. Semear grãos desse modo, em vez de espalhá-los da maneira tradicional, acarretava que as plantas eram devidamente espaçadas em sulcos bem-feitos, tornando a capina mais fácil e assegurando que plantas adjacentes não competissem por nutrientes. Mais uma vez, isso ajudou a aumentar os rendimentos das safras de cereais.

No fim do século XVIII, porém, houve sinais de que mesmo o aumento repentino da produtividade agrícola não poderia mais acompanhar o crescimento da população. O problema foi mais perceptível na Inglaterra, que tivera maior sucesso que outros países europeus em aumentar a produção de alimentos, e por isso teve mais dificuldade de manter o ritmo que estabelecera para si mesma depois que a população se expandiu. Durante a primeira metade do século, a Inglaterra exportara grãos para a Europa continental; depois de 1750, porém, a população crescente e uma sucessão de más colheitas levaram à escassez e a preços mais altos. A produção agrícola ainda estava crescendo cerca de 0,5% ao ano, mas isso era somente a metade da taxa de crescimento da população, cerca de 1% ao ano, de modo que a quantidade de comida *per capita* estava caindo. O mesmo acontecia por toda a Europa: a pesquisa antropométrica mostra que os europeus adultos nascidos entre 1770 e 1820 eram, em média, visivelmente mais baixos que as gerações anteriores.

Na China, a produção de arroz podia ser aumentada pelo incremento da mão de obra e de mais plantios múltiplos. Mas, como essa não era uma opção para produtos agrícolas europeus, a coisa óbvia a fazer era disponibilizar ainda mais terras para o cultivo. O problema era que essa oferta era finita, e a terra era necessária também para outras coisas além de agricultura, como produzir madeira para construção e combustível e acomodar as cidades cada vez maiores da Europa. Novamente, o problema era particularmente agudo na Inglaterra, onde a urbanização havia sido mais rápida. As pessoas começaram a temer que a população logo excedesse a oferta de alimentos. O problema foi elegantemente resumido pelo economista inglês Thomas Malthus, que publicou *An Essay on the Principle of Population* em 1798. Foi uma obra extraordinariamente influente, e seu principal argumento é o seguinte:

> O poder da população é infinitamente maior que o poder da terra de produzir subsistência para o homem. A população, quando não controlada, aumenta numa razão geométrica. A subsistência aumenta apenas numa razão aritmética. Um conhecimento superficial dos números mostrará a imensidão do primeiro poder em comparação com o segundo. Por aquela lei de nossa natureza que torna o alimento necessário à vida do homem, os efeitos desses dois poderes desiguais devem ser mantidos iguais. Isso implica um controle forte e constantemente operante sobre a população, exercido pela dificuldade de subsistência. Essa dificuldade deve recair em algum lugar e ser agudamente sentida por uma grande porção da humanidade.

Malthus pensava que esse impasse, hoje conhecido como a "armadilha malthusiana", era inescapável. Se tivesse oportunidade, a população duplicaria a cada 25 anos, aproximadamente, e depois duplicaria de novo após o mesmo intervalo, aumentando numa razão geométrica; apesar do rápido aumento da produtividade agrícola das décadas anteriores, era difícil ver como a produção de alimentos poderia acompanhá-la. Mesmo que a produção de alimentos pudesse, de algum modo, ser duplicada em relação a seu nível dos anos 1790, isso só garantiria mais 25 anos de trégua; era difícil imaginar como ela poderia ser novamente duplicada. "Durante o período seguinte de duplicação, onde será encontrado o alimento para satisfazer às demandas inoportunas dos números crescentes?", perguntou Malthus. "Onde as novas terras podem ser encontradas?" Rápido crescimento populacional havia sido possível, observou Malthus, nas colônias americanas, mas isso ocorrera porque a população era relativamente pequena em relação à abundante terra disponível.

"Não vejo nenhuma maneira pela qual o homem possa escapar do peso desta lei que permeia toda a natureza animada", concluiu ele sombriamente. "Nenhuma igualdade imaginária, nenhuma regulação agrária em sua máxima extensão poderia remover essa pressão, mesmo que por um único século. E ela parece, portanto, decisiva contra a possível existência de uma sociedade cujos membros deveriam todos viver em tranquilidade, felicidade e relativo ócio, e não sentir ansiedade alguma com relação à provisão dos meios de subsistência para si mesmos e suas famílias." Ele previu um futuro de escassez, fome e miséria. A batata, Malthus acreditava, tinha parte da culpa. Tendo sido defendida como um remédio para a fome, agora parecia estar apressando o início de uma crise inevitável. E, mesmo que fornecesse alimento suficiente, afirmou Malthus, fazia a população crescer muito além das oportunidades de emprego. Em retrospecto, é claro, podemos apreciar a ironia de Malthus estar suscitando limitações biológicas à população e ao crescimento econômico precisamente no momento em que a Grã-Bretanha estava prestes a demonstrar, pela primeira vez na história humana, que elas não mais se aplicavam.

8. A máquina a vapor e a batata

> "É moda exaltar as batatas, e comer batatas. Todo mundo participa da exaltação das batatas, e todo mundo gosta de batatas, ou finge que gosta, o que dá no mesmo."
>
> WILLIAM COBBETT, AGRICULTOR E PANFLETÁRIO INGLÊS, 1818

"O produto da agricultura"

Desde os primórdios da pré-história até o início do século XIX, quase todas as necessidades da vida haviam sido atendidas por coisas que cresciam da terra. Ela fornecia produtos agrícolas de vários tipos: madeira para combustível e construção; fibras com que fazer roupas, e forragem para os animais, os quais, por sua vez, forneciam mais alimento, juntamente com outros materiais úteis como lã e couro. Açougueiros, padeiros, sapateiros, tecelões, carpinteiros e construtores de navios dependiam de matérias-primas animais ou vegetais, que eram produto, de maneira direta ou indireta, de fotossíntese – a captação da energia do sol por plantas em crescimento. Como todas essas coisas vinham da terra, e como a oferta de terra era limitada, Thomas Malthus concluiu que havia um limite ecológico com que populações e economias crescentes iriam acabar se defrontando. Ele fez essa previsão pela primeira vez às vésperas do século XIX, e refinou sua argumentação nos anos seguintes.

No entanto, a Grã-Bretanha não se chocou contra o muro ecológico que Malthus antecipara. Em vez disso, saltou sobre ele e libertou-se das limitações do "antigo regime biológico", no qual tudo era derivado dos frutos da terra. Em vez de cultivar a maior parte de seu próprio alimento, a Grã-Bretanha concentrou-se na fabricação de produtos industrializados, especialmente têxteis de algodão, que podiam depois ser trocados por alimentos estrangeiros. Durante o século XIX, a população mais do que triplicou e a economia cresceu num ritmo ainda mais rápido, de modo que o padrão de vida médio aumentou – um resultado que teria assombrado Malthus. A Grã-Bretanha lidara com a crescente escassez de alimentos reorganizando a economia. Ao mudar da agricultura para a manufatura, tornou-se a primeira nação industrializada do mundo.

Para sermos justos, Malthus dificilmente poderia ter esperado ver isso acontecer, pois nada semelhante jamais ocorrera antes. E nada disso foi planejado, mas sim o resultado acidental da convergência de várias tendências independentes. Três das mais importantes relacionavam-se com mudanças na produção de alimentos: maior especialização nas artes manuais estimulada pela crescente produtividade agrícola; o uso cada vez maior de combustíveis fósseis, inicialmente como medida para poupar terra; e ênfase crescente em importar alimentos em vez de cultivá-los.

O primeiro passo no caminho de uma economia agrícola para uma economia industrial foi o crescimento da indústria rural, na forma de manufaturas e artes manuais baseadas no lar. Isso aconteceu por toda a Europa, mas foi particularmente notável na Inglaterra, em razão do crescimento extraordinariamente rápido de sua produtividade agrícola. Em 1800, somente 40% da força de trabalho masculina trabalhava na terra, comparados com 65% a 80% na Europa continental. O número de homens trabalhando na agricultura em 1800 era aproximadamente o mesmo que 200 anos antes, mas a introdução de novas culturas e de técnicas aperfeiçoadas de cultivo significava que cada um estava produzindo o dobro de comida. A alta produtividade liberava cada vez mais trabalhadores da terra e estimulava pessoas a passarem para a manufatura rural, como Adam Smith explicou:

> Uma região no interior de um país naturalmente fértil e facilmente cultivável produz grande excedente de víveres além do necessário para manter os agricultores ... A abundância, portanto, torna os víveres baratos e estimula um grande número de trabalhadores a se estabelecer nas vizinhanças, os quais descobrem que sua indústria ali pode lhes proporcionar mais das necessidades e conveniências da vida que em outros lugares. Eles trabalham o material de manufatura que

> a terra produz, e trocam seu trabalho acabado, ou o preço dele, o que é a mesma coisa, por mais materiais e víveres. Dão um novo valor à parte excedente da produção bruta ... e fornecem aos agricultores em troca dela algo que lhes é ou útil ou agradável. Os agricultores obtêm um preço melhor pela produção excedente, e têm oportunidade de comprar mais barato outras conveniências ... Os manufaturadores abastecem primeiro a vizinhança, e depois, à medida que seu trabalho melhora e se refina, mercados mais distantes ... Desta maneira cresceram naturalmente as manufaturas de Leeds, Halifax, Sheffield, Birmingham e Wolverhampton. Essas manufaturas são o produto da agricultura.

Depois de se estabelecer na Inglaterra, a manufatura rural intensificou-se na metade norte do país durante o século XVIII, em resposta à adoção de novas técnicas agrícolas no sul. Como o uso de trevo e nabo em rodízio com trigo e cevada para aumentar a produção de cereais era menos eficiente nos solos argilosos pesados do norte e do oeste da Inglaterra, as pessoas dessas regiões concentravam-se na criação de animais e na manufatura, usando o lucro para comprar cereais do sul do país. O resultado, por acaso, foi uma concentração da manufatura exatamente nas regiões da Inglaterra onde havia ricos depósitos de carvão mineral.

Os combustíveis da indústria

A substituição da madeira pelo carvão mineral como combustível foi uma segunda tendência que contribuiu para a industrialização da Grã-Bretanha. As pessoas gostavam muito mais de queimar madeira que carvão mineral em suas casas, mas à medida que a terra tornou-se mais requisitada para o uso agrícola, áreas que anteriormente forneciam lenha foram limpas para dar lugar ao cultivo. O preço da lenha disparou – aumentou três vezes em cidades da Europa Ocidental entre 1700 e 1800 –, e as pessoas recorreram ao carvão como um combustível mais barato. (Era barato na Inglaterra, pelo menos, pois havia fartos depósitos próximos da superfície.) Uma tonelada de carvão fornece a mesma quantidade de calor que a quantidade de madeira colhida de maneira sustentável de 0,4 hectare de terra. Na Inglaterra e no

País de Gales, cerca de 2,8 milhões de hectares de terra que anteriormente forneciam madeira, ou cerca de um quinto da área de superfície total, passaram a ser cultivados entre 1700 e 1800. Isso assegurou que a oferta de comida continuasse a acompanhar o crescimento da população – mas exigiu que todos passassem a queimar carvão.

E foi o que fizeram: o consumo real de carvão em 1800 era de cerca de 10 milhões de toneladas por ano, gerando uma quantidade de energia que, de outro modo, teria exigido que 4 milhões de hectares fossem reservados para a produção de combustível. Nessa altura, segundo algumas estimativas, a Grã-Bretanha era responsável por 90% da produção mundial de carvão. No que dizia respeito ao combustível, pelo menos, ela já havia escapado das limitações do antigo regime biológico. Em vez de o país depender de plantas vivas para captar a luz solar e produzir combustível, o carvão lhe permitia extrair vastas reservas de luz solar, acumuladas milhões de anos antes e armazenadas sob a terra na forma de plantas mortas.

Embora o carvão fosse originalmente explorado como uma alternativa à madeira no aquecimento doméstico, sua abundância significou que ele logo passou a ser usado para outros fins. Arthur Young, um agricultor, escritor e observador social inglês, ficou impressionado com a relativa escassez de vidraças nas janelas ao viajar pela França nos anos 1780; elas eram muito mais difundidas na Inglaterra nessa época, porque o carvão fornecia energia barata para a fabricação de vidro. (Nesse meio-tempo, os vidreiros franceses estavam tão desesperados por combustível que recorriam ao expediente de queimar caroços de azeitonas.) O carvão era também intensamente usado pela indústria têxtil, para aquecer os líquidos usados no branqueamento, na tintura e na estampagem e para aquecer as salas de secagem e as prensas. Ele permitiu uma rápida expansão na produção de ferro e aço, anteriormente fundidos com o uso de madeira. E, é claro, era usado para acionar máquinas a vapor, uma tecnologia que nasceu da própria indústria do carvão.

Depois de esgotados os depósitos superficiais e visíveis de carvão da Inglaterra, foi necessário perfurar poços de minas a profundidades cada vez maiores – quanto mais profundos, porém, maior a probabilidade de que fossem inundados com água. A máquina a vapor inventada por Thomas Newcomen em 1712, baseada no trabalho de inventores anteriores, foi construída especificamente para bombear água de minas inundadas. Os primeiros exemplares eram muito ineficientes, mas isso não importava muito, porque eram movidas a carvão – e numa mina de carvão esse combustível era gratuito. Em 1800, já havia centenas das máquinas de Newcomen instaladas em minas por toda a Inglaterra. O passo seguinte foi dado por James Watt, um inventor escocês que, chamado a consertar uma máquina de Newcomen em 1763, percebeu rapidamente como aquele projeto esbanjador poderia ser aperfeiçoado. O projeto de Watt, concluído em 1775, era muito mais eficiente e também mais apropriado para mover mecanismos.

Isso significou que a energia a vapor pôde ser utilizada nos vários equipamentos poupadores de mão de obra concebidos na indústria têxtil, permitindo um enorme aumento de produtividade. Em 1790, a primeira versão movida a energia a vapor da "*mule*" de Samuel Crompton – uma máquina de fiar algodão – aumentou 100 vezes a produção de fios por trabalhador em relação à roda de fiar manual, por exemplo. A quantidade de fios que podiam ser produzidos era tão grande que foi preciso automatizar também os teares para utilizá-los. Ao reunir todas essas máquinas numa única fábrica, de modo que o produto de um estágio de processamento pudesse ser passado para o seguinte, como numa plantação de cana-de-açúcar, foi possível alcançar outros melhoramentos na produtividade. No final do século XVIII, a Grã-Bretanha podia produzir têxteis de modo tão barato e em tal abundância que começou a exportá-los para a Índia, devastando, no processo, o tradicional ofício da tecelagem daquele país.

A terceira mudança que sustentou a Revolução Industrial foi o aumento da dependência de importações de alimentos. Assim como usava carvão do subsolo para acionar suas novas máquinas a vapor, a Grã-Bretanha usava alimentos provenientes do estrangeiro para fornecer energia para os trabalhadores. De suas possessões nas Índias Ocidentais, trazia vastas quantidades de açúcar, que significavam uma espantosa proporção do consumo calórico da Grã-Bretanha durante o século XIX, aumentado de 4% de todas as calorias consumidas em 1800 para 22% em 1900. O açúcar fluía para o leste através do Atlântico, pagando por bens manufaturados que viajavam no sentido oposto. Como um hectare de açúcar rende a mesma quantidade de calorias que 9 a 12 hectares de trigo, o açúcar importado assegurava o equivalente calórico da produção de trigo em 520 mil hectares de terras cultivadas em 1800, elevando-se para 1 milhão de hectares em 1830 e para cerca de 8 milhões em 1900. A Grã-Bretanha havia claramente escapado das amarras impostas pela limitação de terras produzindo bens industrializados, cuja fabricação não exigia grandes áreas, e trocando-os por alimento.

O açúcar era usado para adoçar o chá, a bebida favorita dos trabalhadores industriais, que tinha a vantagem de fornecer energia (do açúcar) e de mantê-los alertas durante os longos turnos (pois o chá contém cafeína). O açúcar era também consumido como um gênero alimentício, para avivar uma dieta monótona: podia ser adicionado ao mingau na forma de melado ou comido como geleia (contendo de 50 a 65% de açúcar) em sanduíches. Melado ou geleia espalhados no pão eram muito apreciados por famílias de trabalhadores nas cidades industriais porque eram uma fonte barata de calorias e podiam ser preparados rapidamente, sem a necessidade de cozinhar. Muitas mulheres já estavam trabalhando em fábricas e não tinham mais tempo de preparar sopa. O preço do açúcar caiu e a disponibilidade de geleia aumentou depois de 1874, quando a Grã-Bretanha aboliu as tarifas sobre as importações de açúcar, que remontavam aos velhos tempos de Carlos II e seu abacaxi, em 1661.

Não apenas o açúcar da geleia que era importado; o mesmo acontecia, cada vez mais, com o trigo usado para fazer pão. Quando a perspectiva de escassez de alimentos aumentou, no final do século XVIII, a Grã-Bretanha começou a importar mais comida da Irlanda. Após o Ato de União de 1801, a Irlanda passou, tecnicamente, a fazer parte do Reino Unido, mas na prática era tratada como uma colônia agrícola pelos ingleses. Leis que proibiam a importação de produtos animais irlandeses pela Inglaterra haviam sido revogadas em 1766, e no final do século XVIII as importações de carne bovina irlandesa haviam aumentado três vezes, as de manteiga seis vezes e as de carne de porco sete vezes. No início dos anos 1840, as importações da Irlanda garantiam um sexto da comida consumida na Inglaterra. Essa comida era produzida por homens que trabalhavam nas melhores terras, mais facilmente cultiváveis, e que, como de hábito, recebiam uma pequena área, de qualidade inferior, em que plantavam batatas para sustentar a si mesmos e às suas famílias. Em suma, os ingleses só podiam continuar comendo pão porque os irlandeses estavam comendo batatas. Ao sustentar os trabalhadores agrícolas irlandeses, a batata ajudou a alimentar as primeiras décadas da industrialização britânica.

A Fome da Batata e suas consequências

O exemplo da Grã-Bretanha parecia ter provado que Malthus estava errado, mas pelo menos num aspecto ele foi agourentamente presciente. No início do século XIX, Malthus havia discordado da ideia de que a batata solucionava o problema alimentar, como parecia ter feito na Irlanda. Em *The Question of Scarcity Plainly Stated and Remedies Considered*, publicado em 1800, Arthur Young havia sugerido que o governo britânico devia dar a cada agricultor com três ou mais filhos 0,2 hectare de terra para cultivar batatas e manter uma ou duas vacas. "Se cada um tivesse sua ampla plantação de batatas e uma vaca, o preço do trigo não teria muito mais importância para eles que para seus irmãos na Irlanda", escreveu ele. A dependência das batatas em que a Irlanda se encontrava, no entanto, não era algo que outros países devessem invejar, declarou Malthus. Pois se todas as pessoas se tornassem dependentes desse alimento, o fracasso de uma safra seria uma catástrofe. "Não é possível", escreveu ele em resposta à proposta de Young, "que um dia a própria safra de batatas possa fracassar?"

Essa catástrofe atingiu a Irlanda no outono de 1845. Em retrospecto, foi um desastre anunciado. A safra de batatas malograra em anos anteriores, pelo menos em algumas partes da Irlanda, e houvera anos ruins na década de 1830. Mas a ruína da safra de 1845, causada por uma doença até então desconhecida, se deu numa escala inteiramente diferente e afetou o país inteiro. As plantas de batata começaram a murchar, enquanto os tubérculos sob o solo começaram a apodrecer; numa questão de dias, campos cheios de plantas aparentemente saudáveis foram reduzidos a uma folhagem preta, devastada. Foi a praga da batata, causada por *Phytophthora infestans*, um fungo originário do Novo Mundo que cruzou o Atlântico pela primeira vez em 1845. Até batatas colhidas antes que a praga se manifestasse estragaram e apodreceram em menos de um mês. O que, segundo todas as expectativas, seria uma safra excelente – 1 milhão de hectares haviam sido plantados, 6% a mais que no ano anterior – foi, ao contrário, um fracasso total.

A escala da devastação não se pareceu com nada já visto em qualquer parte da Europa desde a Peste Negra. A safra da batata foi um fiasco de novo em 1846, e nos anos subsequentes a fome continuou porque os agricultores desistiram de plantar esses tubérculos. As pessoas enfrentaram não apenas inanição, mas doenças. William Forster, um quacre que visitou a Irlanda em janeiro de 1847, registrou a cena vista em uma aldeia:

> O sofrimento excedia de muito meus poderes de descrição. Fui rapidamente cercado por uma multidão de homens e mulheres, mais parecendo cães famintos que criaturas humanas, cujos vultos, fisionomias e gritos mostravam a todos que eles estavam sofrendo a agonia devoradora da fome ... numa [choupana] havia dois homens emaciados, estendidos ao comprido no chão úmido ... fracos demais para se mexer, na verdade reduzidos a pele e osso. Em outra um rapaz morria de disenteria; sua mãe tinha penhorado todas as coisas ... para mantê-lo vivo; e nunca me esquecerei do tom resignado, paciente, com que ela me disse que o único remédio que ele queria era comida.

Cerca de 1 milhão de pessoas morreram de fome na Irlanda em consequência da falta de comida ou foram levadas pelas doenças que se espalharam na sua esteira. Outro milhão emigrou para fugir da fome, muitos para os Estados Unidos. A praga da batata espalhou-se pela Europa e durante dois anos não se encontrava esse tubérculo em lugar nenhum. Mas a dependência da batata sem paralelo em que a Irlanda se encontrava fez com que ela fosse a que mais sofreu.

No final de 1845, quando a magnitude do desastre ficou patente, o primeiro-ministro britânico, sir Robert Peel, viu-se numa situação difícil. A resposta óbvia para a escassez era importar cereais do exterior para aliviar a situação na Irlanda. O problema era que tais importações estavam sujeitas na época, por lei, a uma pesada taxa de importação para assegurar que os cereais cultivados internamente custariam menos, ficando os produtores domésticos protegidos contra importações baratas. As Leis do Trigo, como eram conhecidas, estavam no cerne de um antigo debate que havia lançado os proprietários de terras aristocráticos, que queriam sua manutenção, contra uma aliança de opositores liderada por industriais, que pediam sua abolição.

Os proprietários de terras afirmavam que era melhor depender do trigo plantado no país que de importações estrangeiras inconstantes, e advertiam que agricultores perderiam seus empregos; calavam sua verdadeira preocupação, de que a concorrência de importações baratas os forçasse a reduzir o preço dos arrendamentos cobrados dos agricultores. Os industriais diziam que era injusto manter o preço do trigo (e portanto do pão) artificialmente alto, uma vez que a maioria das pessoas agora comprava comida, em vez de cultivá-la. No fundo, sabiam também que o fim da tributação iria reduzir as demandas por salários mais altos, já que os preços da comida cairiam. Os industriais esperavam ainda que, com a comida mais barata, as pessoas tivessem mais dinheiro para gastar com produtos industrializados. E eram favoráveis à abolição das Leis do Trigo porque isso levantaria a bandeira do "livre comércio", assegurando fácil acesso a matérias-primas importadas por um lado, e a mercados de exportação para produtos manufaturados por outro. O debate sobre as Leis do Trigo foi, em suma, um microcosmo das lutas muito mais amplas entre a agricultura e a indústria, o protecionismo e o livre comércio. Era a Grã-Bretanha uma nação de agricultores ou de industriais? Como os proprietários de terras controlavam o Parlamento, a discussão durou as décadas de 1820 e 1830 inteiras, praticamente sem nenhum efeito.

O resultado foi determinado pela batata, quando a fome na Irlanda levou a situação a um ponto crítico. Peel, que se opusera vigorosamente à abolição das Leis do Trigo num debate parlamentar em junho de 1845, percebeu que suspender a tarifa sobre importações para a Irlanda a fim de aliviar a fome, mas mantê-la em vigor nos demais lugares, causaria grande agitação na Inglaterra, onde as pessoas teriam de continuar pagando preços artificialmente altos. Ele se convenceu de que não havia alternativa senão abolir as Leis do Trigo por completo, uma inversão da conduta de seu governo. De início, foi incapaz de persuadir seus colegas políticos, mas alguns deles mudaram de ideia quando as notícias vindas da Irlanda pioraram e ficou claro que a sobrevivência do próprio governo estava em jogo. Finalmente, com uma votação em maio de 1846, as leis foram revogadas. O apoio do duque de Wellington, um herói de guerra aristocrático que havia sido um vigoroso defensor das Leis do Trigo, foi decisivo. Ele convenceu os proprietários de terras com assento na Casa dos Lordes a apoiar a revogação, sob a alegação de que a sobrevivência do governo era mais importante. Em particular, no entanto, admitiu que "aquelas malditas batatas podres" eram as culpadas pela extinção das Leis do Trigo.

A suspensão da tarifa sobre cereais importados abriu caminho para importações de milho da América, embora, no fim das contas, o governo tenha sido ineficiente na distribuição do alimento e ele tenha feito pouca diferença para a situação da Irlanda. Na segunda metade do século XIX, as importações de trigo pela Grã-Bretanha aumentaram muito, especialmente depois que a construção de estradas de ferro nos Estados Unidos facilitou o transporte de trigo das Grandes Planícies para os portos da Costa Leste. Enquanto isso, dentro da Grã-Bretanha, a mudança da agricultura para a indústria se acelerou. A área de terra sob cultivo e o tamanho da força de trabalho agrícola entraram ambos em declínio nos anos 1870. Em 1900, 80% do trigo, o item alimentar básico da Grã-Bretanha, estava sendo importado, e a parcela da força de trabalho dedicada à agricultura caíra a menos de 10%.

O carvão não era o único combustível que havia impelido essa revolução industrial. O crescimento da produtividade agrícola, que se iniciara dois séculos antes (suplementado pelo açúcar do Caribe), e o fornecimento de trigo pela Irlanda (possibilitado pela batata) também haviam contribuído para que a Inglaterra transpusesse o limiar da nova idade industrial. Ao remover o obstáculo que impedia uma dependência maior da importação de alimento, a tragédia da Fome da Batata ajudou a completar a transformação.

Alimento e energia revisitados

Não é nenhum exagero sugerir que a Revolução Industrial marcou o começo de uma nova fase na existência humana, assim como a revolução neolítica associada à adoção da agricultura havia feito cerca de 10 mil anos antes. Ambas foram revoluções energéticas: o cultivo deliberado de plantas domesticadas fez com que uma quantidade maior da radiação solar que chega à Terra ficasse disponível para a humanidade. A Revolução Industrial deu um passo adiante, explorando também a radiação solar do passado. Ambas causaram grandes mudanças sociais: a passagem da caça e da coleta para a agricultura, no primeiro caso, e da agricultura para a indústria, no segundo. Ambas levaram um longo tempo para se concretizar: passaram-se milhares de anos antes que os agricultores suplantassem globalmente em número os caçadores-coletores, e a industrialização só está se processando há 250 anos, de modo que até o momento apenas uma minoria da população do mundo vive em países industrializados – o rápido desenvolvimento da China e da Índia, porém, logo fará a balança pender para o outro lado. E ambas são controversas: assim como é possível afirmar que os caçadores-coletores estavam em melhores condições que os agricultores e que a adoção da agricultura foi um grande erro, é possível defender a ideia de que a industrialização causou mais problemas do que resolveu (embora esse argumento seja mais frequentemente proposto por pessoas desiludidas em países ricos, industrializados). Houve também consequências ambientais impressionantes em ambos os casos: a agricultura levou ao desmatamento generalizado, e a industrialização produziu vastas quantidades de dióxido de carbono e outros gases estufa, que começaram a afetar o clima mundial.

Nesse sentido, os países industrializados não escaparam da armadilha de Malthus, mas apenas trocaram uma crise em que o fator limitante era a terra cultivável por outra, em que o fator limitante é a capacidade da atmosfera de absorver dióxido de carbono. A possibilidade de que a mudança para combustíveis fósseis fornecesse apenas uma trégua temporária das pressões malthusianas foi aventada mesmo por escritores do século XIX, notadamente William Stanley Jevons, um economista inglês autor de *The Coal Question*, publicado em 1865. "Por enquanto", escreveu ele, "nossas provisões baratas de carvão e nossa habilidade em seu emprego, e a liberdade de nosso comércio com outras terras, nos tornam independentes da área agricultável limitada destas ilhas, e aparentemente nos retiram do alcance da doutrina de Malthus." A palavra "aparentemente" não aparecia na primeira edição do livro, mas Jevons a acrescentou em uma edição posterior, pouco antes de morrer em 1882.

Ele tinha razão para se inquietar. No início do século XXI, preocupações renovadas com a relação entre provisões de energia e a disponibilidade de terra para a produção de comida foram suscitadas em virtude do crescente entusiasmo com biocombustíveis, como o etanol feito de milho e o biodiesel feito de azeite de dendê. Fazer combustível com essas plantas é atraente por serem uma fonte renovável de energia (podemos cultivar mais no próximo ano) e porque, ao longo de seu ciclo de vida, elas podem produzir menos emissões de carbono que combustíveis fósseis. Ao crescer, as plantas absorvem dióxido de carbono do ar; depois são transformadas em biocombustível e o dióxido de carbono retorna à atmosfera quando o combustível é queimado. Todo o processo seria neutro em emissões de carbono, não fosse por aquelas associadas ao cultivo das plantas (fertilizantes, combustível para tratores e assim por diante), em primeiro lugar, e depois em sua transformação em biocombustível (algo que em geral requer muito calor). Mas a quantidade exata de energia requerida para produzir vários biocombustíveis e o nível de emissões de carbono associadas variam de planta para planta. Por isso alguns biocombustíveis fazem mais sentido que outros.

O tipo que faz menos sentido é o etanol feito de milho, que é, infelizmente, a forma predominante, representando 40% da produção mundial em 2007, a maior parte nos Estados Unidos. As estimativas mais prováveis sugerem que a queima de um galão de etanol produz apenas 30% mais energia que aquela necessária para produzi-lo e reduz emissões de gases estufa em cerca de 13%, se comparada à queima de combustível fóssil convencional. Isso pode parecer impressionante, mas os números correspondentes para o etanol de cana-de-açúcar brasileiro são cerca de 700% e 85%, respectivamente; para o biodiesel produzido na Alemanha, são 150% e 50%. Em outras palavras, fazer um galão de etanol de milho requer quatro quintos de um galão de combustível fóssil (para não mencionar centenas de galões de água), e não reduz muito as emissões de gases estufa. A produção dessa energia faz menos sentido ainda em bases econômicas: para alcançar essas parcas reduções de emissões, o governo dos Estados Unidos subsidia a produção de etanol de milho com cerca de 7 bilhões de dólares por ano e impõe uma tarifa sobre o etanol de cana-de-açúcar do Brasil para desencorajar importações. O etanol de milho parece ser um plano elaborado para justificar subsídios agrícolas, não um esforço sério para reduzir emissões de gases estufa. A Inglaterra aboliu as Leis do Trigo favoráveis aos agricultores em 1846, mas os Estados Unidos acabam de introduzir novas leis nesse sentido.

O entusiasmo pelo etanol de milho e outros biocombustíveis foi um dos fatores que ajudaram a elevar o preço dos alimentos, à medida que plantações inteiras passaram a ser desviadas para a fabricação de combustível, de modo que a agricultura serve de fato para alimentar carros, não pessoas. Opositores dos biocombustíveis gostam de ressaltar que o milho despendido para encher o tanque de um veículo com 25 galões de etanol seria suficiente para alimentar uma pessoa durante um ano. Como o milho é também usado para alimentar animais, seu preço mais alto torna a carne e o leite mais caros. E, à medida que agricultores deixam de cultivar outros produtos agrícolas para cultivar milho, esses outros produtos (como a soja) tornam-se mais escassos e seu preço também sobe. Alimento e combustível estão, ao que parece, competindo mais uma vez por terra cultivável. O baixo preço do carvão mostrou aos proprietários de terras ingleses, no século XVIII, que sua terra era mais valiosa para cultivar comida do que combustível; a preocupação com o petróleo caro atualmente leva agricultores americanos a fazer a escolha contrária, cultivando plantas para a produção de combustível, não de comida.

No entanto, nem sempre os biocombustíveis precisam competir com a produção de alimentos. Em alguns casos, pode ser possível cultivar matérias-primas para biocombustíveis em terras marginais, inadequadas para outras formas de agricultura. E essas matérias-primas não precisam ser produtos agrícolas alimentícios. Uma abordagem potencialmente promissora é a do etanol celulósico, feito com arbustos lenhosos e até árvores de crescimento rápido. Na teoria, isso seria várias vezes mais eficiente em termos energéticos até que o etanol de cana-de-açúcar, poderia reduzir as emissões de gases estufa de maneira quase igual (uma redução de cerca de 70% comparada aos combustíveis fósseis) e não invadiria terras cultiváveis. O problema é que o solo ainda está imaturo, e são necessárias enzimas caras para decompor a celulose, dando-lhe uma forma que possa ser transformada em etanol. Outra abordagem envolve a fabricação de biocombustível com algas; mais uma vez, porém, a tecnologia ainda está em seus primórdios.

O que está claro é que o uso de produtos agrícolas alimentícios para a fabricação de combustível significa um passo atrás. O passo adiante mais lógico, depois das revoluções Neolítica e Industrial, certamente é encontrar novas maneiras de utilizar energia solar além do cultivo de plantas ou da escavação de combustíveis fósseis. Painéis solares e turbinas de vento são os exemplos mais óbvios, mas talvez seja também possível trabalhar de alguma maneira com o mecanismo biológico da fotossíntese para produzir células solares mais eficientes, ou para criar, mediante engenharia genética, micróbios capazes de produzir grandes quantidades de biocombustível. A necessidade de compatibilizar alimentos e combustível ressurgiu no presente, mas pertence ao passado.

PARTE V Comida é arma

9. O combustível da guerra

> "Amadores discutem tática; profissionais discutem logística."
>
> ANÔNIMO

> "O destino da Europa e todos os cálculos adicionais dependem da questão do alimento. Se ao menos eu tiver pão, derrotar os russos será uma brincadeira de criança."
>
> NAPOLEÃO BONAPARTE

"Mais cruel que a espada"

Qual é a arma mais devastadora e eficaz na história da guerra? Não é a espada, a metralhadora, o tanque ou a bomba atômica. Outra arma matou muito mais gente e determinou os resultados de numerosos conflitos. É algo que, de tão óbvio, é fácil menosprezar: comida, ou, mais precisamente, controle do fornecimento de comida. O poder do alimento como arma foi reconhecido já na Antiguidade. "A fome destrói um exército com mais frequência que uma batalha, e é mais cruel que a espada", observou Vegétio, um escritor militar romano que viveu no século IV d.C. Ele citou uma máxima militar segundo a qual "todo aquele que não faz provisões adequadas de alimentos e outras necessidades é conquistado sem luta".

Durante a maior parte da história humana, o alimento foi literalmente o combustível da guerra. Na era anterior às armas de fogo, quando os exércitos consistiam em soldados carregando espadas, lanças e escudos, a comida os sustentava na marcha e lhes dava energia para brandir as armas na batalha. O alimento, inclusive a ração para os animais, era ao mesmo tempo munição e combustível. Manter seu fornecimento era portanto decisivo para o sucesso militar; a falta de comida, ou a recusa de fornecê-la por parte do inimigo, levava rapidamente à derrota. Antes do advento do transporte mecanizado, a necessidade de manter um exército abastecido muitas vezes impunha importantes limitações ao lugar e ao momento em que ele podia lutar, e à rapidez com que podia se deslocar. Embora outros aspectos da guerra tenham mudado enormemente desde os tempos antigos até a era napoleônica, as limitações impostas pelo alimento persistiram. Os soldados só podiam carregar nas costas mantimentos para poucos dias; o uso de animais de carga ou carroças permitia transportar mais provisões e equipamentos, mas nesse caso havia necessidade de ração para os animais, e a velocidade e mobilidade do exército eram prejudicadas.

Isso foi percebido no século IV a.C. por Filipe II da Macedônia, que introduziu várias das mudanças depois ampliadas por seu filho, Alexandre, para criar a força mais rápida, leve e ágil de seu tempo. Famílias, criados e outros seguidores, que por vezes se igualavam aos soldados em número, foram restringidos a um mínimo absoluto, permitindo ao exército se desvencilhar de sua imensa e lenta cauda de pessoas e carroças. Passou-se também a exigir que os soldados carregassem grande parte de seu próprio equipamento e provisões, com animais de carga em vez de carroças transportando o resto. Com menos animais, havia menos necessidade de encontrar forragem, e o exército tornava-se mais ágil, particularmente em terreno difícil. Tudo isso conferiu às forças de Alexandre uma clara vantagem, permitindo-lhes lançar ataques-relâmpago que infundiam medo em seus inimigos, segundo historiadores gregos. Satibarzanes, um governador persa, "ao ficar sabendo da proximidade de Alexandre, e pasmo com a rapidez de seu avanço, fugiu com alguns cavaleiros arianos". Os uxianos, uma tribo das montanhas da Pérsia, ficaram "estarrecidos com a rapidez de Alexandre e fugiram antes mesmos que ele se aproximasse". E Bessus, um traiçoeiro nobre persa, ficou "imensamente aterrorizado com a rapidez de Alexandre". O domínio que este possuía da mecânica de abastecimento do exército – um campo hoje conhecido como logística – permitiu-lhe montar uma das mais longas e bem-sucedidas campanhas militares da história, conquistando uma faixa de território que se estendia da Grécia ao Himalaia.

Os exércitos raramente levavam consigo todas as suas provisões alimentares, e o de Alexandre não foi exceção. Alimento e forragem eram também obtidos da região circundante à medida que os soldados avançavam. Essa busca de provisões podia ser uma maneira eficiente de se abastecer, mas tinha a desvantagem de que se os soldados parassem de se mover, o fornecimento local seria rapidamente esgotado. De início o exército teria uma abundância a seu dispor, mas a cada dia os destacamentos encarregados de procurar provisões teriam de se deslocar mais para alcançar áreas ainda não despojadas de alimentos. Segundo uma regra empírica adotada por Alexandre, um exército só podia procurar provisões num raio de quatro dias de viagem a partir de seu acampamento, porque em oito dias um animal devora sua própria carga. Um animal que viaja quatro dias através de uma região estéril para reunir comida deve levar provisões suficientes para os quatro dias de sua viagem de ida; depois, pode ser carregado com comida correspondente a oito dias, mas como consumirá a metade disso na viagem de volta, restará apenas comida para quatro dias – em outras palavras, a quantidade com que partiu. O tempo que um exército podia permanecer num lugar dependia, portanto, da riqueza da região circundante, que por sua vez dependia da densidade populacional (mais pessoas teriam, em geral, mais alimento para ser apropriado) e da época do ano (haveria fartura de alimento disponível logo após a colheita, e muito pouco nas vésperas dela). Alexandre e outros generais tinham de levar esses fatores em conta ao escolher as rotas das marchas e a época das campanhas.

A melhor maneira de fornecer provisões em grande quantidade era através de navios, a única forma de transportar um volume substancial de comida no mundo antigo. Quando necessário, animais de carga ou carroças podiam completar o trajeto pelos últimos quilômetros entre o porto e as bases do exército no interior. Isso obrigava as tropas a operarem relativamente perto de rios e costas. À medida que conquistou as terras em torno do Mediterrâneo, Alexandre pôde contar com sua frota para essas entregas, desde que seus soldados tomassem os portos de antemão. Deslocando-se de porto em porto, os soldados transportavam comida suficiente para alguns dias e a suplementavam com os produtos locais, quando possível. Nos séculos que se seguiram à morte de Alexandre, os romanos levaram suas proezas logísticas um pouco mais longe. Estabeleceram uma rede de estradas e depósitos por todo o seu território para assegurar que, sempre que quisessem, poderiam transportar provisões rapidamente e na quantidade necessária. Os depósitos eram reabastecidos por navio, o que dificultava as manobras dos exércitos romanos a mais de 120 quilômetros de um litoral ou de um grande rio. Isso ajuda a explicar por que os romanos conquistaram as terras em torno do Mediterrâneo e por que as fronteiras ao norte de seu território eram definidas por rios. A manutenção de depósitos permanentes significava que uma grande tropa podia se deslocar rapidamente através do território romano, sem precisar se preocupar em encontrar alimento ou forragem. O exército romano também introduziu regras para as buscas de provisões durante as campanhas.

Em território inimigo, exigir das populações locais fornecimento de comida servia a duas finalidades: alimentar o exército invasor e empobrecer a comunidade local. O alimento em tais situações era literalmente uma arma: um exército que praticava saques podia esgotar os recursos de uma região e causar imensa miséria, como o expressa um manual militar chinês medieval: "Se ocupas os depósitos e celeiros de teu inimigo e tomas seus recursos acumulados para abastecer teu exército continuamente, serás vitorioso." Por vezes a mera ameaça de confisco era suficiente. No caso de Alexandre, autoridades locais muitas vezes se rendiam a ele antes mesmo que entrasse em um território, e concordavam em fornecer comida para seu exército em troca de um tratamento mais leniente. À medida que Alexandre avançava pelo Império Persa, esse era um acordo que governadores locais ficavam cada vez mais satisfeitos em fazer.

Inversamente, remover ou destruir toda a comida e a forragem no caminho de um exército (a chamada política de terra arrasada) era uma maneira de usar o alimento de forma defensiva. Um dos primeiros exemplos aconteceu na Segunda Guerra Púnica entre Roma e Cartago, na qual Aníbal, o general cartaginês, humilhou os romanos provocando distúrbios com seu exército por toda a Itália durante vários anos. Num esforço para detê-lo, foi divulgada uma proclamação segundo a qual "toda a população assentada nos distritos pelos quais era provável que Aníbal marchasse deveria abandonar suas fazendas, tendo antes queimado suas casas e destruído sua produção, de modo a deixá-lo sem quaisquer provisões a que recorrer". A manobra fracassou, mas foi extremamente eficaz em outras ocasiões. Outra estratégia defensiva era negar ao inimigo o acesso a meios de processar os alimentos. Para retardar o avanço das tropas espanholas em 1636, generais franceses foram instruídos a "enviar sete ou oito companhias de cavalaria a vários lugares, com trabalhadores para quebrar todos os fornos e moinhos numa área que se estendia desde suas próprias frentes até o mais perto possível do inimigo". Sem fornos e moinhos, o grão confiscado não poderia ser transformado em pão e os soldados teriam de acampar por uns dois dias para instalar fornos portáteis.

Essas limitações relacionadas ao alimento que impactavam a condução de uma guerra persistiram durante a maior parte da história humana, mesmo depois da invenção de novas tecnologias como as armas de fogo. Com o correr do tempo, porém, os sistemas de abastecimento usados pelos exércitos tornaram-se invariavelmente mais complexos. Em particular, as guerras na Europa do século XVIII tornaram-se cada vez mais regradas, e os exércitos passaram a se valer menos de confiscos e saques, que consideravam antiquados e incivilizados, e mais de provisões acumuladas em depósitos e entregues por comboios. Soldados profissionais esperavam ser alimentados e pagos durante a campanha, sem serem obrigados a sair em busca de comida. A necessidade de acumular provisões de antemão exigia que as campanhas fossem planejadas com muita antecipação. Com os exércitos amarrados aos depósitos, ataques-relâmpago ou longas marchas estavam fora de questão. Um historiador comparou as guerras desse período a "torneios de tartarugas".

A Guerra de Independência Americana, de 1775-1783, fornece um microcosmo de como considerações logísticas ainda podiam ser cruciais na determinação do resultado de um conflito, séculos depois de Alexandre e Aníbal. Teoricamente, os britânicos teriam podido reprimir facilmente a rebelião de seus colonos americanos. A Grã-Bretanha era a maior potência militar e naval da época, presidindo um vasto império. Na prática, contudo, abastecer um exército de dezenas de milhares de homens operando a cerca de 4.800 quilômetros de distância representava enormes dificuldades. Os 35 mil soldados da Grã-Bretanha demandavam em conjunto 35 toneladas de comida por dia (450 gramas de carne cada um, mais um pouco de ervilhas, pão e rum); seus 4 mil cavalos necessitavam de mais 57 toneladas de ração.

De início, os comandantes britânicos esperavam que seus soldados só fossem depender temporariamente das provisões transportadas por navio através do Atlântico. Alimentavam a esperança de que legalistas americanos se uniriam para apoiar a causa da metrópole, permitindo ao exército retirar comida e forragem de seus campos. Mas isso se provou inviável, tanto por causa das quantidades necessárias quanto porque as requisições de alimento despertavam a hostilidade dos legalistas, de cujo apoio a estratégia britânica dependia. Muitos soldados britânicos, acostumados a um tipo mais formal de guerra, eram inexperientes em saques e julgavam que isso estava abaixo deles. As tropas britânicas acabaram vendo-se limitadas, por segurança, a locais perto de portos, dependentes de provisões trazidas por mar e incapazes de avançar muito pelo interior. As tentativas de aumentar a área sob seu controle proporcionavam um espaço maior onde procurar provisões, mas isso causava ressentimento entre os colonos, que se recusavam a continuar produzindo alimentos ou resistiam com táticas de guerrilha. Expedições de busca de comida enviadas além das linhas britânicas exigiam forças de cobertura de centenas de soldados. Um pequeno grupo de rebeldes podia atacar um grande contingente em expedição, abatendo homens com o uso de emboscadas e atiradores de tocaia. Os britânicos perderam a mesma quantidade de homens em escaramuças desse tipo que em batalhas campais maiores.

Não querendo se aventurar pelo interior, onde seus movimentos acabariam sendo determinados pelas necessidades de abastecimento e não pela estratégia militar, os britânicos concluíram que precisariam de uma reserva suficiente para pelo menos seis meses (e idealmente para um ano) antes de iniciar uma ofensiva maior, condição que só foi atendida duas vezes no curso dos oito anos de guerra. A escassez de provisões também deixava os britânicos incapazes de tirar partido de sua vantagem quando a oportunidade surgia, dando repetidamente aos adversários a chance de se reagrupar. Eles deixaram de desferir um golpe decisivo nos primeiros anos do conflito, e depois que outras potências europeias entraram na guerra ao lado dos Estados Unidos, ficou claro que a Grã-Bretanha não podia vencer.

As forças americanas também sofreram seus próprios problemas de abastecimento, mas tinham a vantagem de estar em território amigo e de poder convocar soldados e obter provisões de uma maneira que os britânicos não podiam. George Washington, o comandante em chefe das forças americanas, observou pouco depois: "Ninguém acreditará que uma força tão grande quanto a que a Grã-Bretanha empregou por oito anos neste País possa ter sido frustrada ... por números infinitamente menores, compostos de homens por vezes semifamintos, sempre andrajosos, sem pagamento e experimentando toda espécie de sofrimento que a natureza humana é capaz de suportar." O fracasso britânico em alimentar os soldados não foi a única causa de sua derrota e da subsequente independência dos Estados Unidos, mas foi uma causa muito significativa dela. Somente considerações logísticas não são suficientes para determinar o resultado de conflitos militares, mas, para começar, um exército não pode ir ao campo de batalha a menos que seja apropriadamente alimentado. Comida adequada é uma condição necessária, embora não suficiente, para a vitória. Como disse o duque de Wellington: "Para atingir os próprios [objetivos] é preciso estar alimentado."

"Um exército marcha com o estômago"

Nas primeiras horas do dia 5 de outubro de 1795, um jovem e promissor oficial de artilharia chamado Napoleão Bonaparte foi encarregado das forças que defendiam o governo francês, conhecido como a Convenção Nacional. Este fora eleito em 1792, na esteira da Revolução Francesa que derrubara a monarquia, apesar de ainda haver um grande número de simpatizantes do antigo regime no país. Um exército de 30 mil monarquistas estava agora avançando para o Palácio das Tulherias, em Paris, onde os membros da Convenção haviam se refugiado. Napoleão imediatamente mandou um oficial da cavalaria providenciar 40 canhões com homens para operá-los. Ao raiar do dia, ele os posicionara cuidadosamente nas ruas em torno do palácio e mandara que os canhões fossem carregados com metralha. Suas forças de defesa estavam em desvantagem de seis para um, e em certa altura o cavalo que Napoleão montava enquanto comandava seus homens foi baleado. Assim que as colunas monarquistas desferiram seu mais poderoso ataque, as tropas napoleônicas conseguiram direcioná-las para a principal fileira de canhões, posicionada em frente a uma igreja. Napoleão deu ordem de disparar, e os tiros mataram os soldados monarquistas com devastadora eficácia, fazendo os sobreviventes darem meia-volta e fugirem. "Como de costume, não sofri nem um arranhão. Não poderia estar mais feliz", escreveu Napoleão mais tarde para seu irmão Joseph. Aquele se mostraria um momento decisivo de sua carreira.

Alguns dias depois, o general Paul Barras, que havia delegado a defesa do governo a Napoleão, apresentou-se com ele e outros oficiais perante os membros da Convenção, que queriam expressar sua gratidão. Inopinadamente, um dos políticos subiu a uma espécie de tribuna para falar e, em vez de agradecer a Barras, declarou que o herói havia sido de fato "o general Bonaparte, que teve apenas aquela manhã para posicionar seus canhões tão habilmente". Napoleão tornou-se instantaneamente uma celebridade, aplaudido todas as vezes que aparecia em público, e logo depois foi recompensado com o comando das forças francesas na Itália. Nos meses seguintes, moveu uma campanha rápida e brutal contra os austríacos, submetendo a maior parte do norte da Itália ao controle francês. Napoleão chegou mesmo a ditar os termos da paz com os austríacos, apesar de não ter autoridade formal para tanto. Tornou-se um herói nacional na França e usou seu sucesso no campo de batalha para angariar influência política em Paris, abrindo caminho para a tomada do poder em 1799. Depois de sua campanha italiana, um general francês chegou a descrevê-lo como "um novo Alexandre Magno".

Essa era de fato uma descrição muito precisa, porque uma das principais coisas que distinguiram Napoleão de outros generais de seu tempo e que moldaram o curso de sua carreira foi a retomada da abordagem minimalista de Alexadre em relação à logística. Como um general francês, o conde de Guibert, salientou nos anos 1770, os exércitos do período haviam se tornado terrivelmente dependentes de incômodos sistemas de abastecimento e depósitos ou celeiros. Ele sugeriu que deveriam ser mais ágeis, viajar com pouca bagagem e recorrer aos produtos do campo. Guibert mostrou também que a prevalência de exércitos permanentes compostos só de soldados profissionais significava que a maioria das pessoas comuns não tinha treinamento no uso de armas. Previu que a primeira nação europeia a desenvolver "uma vigorosa soldadesca de civis" triunfaria sobre as outras. Finalmente suas ideias prevaleceram, mas não em razão de um programa deliberado de reforma militar. Em vez disso, a Revolução Francesa, em 1789, resultou no colapso do antigo sistema de abastecimento e obrigou os soldados franceses que lutaram nas guerras que se seguiram a se defender sozinhos.

A dependência dos produtos da terra começou como uma necessidade, mas o exército francês logo desenvolveu um sistema organizado de requisitar e acumular alimentos, forragem e outras provisões. Como o próprio Napoleão explicou a um de seus generais: "Cabe aos generais comandantes obter provisões dos territórios pelos quais passam." Cada companhia enviava oito ou dez homens sob o comando de um cabo ou sargento, por um tempo tão curto quanto um dia ou tão longo quanto uma semana. Esses grupos se espalhavam logo atrás da linha de frente do exército e requisitavam alimentos de aldeias e granjas próximas, pagando com ouro ou, com mais frequência, com um *assignat*, um recibo que podia em teoria ser apresentado para reembolso quando as hostilidades tivessem terminado (embora isso raramente acontecesse na prática). Cada grupo então voltava à sua companhia para distribuir o que havia recolhido, e a comida era frequentemente transformada num ensopado ou numa sopa. Isso resultava em muito menos desperdício que a desorganizada pilhagem do passado, e os soldados franceses tornaram-se rapidamente especialistas em descobrir depósitos escondidos e em avaliar quanta comida estava disponível numa dada área. "Os habitantes tinham escondido tudo embaixo da terra nas florestas e em suas casas", comentou um soldado francês da época. "Depois de muita procura descobrimos seus esconderijos. Batendo com os cabos das armas encontramos provisões de todos os tipos."

Tudo isso tornou as tropas francesas extremamente ágeis; elas precisavam de cerca de um oitavo do número de carroças usadas por outros exércitos da época, e eram capazes de marchar 80 quilômetros seguidos, pelo menos por um ou dois dias. A maior mobilidade combinava perfeitamente com a estratégia militar de Napoleão, resumida na máxima "divida para procurar comida, concentre para lutar". Sua abordagem preferida era dividir suas forças e espalhá-las por uma vasta frente para assegurar que cada unidade, em rápido avanço, tivesse sua própria área onde procurar alimento; depois concentrava subitamente seus soldados para impor ao inimigo uma batalha decisiva. O resultado foi uma formidável série de vitórias que deu ao exército francês sob Napoleão uma reputação assustadora.

Napoleão, contudo, não eliminou completamente os sistemas tradicionais de abastecimento. Quando se preparava para uma campanha, mandava instalar grandes depósitos em território amigo para fornecer provisões aos soldados quando cruzassem a fronteira. As tropas carregavam o suficiente para alguns dias, em geral na forma de pão ou biscoitos, usados quando a procura por alimentos não era bem-sucedida ou quando o inimigo estava próximo e as forças francesas estavam concentradas. Como o próprio Napoleão observou, "o método de abastecer-se em marcha torna-se impraticável quando muitos soldados estão concentrados".

O melhor exemplo de como isso funcionava ocorreu no outono de 1805, na campanha que culminou na Batalha de Austerlitz. Tendo reunido um grande exército no norte da França com a intenção de invadir a Grã-Bretanha, Napoleão viu-se, no entanto, ameaçado pela Áustria e a Rússia, aliadas dos britânicos, e ordenou às tropas que rumassem para leste através da França. Solicitou aos prefeitos das cidades ao longo do caminho, a dois ou três dias uma da outra, que fornecessem provisões para os soldados. Nesse meio-tempo, ordenou que 500 mil rações de biscoitos fossem preparadas em cidades ao longo do Reno. Um mês depois de serem mobilizados, os 200 mil homens de Napoleão cruzaram o Reno e se espalharam por uma frente de mais de 160 quilômetros de extensão. Cada unidade foi instruída a procurar sustento na região à sua esquerda, requisitando provisões da população local e emitindo recibos da maneira regulamentar francesa. Registros mostram a grande quantidade de alimento que os franceses foram capazes de arrancar, mesmo de cidades pequenas. A cidade alemã de Heilbronn, com uma população de cerca de 15 mil habitantes, produziu 85 mil rações de pão, 11 toneladas de sal, 3.600 alqueires de feno, 6 mil sacas de aveia, 5 mil quartilhos de vinho, 800 alqueires de palha e 100 carroças para carregar o que não foi imediatamente consumido. A cidade de Hall, com apenas 8 mil habitantes, forneceu 60 mil rações de pão, 70 bois, 4 mil quartilhos de vinho e 100 mil fardos de feno e palha. A França foi favorecida pelo fato de sua campanha ter ocorrido no momento da colheita, quando havia mais alimento disponível que em qualquer outra época do ano. Para preparar e entregar provisões para um exército tão grande usando apenas depósitos e comboios, no estilo do século XVIII, teriam sido necessários meses de organização e o exército não teria podido se deslocar tão rapidamente.

O objetivo de Napoleão era derrotar o exército austríaco na região do Danúbio antes que os russos chegassem para reforçá-lo. Ele conseguiu isso com a célebre "manobra de Ulm". O ataque da cavalaria a partir do oeste distraiu o exército austríaco enquanto a principal força francesa marchava rapidamente cm torno dele, cercando-o e forçando-o a se render. Tendo resolvido esse problema, Napoleão partiu em perseguição ao exército russo, o que implicava viajar através de florestas onde pouca comida podia ser encontrada, razão por que Napoleão forneceu a seus homens rações de pão e biscoitos para oito dias, estocadas na região de Ulm. Isso sustentou o exército até a chegada a um território mais rico a leste, onde pôde, mais uma vez, fazer requisições de alimentos. Vários depósitos austríacos também foram capturados. Depois de conquistada, Viena, a capital austríaca, pôde ser usada como depósito de provisões, fornecendo vastas quantidades de comida e forragem: 33 toneladas de pão, 11 toneladas de carne, 90 toneladas de aveia, 125 toneladas de feno e 375 baldes de vinho foram requisitados num único dia. O exército teve três dias para se recuperar antes de se dirigir para o norte, em perseguição aos russos, aos quais as forças austríacas restantes tinham agora se juntado. Finalmente os dois exércitos tomaram posição, um diante do outro, perto da cidade de Austerlitz (a moderna Slavkov, na República Tcheca), e a vitória de Napoleão é em geral considerada a maior de sua carreira. Ele havia penetrado profundamente em território inimigo e triunfara, humilhando o Império Austríaco. A rapidez e a mobilidade inigualáveis de seu exército, possibilitada pela capacidade de romper quando necessário com os sistemas tradicionais de abastecimento, desempenharam um papel decisivo em seu triunfo. Diz-se que o próprio Napoleão observou: "Um exército marcha com o estômago."

Tendo sustentado sua maior vitória, a comida no entanto também contribuiu para o maior fracasso de Napoleão: a invasão da Rússia em 1812. Quando ele começou a planejar a campanha, em 1811, estava claro que não esperava que seus soldados fossem capazes de viver dos produtos do campo depois que entrassem na Rússia. Ele ordenou que grandes depósitos de provisões fossem construídos na Prússia e expandiu o comboio militar francês com o acréscimo de milhares de novas carroças. Propôs que carroças puxadas por quatro cavalos fossem trocadas por outras puxadas por seis, com capacidade 50% maior, a fim de reduzir o número total necessário para carregar uma mesma quantidade de comida. Em março de 1812, haviam sido reunidas na cidade de Gdansk provisões suficientes para abastecer 400 mil homens e 50 mil cavalos por sete semanas, e mais provisões estavam sendo alocadas ao longo da fronteira polonesa. Napoleão esperava mover uma campanha rápida, decisiva, travando combate com o exército russo perto da fronteira e derrotando-o rapidamente. Não esperava que seu exército tivesse que se aventurar muito pelo interior da Rússia, ou que fosse obrigado a procurar alimentos para subsistir.

O exército de 450 mil homens de Napoleão penetrou no território russo no fim de junho de 1812, levando suprimentos suficientes para 24 dias: os homens carregavam rações para quatro dias em suas mochilas, e o resto estava em carroças. Os problemas começaram quase imediatamente. Chuvas fortes transformavam as precárias estradas locais, pouco mais que veredas empoeiradas, em charcos barrentos. As pesadas carroças atolavam, cavalos quebravam as patas e homens perdiam as botas. A infantaria movia-se mais rapidamente, algumas unidades avançando 112 quilômetros em dois dias, mas ficavam então isoladas das provisões. Depois de consumir as rações que levavam, os soldados tinham de recorrer aos produtos da região. Mas a zona rural era pobre, e o exército incluía muitos recrutas inexperientes, não familiarizados com o eficiente sistema francês de procurar alimentos. A disciplina sucumbiu, e em lugar de cuidadosa distribuição houve pilhagem indiscriminada. A comida das poucas aldeias e fazendas ao longo da rota logo se esgotou, não havia capim suficiente para a forragem dos cavalos e os produtos agrícolas nos campos ainda não estavam maduros o bastante para serem colhidos. "As tropas de vanguarda viviam bastante bem, mas o resto do exército estava morrendo de fome", lembrou mais tarde um general francês.

Os russos recuavam à medida que os franceses avançavam, abandonando suas posições e retrocedendo para Moscou. Na esperança de que uma região mais rica em torno de Smolensk e Moscou pudesse fornecer comida, Napoleão avançou com determinação. Mas os russos estavam saqueando a zona rural e destruindo as provisões à medida que se retiravam. O exército francês começou a se desintegrar quando os homens, debilitados pela fome, foram acometidos por doenças. Como um general russo observou: "As estradas estavam cheias de carcaças de cavalos e apinhadas de doentes e soldados que se deixavam ficar para trás. Todos os prisioneiros franceses eram cuidadosamente interrogados quanto à questão da subsistência; verificou-se que, nas vizinhanças de Vitebsk, os cavalos já estavam recebendo apenas forragem verde, e os homens, em vez de pão, somente farinha, com que eram obrigados a fazer uma sopa." No fim de julho, apenas cinco semanas após o início da campanha, o exército francês havia perdido 130 mil homens e 80 mil cavalos, e ainda não forçara o inimigo a travar uma batalha. Em agosto, um combate não decisivo foi travado em Smolensk, que foi tomada pelos franceses, mas somente depois que os russos já tinham destruído todos os estoques de comida da cidade. Uma batalha muito mais sangrenta em Borodino terminou com uma retirada russa, deixando aberta a estrada para a capital.

Ao negar a Napoleão uma vitória decisiva, o príncipe Mikhail Illarionovich Kutuzov, comandante russo, forçou-o a penetrar mais profundamente na Rússia, agravando seus problemas de abastecimento, o que os russos sabiam ser a maior ameaça para os soldados franceses. Ao chegar a Moscou com 100 mil soldados restantes, Napoleão esperava ser recebido pelos dignitários da cidade; em vez disso, encontrou a cidade abandonada, sem nenhuma administração civil para organizar o recolhimento de provisões para o exército. Fogueiras já ardiam quando os franceses chegaram, e transformaram-se num enorme incêndio, destruindo três quartos da cidade e muitos de seus depósitos de víveres. (Além de provocar incêndios, os habitantes de Moscou em retirada tinham também destruído todo o equipamento de combate ao fogo.) A tomada da capital russa provou-se uma vitória inútil: Napoleão esperava que os russos capitulassem e suplicassem pela paz, mas logo se deu conta de que eles não tinham nenhuma intenção de fazer isso. Quanto mais tempo permanecessem na cidade, mais vulneráveis os franceses se tornariam. Um mês depois da chegada, o exército iniciou sua retirada em direção ao oeste, acompanhado por milhares de carroças carregadas de produtos de pilhagem. Mas esses tesouros não podiam ser comidos, e a escassez instigou lutas internas e mais deserções.

Napoleão bate em retirada de Moscou.

A disciplina foi deixada de lado e o exército dissolveu-se numa horda turbulenta e maltrapilha que só pensava na própria sobrevivência, enfraquecida pela fome e a doença e reduzida a comer carne de cachorro e de cavalo. Soldados desgarrados eram atacados por cossacos e torturados até a morte por camponeses locais. Carroças e canhões abandonados enchiam as estradas. "Se eu encontrasse alguém na mata com um pão, eu o obrigaria a me dar a metade – não, eu o mataria e pegaria o pão inteiro", escreveu um soldado francês. O inverno começou mais tarde que o usual, no início de novembro, derrubando cavalos em estradas escorregadias e matando homens de frio quando acampavam ao ar livre à noite. Afirma-se por vezes que o inverno russo foi responsável pela derrota de Napoleão, mas ele apenas apressou a destruição de seu exército, um processo que já estava bastante avançado. Apenas cerca de 25 mil soldados da força inicial de 450 mil homens acabaram se retirando da Rússia, em dezembro de 1812. Napoleão tinha sido derrotado, e o mito de sua invencibilidade fora estilhaçado. Seu domínio da logística ajudara a torná-lo o soberano da maior parte da Europa, mas lhe faltou na Rússia, e marcou o início de seu declínio.

A invenção da comida enlatada

Em 1795, num esforço para melhorar a dieta de soldados e marinheiros durante campanhas militares, o governo francês ofereceu um prêmio a quem conseguisse desenvolver uma nova maneira de conservar comida. As regras estipulavam que o alimento resultante deveria ser de produção barata, de fácil transporte e mais saboroso e nutritivo que a comida conservada por meio das técnicas existentes. A salga, a secagem e a defumação haviam sido usadas para preservar gêneros alimentícios durantes séculos, mas todas afetavam o gosto da comida e não preservavam muitos de seus nutrientes. Experimentos para encontrar maneiras melhores de conservar alimentos vinham sendo realizados desde o século XVII, quando os cientistas começaram a se interessar pelo processo de decomposição e, por extensão, pelas formas de evitá-lo.

Robert Boyle, um cientista irlandês conhecido como o "pai da química", desenvolveu uma bomba a vácuo e fez muitas descobertas com ela, mostrando por exemplo que o som de uma campainha dentro de um frasco de vidro vedado diminuía de volume à medida que o ar era bombeado para fora. Boyle conjecturou também que a decomposição devia ser dependente da presença de ar e tentou preservar comida guardando-a em frascos vedados. Acabou concluindo, porém, que o contato com o ar não era a única causa da decomposição. Denis Papin, um físico francês, ampliou o trabalho de Boyle envasando a vácuo os alimentos em garrafas e depois as aquecendo. Isso pareceu funcionar muito melhor, embora por vezes a comida ainda estragasse. De tempos em tempos, em reuniões da Royal Society em Londres, Papin dava sua comida em conserva de presente para outros cientistas. Em 1687, estes relataram que ele havia conservado "grandes quantidades" de frutas: "Ele encerra as frutas em recipientes de vidro de que o ar foi exaurido, e então põe o recipiente assim exaurido em água quente, e o deixa ficar ali por algum tempo; e isso é suficiente para preservar as frutas da fermentação, que de outro modo indubitavelmente ocorreria."

Na época, o mecanismo de decomposição não era compreendido, embora muitos aceitassem a teoria da "geração espontânea", uma ideia que remonta aos gregos e segundo a qual bichos eram gerados, de alguma maneira, a partir de carne em decomposição, camundongos a partir de montes de cereais, e assim por diante. Apesar do trabalho experimental de Boyle, Papin e outros, o problema da conservação dos alimentos continuou sem solução. As várias técnicas de conservação desenvolvidas durante os séculos XVII e XVIII eram, ao mesmo tempo, dispendiosas e não confiáveis. Ninguém havia conseguido aperfeiçoar as rações militares tradicionais de carne salgada e biscoitos secos, o que explica as condições associadas ao prêmio francês em 1795.

O homem que finalmente reivindicou o prêmio não era cientista, mas cozinheiro. Nicolas Appert nasceu em Châlons-sur-Marne, na região francesa de Champagne, em 1749. Seu pai era hoteleiro e ele se tornou um chef consagrado, servindo nas cozinhas de vários nobres antes de se estabelecer como confeiteiro em Paris em 1781. Nessa linha de trabalho, estava necessariamente a par do uso de açúcar para conservar frutas, e perguntou a si mesmo se seria possível usá-lo para preservar outros alimentos. À medida que seu interesse pelo tema crescia, começou a experimentar com a armazenagem de comida em garrafas de champanhe vedadas. Em 1795, mudou-se para a aldeia de Ivry-sur-Seine, onde começou a pôr comidas em conserva à venda, e em 1804 instalou ali uma pequena fábrica. A essa altura, alguns de seus alimentos em conserva tinham sido testados pela Marinha francesa, que ficara impressionada com a qualidade. "O caldo em garrafa era bom, o caldo com carne bovina cozida em outra garrafa também muito bom, mas um pouco fraco; a própria carne era bastante comestível", concluía o relatório. "As vagens e ervilhas, tanto com como sem carne, têm todo o frescor e sabor de hortaliças recém-colhidas."

Mais tarde, Appert descreveu seu método da seguinte maneira: "Primeiro encerre as substâncias que deseja preservar em garrafas ou frascos; segundo, feche as aberturas desses recipientes com o maior cuidado, pois o sucesso depende principalmente da vedação; terceiro, submeta as substâncias, assim encerradas, à ação de água fervente num banho-maria … quarto, remova as garrafas do banho-maria no momento apropriado." Ele listou os tempos necessários para ferver diferentes alimentos, normalmente várias horas. Appert não tinha conhecimento do trabalho anterior de Boyle, Papin e outros; inventara seu método unicamente por meio de experimentos e não tinha ideia de por que funcionava. Foi só nos anos 1860 que Louis Pasteur, um químico francês, finalmente determinou que a decomposição era causada por micróbios que podiam ser mortos pela aplicação de calor. Era por isso que a técnica de Papin, que envolvia calor, funcionara; na maioria das vezes, porém, ele não aquecia suas amostras de comida o suficiente para matar os micróbios. O longo processo de ensaio e erro de Appert havia revelado que o calor tinha de ser aplicado durante várias horas na maioria dos casos, e que alguns alimentos precisavam ser aquecidos por mais tempo que outros. "A aplicação de fogo de uma maneira variadamente adaptada a diversas substâncias, depois de tê-las privado de contato com o ar com o máximo cuidado e da maneira mais completa possível, permite uma perfeita conservação dessas mesmas produções, com todas as suas qualidades naturais", concluiu ele.

A notícia dos produtos de Appert se espalhou e eles passaram a ser vendidos como itens de luxo em Paris; sua fábrica logo estava empregando 40 mulheres para preparar comida, pô-la em garrafas envoltas em sacos de pano para evitar a quebra, e depois ferver as garrafas em vastos caldeirões. Nesse meio-tempo, as experiências militares continuavam, e em 1809 Appert foi convidado a demonstrar seu método para um comitê governamental. Ele preparou várias garrafas de comida sob a observação das autoridades e um mês mais tarde elas voltaram para experimentar os conteúdos, que foram considerados em excelente condição. Appert foi devidamente contemplado com o prêmio de 12 mil francos sob a condição de publicar os detalhes completos do método, de modo que ele pudesse ser amplamente adotado por toda a França. Appert concordou, e seu livro *L'Art de conserver pendant plusiers années toutes les substances animales e végétales* foi publicado em 1810. Ao aceitar o prêmio do governo francês, Appert concordou em não patentear o método na França.

Menos de três meses após a publicação do livro, no entanto, um empresário em Londres, Peter Durant, obteve uma patente inglesa para uma técnica de conservação essencialmente idêntica à de Appert. Durant vendeu a patente a um engenheiro chamado Bryan Donkin por 1.000 libras e este fundou uma companhia com dois sócios que trabalhavam com produtos de metal. Em vez de conservar comida em garrafas, a firma de Donkin usava latas feitas de ferro revestido com estanho. Durant admitiu que a técnica era "uma invenção que me foi comunicada por um certo estrangeiro", e por muito tempo se supôs que ele havia simplesmente roubado a ideia de Appert. Uma pesquisa mais recente indicou, contudo, que Durant talvez estivesse de fato agindo em nome de Appert na Inglaterra, tendo arranjado uma maneira de patentear sua invenção e vender os direitos. Appert chegou mesmo a visitar Londres em 1814, provavelmente para cobrar de Durant sua parte do lucro. Nessa altura, a Marinha Real havia testado a nova comida enlatada, e amostras haviam sido até presenteadas à família real. Mas Appert voltou de Londres de mãos vazias. Ao que parece, seus sócios ingleses o excluíram do negócio; ele dificilmente poderia desmascará-los, pois estivera tentando lucrar com a venda de sua invenção a uma nação inimiga.

Appert concentrou-se então em refinar o processo e abastecer o exército e a marinha da França. Adotou o uso de latas para provisões militares, mas continuou a vender comida em garrafas de vidro para fregueses civis. Um explorador francês que levou a comida enlatada de Appert numa viagem de três anos declarou que a invenção "resolvera por completo o problema de alimentar marinheiros". A comida enlatada tinha óbvias vantagens militares. Permitia que grande número de rações fosse preparado e estocado de antemão, armazenado por longos períodos e transportado para os combatentes sem risco de estragar. O enlatamento podia atenuar as variações sazonais na disponibilidade de alimentos, permitindo que campanhas continuassem durante o inverno. A nova tecnologia foi adotada muito rapidamente: alguns dos soldados no campo de batalha em Waterloo em 1815, o cenário da derrota final de Napoleão, carregavam rações enlatadas. Carne enlatada alimentou soldados ingleses e franceses na Guerra da Crimeia, e carne, leite e hortaliças enlatados foram fornecidos a soldados da União, na Guerra Civil Americana. Desde então, soldados carregaram vários tipos de provisões preservadas dessa forma. As primeiras latas tinham de ser abertas com martelo e cinzel, ou com o uso de uma baioneta. Os abridores de lata só apareceram nos anos 1860, quando a comida enlatada começou a se tornar comum entre civis.

No que dizia respeito à população, a comida enlatada ainda era uma novidade ou um artigo de luxo. Na Grande Exposição de Londres em 1851, a companhia fundada por Bryan Donkin cerca de quatro décadas antes exibiu "latas de carne fresca de boi, de carneiro e de vitela em conserva; de leite, creme de leite e cremes para doces frescos; ou hortaliças frescas como cenouras, ervilhas, nabos, beterrabas, cogumelos ensopados e outras; de salmão, bacalhau, ostras, hadoques e outros peixes frescos ... Presuntos em conserva para uso na Índia, China etc. ... todos conservados pelo mesmo processo ... Tudo preparado de maneira a se conservar em qualquer clima, e por tempo ilimitado." Alimentos caros em conserva, inclusive trufas e alcachofras, foram também exibidos pela companhia de Appert, então dirigida por seu sobrinho.

Comidas enlatadas, entretanto, não continuaram a ser artigos de luxo por muito tempo. A forte demanda militar estimulou os inventores a criar novas máquinas para automatizar o processo de vedação das latas, e descobriu-se que a adição de cloreto de cálcio à água em que eram tratadas elevava seu ponto de ebulição e reduzia o tempo de fervura exigido. À medida que os volumes aumentavam e os preços caíam, a comida enlatada tornou-se mais acessível. Nos Estados Unidos, a produção passou de 5 milhões de latas por ano para 30 milhões entre 1860 e 1870; na Grã-Bretanha, um surto de doença do gado bovino nos anos 1860 estimulou as pessoas a recorrer à carne enlatada vinda da Austrália e da América do Sul. Appert morreu em 1841, aos 91 anos, mas seu método de conservar comida submetendo-a a tratamento térmico num recipiente vedado e inspirado pelas dificuldades de abastecimento do exército revolucionário francês está em uso até hoje.

"Coletar comida livremente"

A comida enlatada foi uma das duas invenções que transformaram a logística militar durante o século XIX. A segunda foi o transporte militar, com a estrada de ferro e a locomotiva a vapor, que podia levar soldados, comida e munição de um lugar para outro numa velocidade sem precedentes. Isso significava que um exército podia ser facilmente reabastecido – contanto que não se desviasse muito de uma ferrovia. O impacto desse novo desenvolvimento ficou patente durante a Guerra Civil Americana, um conflito de transição em que antigas e novas abordagens à logística apareceram lado a lado.

Quando a guerra começou, em 1861, havia cerca de 48 mil quilômetros de estradas de ferro nos Estados Unidos, mais do que em todo o resto do mundo. Mais de dois terços dessas linhas férreas encontravam-se nos estados mais industrializados do Norte, dando-lhes uma clara vantagem no abastecimento de suas tropas. A estratégia da União era bloquear os estados secessionistas do Sul, num esforço para causar escassez de alimentos e colapso econômico. Um bloqueio aos portos dos estados confederados foi imposto em 1861, e em seguida a União começou a tentar controlar o rio Mississipi e a interromper as redes ferroviárias sulistas para impedir a distribuição de comida e suprimentos. Entre 1861 e 1863, os preços de alguns gêneros alimentícios aumentaram sete vezes, causando tumultos em várias cidades do Sul, onde multidões enfurecidas atacaram armazéns e depósitos. Com muitos gêneros alimentícios básicos em falta, vários substitutos engenhosos foram inventados, e tanto soldados quanto civis comiam qualquer coisa em que pusessem as mãos. Um soldado confederado escreveu à mulher, em 1862: "Vivemos alguns dias à base de maçãs cruas, assadas ou tostadas, alguns à base de milho verde e alguns à base de nada."

Em 1864, quando Ulysses S. Grant foi posto no comando de todas as forças da União, a Confederação havia sofrido várias derrotas importantes e o bloqueio estava causando graves carestias. Grant concebeu um plano em duas frentes para encerrar a guerra: uma grande tropa enfrentaria o principal exército confederado, comandado por Robert E. Lee, enquanto forças menores solapariam o moral no Sul, atacando regiões agrícolas e cortando ligações ferroviárias para agravar ainda mais a escassez. Assim, soldados da União atacaram o vale do Shenandoah, grande produtor agrícola e importante fonte de provisões para as forças confederadas, e moveram uma campanha de terra arrasada, destruindo safras, celeiros e moinhos. Mas foram as campanhas empreendidas por William Sherman na Geórgia e nos estados da Carolina do Sul e do Norte que evidenciaram em que medida o campo da logística militar se transformara – e em que medida permanecia o mesmo.

Sherman recebera ordens de Grant para "penetrar no interior do território inimigo o mais que puder, infligindo todos os danos possíveis a seus recursos de guerra". Após acumular provisões em Nashville, Tennessee, Sherman começou a marcha para o Sul rumo a Atlanta, Geórgia, em maio de 1864. Ele avançou seguindo a linha férrea, de modo que comida, forragem e munição pudessem ser entregues a seu exército por trem. Equipes especiais de engenheiros consertavam a estrada de ferro à medida que o exército confederado em retirada tentava sabotá-la. Conforme se deslocava através da Geórgia, Sherman estabeleceu novas bases em Marietta e Allattona, abastecidas por ferrovia desde Nashville. Em julho, ele informou a Grant: "Temos sido maravilhosamente abastecidos de provisões e munição; nenhum regimento ficou um só dia sem pão e artigos essenciais. A forragem foi o mais difícil e limpamos a região de cereais e capim numa extensão de 50 quilômetros. Agora o milho está chegando a um tamanho que dá uma boa forragem, e a ferrovia nos trouxe grãos numa quantidade correspondente a quase dois quilos por animal por dia."

A antiga dificuldade de encontrar forragem suficiente para os animais subsistia, mas, em se tratando de comida e munição, o exército de Sherman estava tirando partido do mais avançado sistema de logística. Transportar provisões desde a retaguarda por estrada de ferro era uma alternativa muito mais rápida e confiável que carroças de abastecimento indo e vindo entre o exército e seu depósito de provisões mais próximo, das quais os soldados dependeram durante séculos. Os homens de Sherman só precisavam carregar provisões para alguns dias, o suficiente para sustentá-los entre as entregas por trem. A ligação ferroviária significava também que era possível entregar munição em grandes quantidades; o exército de Sherman estava consumindo centenas de milhares de cargas de arma de fogo à medida que lutava para abrir caminho rumo a Atlanta. A logística militar começava a se concentrar mais no fornecimento de suprimentos para máquinas que para homens e animais.

Tendo chegado às proximidades de Atlanta, Sherman concentrou seus esforços na tomada de controle das ferrovias convergentes que ligavam a cidade ao resto da Confederação. Estava preparado para fazer um cerco que durasse muito, pois tinha segurança de poder abastecer seus soldados com o serviço de trens vindos do Norte. Acabou ganhando o controle das linhas férreas em algumas semanas, e o exército confederado abandonou Atlanta. Sherman ocupou a cidade e planejou o estágio seguinte de sua campanha, conhecido como a "Marcha para o Mar". Em contraste com a modernidade de seu avanço sobre Atlanta, este seria um estratagema muito mais antiquado. O plano era desvencilhar-se do sistema formal de abastecimento e marchar 480 quilômetros através da Geórgia em direção a Savannah, na costa atlântica, destruindo tudo quanto possível da infraestrutura agrícola e econômica ao longo do caminho. Depois o exército rumaria para o norte através das Carolinas, para evitar que reforços chegassem ao exército de Lee, sitiado em Petersburg, Virgínia. Os soldados de Sherman levariam algumas provisões consigo, mas viveriam, tanto quanto possível, do que pudessem encontrar nas terras atravessadas, destruindo o que não pudessem comer. Esta, uma das últimas e mais eficientes campanhas da Guerra Civil, foi um exemplo notável (alguns diriam abominável) do uso do alimento como arma. Sherman emitiu uma ordem especial:

> O exército deve coletar comida livremente na região durante a marcha. Para esse fim, cada comandante de brigada organizará um bom e suficiente grupo de busca de provisões, sob o comando de um ou mais oficiais sensatos, que reunirão, perto da estrada percorrida, milho ou forragem de qualquer tipo, carne de qualquer tipo, hortaliças, fubá e tudo de que o comando necessite, visando sempre manter nas carroças provisões para pelo menos dez dias para o comando e forragem suficiente para três dias. Os soldados não devem entrar nas moradias, ou cometer qualquer invasão de propriedade, mas durante uma parada ou um acampamento devem ser autorizados a colher nabos, batatas e outras hortaliças, e a confiscar o gado de seus campos. Os grupos regulares de procura de alimentos devem ser instruídos a colher provisões e forragem a qualquer distância da estrada percorrida.

Como a marcha começou em novembro, logo após a colheita, os celeiros estavam cheios de cereais, forragem e algodão. Cada brigada enviava um grupo de saqueadores que partiam a pé e voltavam com carroças de comida, conduzindo o gado à sua frente. Os soldados de Sherman espalharam-se e devastaram a região, servindo-se de carne fresca de carneiro, peru e frango, além de bacon, fubá e batatas-doces, entre outras coisas. Os soldados da União não só se apropriavam das provisões de que precisavam para subsistir como matavam porcos, ovelhas e aves, queimavam e pilhavam muitas casas, apesar das ordens em sentido contrário. Eram instruídos a destruir moinhos, celeiros e descaroçadores de algodão apenas se encontrassem alguma resistência. Sherman lembrou em suas memórias que a busca por alimentos se transformou em pilhagem geral, não ficando limitada a grupos formais de procura de provisões como ele ordenara: "Um soldado passou por mim com um pernil sobre o mosquete, um pote de melado debaixo do braço e um grande favo de mel na mão, do qual comia, e, ao perceber meu olhar, comentou em voz baixa com um camarada: 'Coletar comida livremente na região.'" Sherman afirmou desaprovar tal anarquia, mas ela estava inteiramente de acordo com sua vanglória, ao dizer a Grant quc iria "fazcr a Geórgia gemer".

Além de saquear e destruir fazendas e moinhos, os soldados da União arrancavam os trilhos das estradas de ferro sempre que os encontravam, e inventavam ardis complicados para assegurar que não pudessem ser consertados, como aquecer e entortar os trilhos e enrolá-los em torno de troncos de árvores. Isso infligia privações não apenas à população da Geórgia mas também aos exércitos confederados que dependiam da sua produção, já que a entrega de mantimentos por ferrovia não era mais possível. O exército de Sherman prejudicou também a economia do Sul ao libertar escravos negros, milhares dos quais passaram a segui-lo em sua jornada.

A marcha de Sherman espalhou medo e confusão, até porque não estava claro aonde ele queria chegar. Quando ficou óbvio que ele estava rumando para Savannah, os exércitos confederados foram incapazes de concentrar suas forças para detê-lo. Os soldados da União encontraram pouca resistência, e tentativas feitas pelas autoridades de organizar uma defesa com a tática de terra arrasada ("Retirem seus negros, cavalos, gado e víveres do caminho do exército de Sherman e queimem o que não puderem carregar") fracassaram; o moral desmoronara e com ele a confiança no governo. Ao chegar a Savannah, Sherman relatou: "Consumimos o milho e a forragem numa região rural de 48 quilômetros dos dois lados de uma linha traçada entre Atlanta e Savannah, e também as batatas-doces, o gado, os porcos, as ovelhas e as aves, e arrebatamos mais de 10 mil cavalos e burros, bem como um número incontável de seus escravos. Estimo o prejuízo causado ao estado da Geórgia e seus recursos militares em 100 milhões de dólares, dos quais pelo menos 20 milhões reverteram em nosso proveito e o resto é simples desperdício e destruição."

Isso não foi tudo. Sherman continuou sua marcha destrutiva para o norte através das Carolinas na primavera de 1865, deixando um rastro de destruição que se estendia lateralmente por 65 quilômetros. "A campanha de Sherman produziu um efeito negativo sobre nosso povo", admitiu Jefferson Davis, o presidente da Confederação. Lee relatou "uma alarmante frequência de deserções" em seu exército, decorrente sobretudo da "insuficiência de comida e do não pagamento dos soldados". Lee percebeu que sua posição era insustentável e se rendeu; o resto das forças confederadas logo seguiu o exemplo, encerrando a guerra.

Alimento para máquinas

A Guerra Civil Americana sintetizou a passagem das guerras da era napoleônica para a guerra industrializada do século XX. Enquanto os homens de Sherman avançavam através da Geórgia vivendo dos produtos da região, como exércitos haviam feito durante milhares de anos, as forças adversárias de Grant e Lee estavam empenhadas numa guerra de trincheiras em torno de Petersburg; suas fortificações em ziguezague prefiguram os complexos fossos e túneis que deixariam marcas nos campos da França durante a Primeira Guerra Mundial. O surgimento da guerra de trincheiras foi uma consequência do desenvolvimento do alcance, poder e precisão das armas de fogo e da artilharia, mas que não foi acompanhado por melhorias correspondentes na mobilidade. exércitos tinham um poder de fogo sem precedentes à sua disposição – contanto que não se movessem. Durante a maior parte da história, um exército que permanecesse parado corria o risco de passar fome, a menos que pudesse ser abastecido por mar. Com o advento da comida enlatada e das ferrovias, porém, soldados podiam ser alimentados o ano inteiro, e durante o tempo que fosse necessário, enquanto permaneciam firmes em suas trincheiras.

Ainda assim, durante a maior parte da Primeira Guerra Mundial, a nova logística coexistiu com a antiga. Munição e comida para o front eram entregues por trem, mas a única maneira de transportar as provisões ao longo dos últimos quilômetros entre o fim da ferrovia e a linha de frente era usando carroças puxadas por cavalos. Portanto, enormes quantidades de forragem também tinham de ser enviadas por trem, e uma antiga limitação logística subsistia no século XX; durante a guerra, forragem foi a carga a chegar em maior quantidade a portos franceses para o exército britânico. O beco sem saída da guerra de trincheiras só terminou com o desenvolvimento do tanque, que uniu maior poder de fogo com mobilidade e anunciou uma nova era de guerra motorizada em que combustível e munição para alimentar veículos e armas tiraram da comida para homens e animais o posto de mais importante combustível da guerra.

Isso foi vividamente ilustrado apenas alguns anos mais tarde durante a Segunda Guerra Mundial, e em particular no norte da África, onde o general alemão Erwin Rommel se viu encurralado por limitações logísticas – principalmente a de combustível. Os soldados alemães e italianos naquela região recebiam provisões através do porto de Trípoli. Rommel julgava possível derrotar os britânicos, baseados a leste, no Egito, e em seguida sustar o abastecimento de petróleo dos aliados a partir do Oriente Médio. Mas como não havia nenhuma linha férrea adequada pela qual ele pudesse avançar nessa direção, seus suprimentos tiveram de ser transportados através do deserto em caminhões. À medida que as tropas alemãs avançavam, comboios de caminhões iam e vinham entre Trípoli e o front, levando combustível, munição, comida e água. Como a captura de um porto de águas profundas ao longo da costa reduziria a distância pela qual os suprimentos precisavam ser transportados por terra, Rommel tomou o porto líbio de Tobruk, perto da fronteira com o Egito. No entanto, a capacidade do porto era limitada e os navios que se aproximavam eram afundados em grande número pelos aliados. As linhas de abastecimento de Rommel eram tão extensas que 30 a 50% de sua energia estava sendo usada para transportar combustível e outros suprimentos para o front. Quanto mais ele avançava a leste, mais combustível era gasto. Quando ele recuava ou era empurrado de volta para oeste, seus problemas de abastecimento diminuíam.

A tentativa de Rommel de derrotar os aliados no norte da África fracassou. "A primeira condição essencial para que um exército seja capaz de resistir à tensão da batalha é um estoque adequado de armas, petróleo e munição", concluiu ele finalmente. "De fato, a batalha é disputada e decidida pelos oficiais intendentes antes que a fuzilaria comece." Numa outra época, ele teria mencionado comida e forragem, mas elas não eram mais os elementos críticos do abastecimento militar. O papel central do alimento no planejamento militar chegara ao fim. Porém, em meados do século XX, a comida já estava assumindo um novo papel como arma ideológica.

10. Luta por comida

"A comida é uma arma."

MAXIM LITVINOV, MINISTRO SOVIÉTICO
DAS RELAÇÕES EXTERIORES, 1930-39

"Como você lida com camundongos no Kremlin? Coloque um cartaz dizendo 'fazenda coletiva'. Assim, metade dos camundongos morrerá de fome, e a outra metade fugirá."

PIADA DA ERA SOVIÉTICA, DO LIVRO
Hammer and Tickle, DE BEN LEWIS

Comida que caía do céu

A Guerra Fria entre os Estados Unidos e a União Soviética, uma luta ideológica entre capitalismo e comunismo que dominou a segunda metade do século XX, começou para valer com uma luta por comida na disputa pela cidade de Berlim. No fim da Segunda Guerra Mundial a Alemanha foi dividida em quatro zonas – aquelas controladas pela Grã-Bretanha, a França e os Estados Unidos no oeste e uma quarta zona controlada pela União Soviética no leste. A capital, Berlim, situada no coração da zona soviética, também foi dividida dessa maneira. No início de 1948, quase três anos após o fim da guerra, os britânicos, franceses e americanos concordaram em unir suas respectivas zonas da Alemanha e de Berlim sob uma única administração, para coordenar a reconstrução do país. Os soviéticos opuseram-se fortemente ao plano dos aliados ocidentais, porque a Alemanha emergira como um campo de batalha simbólico em que a futura direção política da Europa seria decidida – uma ideia com a qual ambos os lados concordavam. As nações ocidentais queriam estabelecer um governo democrático num país reunificado, enquanto a Rússia esperava orquestrar a instalação de um regime comunista. A discordância entre os dois lados concentrou-se em Berlim, uma frente ocidental isolada na zona soviética da Alemanha Oriental. Como disse Vyacheslav Molotov, o ministro soviético das Relações Exteriores: "O que acontece com Berlim acontece com a Alemanha; o que acontece com a Alemanha acontece com a Europa."

Decididos a forçar os aliados ocidentais a abandonarem Berlim, os soviéticos começaram a interferir na entrega de comida e outros suprimentos à cidade, interrompendo o tráfego rodoviário, ferroviário e por barcaças sob vários pretextos espúrios. Os soviéticos calculavam que os aliados ocidentais iriam preferir abrir mão da cidade a entrar em guerra para defendê-la. Em abril de 1948, Lucius D. Clay, o oficial militar americano mais graduado na Alemanha, disse a Omar Bradley, chefe do estado-maior do exército dos Estados Unidos, que "se entendemos que devemos sustentar a Europa contra o comunismo, não devemos arredar o pé. Podemos tolerar humilhação e qualquer pressão que não chegue a guerra em Berlim sem nos desprestigiar. Se nos mexermos, nossa posição na Europa fica ameaçada ... e o comunismo avançará descontroladamente. Acredito que o futuro da democracia exige que fiquemos aqui até sermos expulsos." Em junho, Clay sublinhou sua posição num telegrama enviado a seus superiores em Washington D.C.: "Estamos convencidos de que a permanência em Berlim é essencial para nosso prestígio na Alemanha e na Europa", declarou. "Para o bem ou para o mal, isso se tornou um símbolo da intenção americana."

Como a interferência soviética no envio de suprimentos para Berlim Ocidental continuou, Clay propôs que uma divisão de infantaria acompanhasse um comboio de caminhões através da Alemanha Oriental controlada pelos soviéticos, como demonstração de força. Seu plano foi considerado arriscado demais, pois poderia provocar uma troca de tiros entre soldados americanos e soviéticos, o que poderia se transformar num conflito mais amplo. Em 18 de junho, quando foi anunciada a introdução de uma nova moeda na Alemanha Ocidental, formalizando de fato a separação econômica das duas Alemanhas, os soviéticos expressaram seu descontentamento bloqueando a chegada de cargas a Berlim Ocidental por rodovias, ferrovias e barcaças. Na noite de 24 de junho, todo acesso a Berlim Ocidental por terra e por água havia sido completamente bloqueado. O coronel Frank Howley, comandante americano em Berlim, falou pelo rádio para tranquilizar os habitantes da cidade: "Não vamos sair de Berlim, vamos ficar", disse ele. "Não conheço a solução para o presente problema – não ainda –, mas isto eu sei: o povo americano não vai ficar parado e permitir que o povo alemão passe fome."

Ele estava falando em caráter não oficial, porque os aliados ainda não haviam decidido como reagir, mas alguma coisa teria de ser feita: a cidade só tinha alimento suficiente para 36 dias, e carvão para 45 dias. Clay sugeriu novamente seu plano de um comboio rodoviário e mais uma vez ele foi descartado. O general Brian Robertson, comandante britânico na Alemanha, disse que seu governo também não aprovaria essa medida, mas sugeriu uma maneira alternativa de romper o bloqueio: abastecer Berlim Ocidental pelo ar.

Aparentemente, era uma ideia absurda. Calculou-se que, para abastecer os 2 milhões de habitantes de Berlim Ocidental, seria necessário transportar para lá, no mínimo, 1.500 toneladas de comida e mais 2 mil toneladas de carvão e combustível por dia. (Idealmente, seriam necessárias por volta de 13.500 toneladas de suprimentos por dia, mas aquela era uma estimativa mínima para os meses de verão.) Os únicos aviões disponíveis eram os Douglas C-47s, capazes de transportar umas três toneladas cada um. Mesmo com a ajuda de aviões britânicos menores, era difícil imaginar como seria possível entregar o volume necessário. A ideia da carga aérea, contudo, era a única alternativa; a outra saída seria fazer uma retirada politicamente inaceitável e abandonar a cidade. Tinha também a vantagem de que, ao contrário das rotas de acesso por terra através da Alemanha Oriental, cujo status era legalmente obscuro, o direito de usar corredores aéreos para ir e voltar de Berlim havia sido estipulado por escrito com a União Soviética em novembro de 1945. Uma pequena quantidade de provisões já havia de fato começado a ser entregue de avião em abril de 1948, quando os soviéticos tinham começado a dificultar o transporte ferroviário.

Assim, Clay ordenou o início do transporte aéreo, supondo que seria capaz de mobilizar mais aviões em pouco tempo e que a ponte aérea só teria que operar por algumas semanas, enquanto se chegava a uma solução diplomática para a crise. O primeiro avião foi carregado com mantimentos em aeroportos da Alemanha Ocidental e chegou a Berlim em 26 de junho. Com o apoio do presidente americano Harry Truman, que deu aprovação formal à ponte aérea apesar das objeções de alguns conselheiros, a operação cresceu lentamente, chegando a 2.500 toneladas por dia em meados de julho.

As tentativas de uma solução diplomática com a União Soviética, porém, não estavam avançando. As tensões cresceram quando os Estados Unidos estacionaram bombardeiros B-29 – o tipo de avião que lançara bombas atômicas no Japão em 1945 – em aeroportos na Grã-Bretanha, ao alcance de Moscou. Os aviões não estavam equipados com armas nucelares, mas os soviéticos não sabiam disso. Depois de um mês de ponte aérea funcionando, a ameaça imediata de guerra pareceu recuar, mas ficou claro que as entregas teriam que continuar por mais que apenas algumas semanas. Os C-47 foram substituídos por C-54, maiores, capazes de transportar dez toneladas de carga, e os voos logo estavam operando a cada três minutos, 24 horas por dia. O general William H. Tunner foi posto no comando da ponte aérea no fim de julho de 1948, e introduziu novas regras de pouso e decolagem para maximizar a eficiência e minimizar o risco de acidentes. Equipes de voluntários descarregavam o avião em Berlim e competiam para fazê-lo no menor tempo possível. Os americanos chamaram a operação de Vittles; entre os britânicos, ela ficou conhecida como Plainfare. Em outubro, as entregas tinham chegado a 5 mil toneladas por dia.

Os soviéticos fizeram várias tentativas de interromper a ponte aérea: ameaçavam os aviões de carga com voos rasantes sobre eles, soltavam balões de barragem que se interpunham no caminho, causavam rádio interferência, tentavam ofuscar os pilotos com a luz de holofotes e por vezes atiravam no ar perto dos aviões. Mas nunca chegaram a ponto de abater nenhum diretamente. Enquanto isso, os militares das potências aliadas estabelecidos em Berlim Ocidental, que haviam chegado à cidade alguns anos antes como uma força inimiga de ocupação, estabeleceram uma estreita ligação com os habitantes, cuja liberdade estavam agora defendendo. Hidroaviões que faziam a entrega de sal, corrosivo demais para ser transportado em outras aeronaves, pousavam num lago no centro de Berlim e eram recebidos por berlinenses que remavam até eles para presentear os pilotos com buquês de flores. Um piloto americano, Gail Halvorsen, tornou-se um herói para as crianças de Berlim por jogar pelas janelas de seu avião, sempre que passava sobre a cidade, barras de chocolate, doces e chicletes presos a paraquedas feitos com lenços. Logo outros pilotos estavam seguindo o exemplo, e a iniciativa de Halvorsen não demorou a ganhar aprovação oficial. Mais de três toneladas de doces, fornecidos por fabricantes nos Estados Unidos ou doados por crianças americanas, foram jogadas em Berlim. Realçar a ligação entre as crianças americanas e as de Berlim, quando seus respectivos países tomavam juntos uma posição firme contra o comunismo, deu à operação um enorme poder de propaganda.

O fato de a comida fornecida a Berlim Ocidental estar sendo usada, em última instância, como uma arma contra os comunistas foi explicitamente reconhecido num cartaz produzido em 1949 pela Douglas, fabricante dos aviões C-54 usados na ponte aérea. A imagem mostra uma menina segurando um copo de leite, e centenas de outros copos caindo de um avião no céu. Sob o título "Leite… A nova arma da Democracia", o cartaz explica que "Na atual batalha diplomática por Berlim, a esperança na democracia está sendo mantida viva para milhões na Europa Ocidental pela Força Aérea americana. Voando quase exclusivamente em aviões Douglas, tripulações ianques despejaram mais de meio milhão de toneladas de suprimentos em Berlim desde junho passado."

Na primavera de 1949, o general Tunner decidiu encenar um espetacular "Desfile de Páscoa" para demonstrar que os aliados estavam empenhados em continuar o abastecimento aéreo pelo tempo que fosse necessário. Em março do mesmo ano, as entregas ultrapassavam 6 mil toneladas, mas Tunner estipulou a ambiciosa meta de entregar 10 mil toneladas num único dia: 17 de abril, o Domingo de Páscoa. Sistemas de manutenção foram montados para que o maior número possível de aviões estivesse disponível naquele dia, e tripulações em diferentes aeroportos foram preparadas para quebrar recordes anteriores. As equipes de terra e os pilotos estavam decididos a superar a meta estipulada, e por fim 12.490 toneladas foram entregues. Isso demonstrou nitidamente a capacidade potencial da operação e o empenho das pessoas em participar dela. A publicidade que cercou o Desfile de Páscoa enviou um claro sinal para os soviéticos e ensejou uma nova rodada de negociações em que eles finalmente concordaram em suspender o bloqueio

"Leite... a nova arma da Democracia", cartaz produzido pela Douglas durante a operação de abastecimento de Berlim.

a Berlim Ocidental a partir de 12 de maio de 1949. Os voos de entrega de provisões não terminaram imediatamente, mas diminuíram pouco a pouco ao longo de vários meses, para assegurar que a operação poderia ser novamente intensificada se necessário. O último voo ocorreu em 30 de setembro. A ponte aérea operara por 15 meses, durante os quais cerca de 2,3 milhões de toneladas de provisões foram entregues em mais de 275 mil voos.

Negociações subsequentes não chegaram a um acordo com relação ao futuro da Alemanha ou de Berlim. A crise estimulou a formação da Organização do Tratado do Atlântico Norte (Otan), uma aliança militar de potências ocidentais, em 4 de abril de 1949. Assim, foi armado o palco para o impasse que se estenderia pelas décadas seguintes: americanos e seus aliados de um lado, União Soviética e seus seguidores, de outro. A primeira batalha dessa Guerra Fria havia sido travada não com balas ou bombas, mas com leite, doces, sal e outros gêneros alimentícios. Nas quatro décadas que se seguiram, nunca houve um conflito direto entre a Otan e as forças soviéticas. Em vez disso, o embate foi mantido indiretamente: através de guerras entre os países dependentes de cada lado, de propaganda e de armas ideológicas – inclusive comida.

A fome de Stálin

O líder soviético Josef Stálin conhecia bem o uso de comida como instrumento ideológico. Após assumir o poder, em 1924, ele deu início a um programa intensivo de industrialização com o objetivo de alcançar, e depois superar, as nações industrializadas do Ocidente. O alimento tinha um papel central em seu plano. Na época, a União Soviética era um grande exportador de cereais, e a compra de máquinas industriais de países estrangeiros deveria se financiada por um aumento dessas exportações. Pequenas propriedades exploradas por agricultores individuais seriam reunidas para formar fazendas "coletivas" de propriedade do Estado. Estatizando a atividade agrícola, Stálin esperava impulsionar a produção. "Dentro de cerca de três anos, nosso país terá se tornado um dos mais ricos celeiros do mundo, senão o mais rico", declarou ele em 1929, ao revelar seus planos. Os cereais extras seriam vendidos no exterior, rendendo mais moeda forte para financiar o programa de industrialização. Stálin estabeleceu a meta de duplicar a produção de aço e triplicar a de ferro em cinco anos. O sucesso do programa demonstraria a superioridade do socialismo, com agricultores trabalhando juntos e produzindo mais alimentos, e a União Soviética se industrializando rapidamente.

Sob alguns aspectos, essa foi uma tentativa de reproduzir o que ocorrera na Europa Ocidental, a começar pela Grã-Bretanha, onde a industrialização fora precedida de um grande aumento da produtividade agrícola. Isso liberara trabalhadores da terra e os tornara disponíveis como mão de obra industrial, razão por que Adam Smith havia chamado a atividade industrial de "o produto da agricultura". A abordagem soviética era, no entanto, muito diferente, já que na Grã-Bretanha o Estado desempenhara um papel bastante limitado na orquestração da industrialização; ela não havia sido um resultado deliberadamente planejado. O programa de Stálin, em contraposição, era um esforço organizado pelo Estado e que seria financiado pelos camponeses, com tudo quanto se pudesse arrancar deles. "Coletivizar" as fazendas significava transferir todo o seu produto para o Estado, que poderia então exportá-lo mais facilmente.

Como não é de surpreender, os próprios agricultores não estavam muito entusiasmados com o novo programa. Na prática, a coletivização significava que os agricultores seriam colocados em acomodações comunais e, em alguns casos, forçados a renunciar à propriedade privada e a destituir-se de suas posses. Os agricultores mais produtivos (e por isso mais ricos) mostraram-se particularmente relutantes em concordar. Em alguns casos, preferiram queimar as colheitas e abater o gado a entregá-los para as novas fazendas coletivas. Stálin decretou que, como todas as colheitas, gado e produtos agrícolas pertenciam agora ao Estado, quem se recusasse a entregá-los ou os destruísse era um inimigo do povo, um sabotador, sujeito à deportação para os campos de trabalhos forçados mais tarde conhecidos como gulag.

Já que os agricultores mais produtivos eram os menos favoráveis à coletivização, o impacto sobre a produtividade foi inevitável. Os agricultores não tinham incentivo para maximizar a produção, agora que ela pertencia ao Estado. Secas, mau tempo e falta de cavalos para trabalhar nos campos fizeram também com que as colheitas de 1931 e 1932 fossem piores que as habituais. O resultado foi que, exatamente quando Stálin estava pedindo mais produtos agrícolas para financiar o programa de industrialização, o nível de produção de alimentos caiu. Mas admitir que a coletivização tornara as fazendas menos produtivas era inadmissível para o líder soviético. Em vez disso, Stálin insistiu que houvera colheitas recordes, mas que alguns agricultores estavam escondendo seus produtos para não ter de entregá-los. Esse argumento justificou as permanentes requisições de cereais pelo Estado, o que acabou por deixar muitos agricultores sem o suficiente para comer. E aqueles que não atingiam as cotas ou que eram suspeitos de estarem escondendo grãos tinham confiscadas, a título de multa, as colheitas de outros alimentos, de modo que lhes restava menos comida ainda. Ao mesmo tempo, os operários industriais nas cidades tinham alimento em abundância e as exportações de cereais duplicaram, dando ao mundo exterior a impressão de que o plano de Stálin estava prosseguindo como previsto.

Em média, os agricultores acabaram com um terço a menos de cereais para consumo próprio do que tinham antes da coletivização. Em algumas áreas, porém, a situação era muito pior. Em particular, na Ucrânia, uma rica região agrícola que tradicionalmente produzia grandes excedentes de cereais, o Estado estabeleceu ambiciosas cotas de requisição. Quando as excelentes colheitas esperadas não ocorreram, funcionários locais receberam ordens de intensificar as buscas por depósitos escondidos. Stálin decretou que deixar de entregar uma única espiga de trigo ao Estado era crime passível de pena de morte ou dez anos de prisão. Um homem recordou: "Eu mesmo participei disso, esquadrinhando a zona rural, procurando cereais escondidos, furando a terra com um bastão de ferro em busca de pontos fofos que poderiam indicar esconderijos. Junto com outros, esvaziei os baús de velhos, tapando os ouvidos para o choro das crianças e os gemidos das mulheres. Pois eu estava convicto de estar levando a cabo a transformação da zona rural." Quando as pessoas começaram a passar fome, soldados foram postados para proteger os grandes depósitos de cereais acumulados pelo Estado. Vasily Grossman, um escritor soviético, registrou as agruras dos famintos em aldeias rurais: "As pessoas tinham rostos, pernas e estômagos inchados ... e agora comiam absolutamente qualquer coisa. Apanhavam camundongos, ratos, pardais, formigas, minhocas. Moíam ossos para obter farinha e faziam o mesmo com couro e solas de sapato; picavam velhos couros e peles de animais para fazer uma espécie de macarrão e cozinhavam cola. Quando o capim nasceu, começaram a desenterrar as raízes e comiam as folhas e os brotos."

Num discurso em novembro de 1932, Stálin afirmou que as dificuldades encontradas para reunir os cereais estavam sendo causadas por sabotadores e "inimigos de classe". Considerava isso um desafio à autoridade do regime por agricultores que deliberadamente criavam obstáculos ao plano de coletivização. "Seria tolice se os comunistas ... não reagissem a esse golpe, da parte de alguns agricultores e fazendas coletivas, com um golpe arrasador", declarou. Enviar centenas de milhares de agricultores para o gulag, porém, seria difícil e dispendioso; deixá-los morrer de fome era muito mais fácil. Em outro discurso, em fevereiro de 1933, Stálin citou a máxima de Lênin segundo a qual "aquele que não trabalha tampouco deve comer", e deixou bem claro que concordava com ela. Num relatório oficial, em março, declarou: "O slogan 'Aquele que não trabalha tampouco deve comer' é adotado por organizações rurais sem nenhum ajuste – deixem que eles pereçam." De início, Stálin não pretendia que a coletivização levasse à fome, mas se "preguiçosos" que se recusavam a aderir ao programa estavam nessa situação, a culpa era deles mesmos, indolentes demais para cultivar comida suficiente para a própria subsistência.

No início de 1933, foi introduzido um sistema de passaportes internos para impedir que as pessoas fugissem das aldeias famintas da Ucrânia e do norte do Cáucaso para as cidades. Stálin também enviou agentes do OGPU, a agência estatal de segurança, para intensificar o recolhimento de cereais na Ucrânia, que a seu ver não estava sendo feito com o devido rigor pelas autoridades locais. Um memorando do Politburo demonstrava insatisfação com o "vergonhoso colapso da coleta de cereais nas regiões mais remotas da Ucrânia" e pedia que as autoridades "pusessem fim à sabotagem" e "eliminassem a passividade e a complacência para com os sabotadores". Um relatório enviado a Stálin em março de 1933 por Stanislav Kosior, responsável pelo programa de coletivização nessa região, observava que a fome ainda não havia ensinado o suficiente aos camponeses. "A preparação insatisfatória para a semeadura na região mais afetada mostra que a fome ainda não ensinou muitos agricultores coletivos a ter bom senso", declarava.

Malcolm Muggeridge, um jornalista britânico que visitou a Ucrânia em maio de 1933, relatou que funcionários "haviam passado pela região como um bando de gafanhotos e levado embora tudo que era comestível; haviam fuzilado e exilado milhares de camponeses, por vezes aldeias inteiras; haviam reduzido algumas das terras mais férteis do mundo a um melancólico deserto". Mas seu relatório foi ridicularizado por outros jornalistas que haviam participado apenas de visitas encenadas a comunas-modelo e que insistiram que não havia fome. No entanto, em Kiev, capital da Ucrânia, o cônsul italiano relatou "um crescente comércio de carne humana", e as autoridades estavam afixando cartazes dizendo que comer crianças mortas era barbárie. Ao mesmo tempo, o volume das exportações de cereais aumentava, para manter o simulacro de que não havia nenhum problema e de que a agricultura florescia sob o regime soviético. Quando algumas organizações humanitárias estrangeiras ofereceram alimentos, eles foram recusados.

A natureza política da fome foi mais nitidamente delineada pelo camarada Hatayevich, um alto funcionário na Ucrânia, que em 1933 afirmou que "uma luta implacável está em curso entre os camponeses e nosso regime. É uma luta de morte. Este ano foi um teste para nossa força e a resistência deles. Foi preciso a fome para lhes mostrar quem manda aqui. Custou milhões de vidas, mas o sistema de fazendas coletivas está aqui para ficar. Nós vencemos a guerra." Foi uma guerra movida pelo regime contra seu próprio povo, usando a comida como arma. A fome terminou em 1934, quando Stálin reduziu as requisições estatais de grãos e permitiu que fosse concedido às famílias um pequeno pedaço de terra onde cultivar hortaliças e manter uma vaca, um porco e até dez ovelhas. Foram esses lotes privados, não as fazendas coletivas, que abasteceram o país durante os 50 anos seguintes.

Cerca de 7 a 8 milhões de pessoas morreram de fome, vítimas do desejo de Stálin de manter as exportações de cereais a qualquer preço, tanto para convencer o mundo da superioridade do comunismo quanto para financiar a industrialização soviética. O maior impacto foi sobre a Ucrânia, onde se acredita que os milhões de mortos foram vítimas de um genocídio. Uma testemunha ocular, Fedor Belov, chamou a fome de "a mais terrível e destrutiva que o povo ucraniano já experimentara. Os camponeses comiam cães, batatas podres, cascas de árvore, capim – tudo que conseguiam encontrar. Incidentes de canibalismo não foram incomuns. As pessoas eram como animais selvagens, prontas para se devorar umas às outras. E não importa o que fizessem, continuavam morrendo, morrendo, morrendo. Morriam isoladamente e em famílias. Morriam em toda parte – em quintais, em bondes e em trens. Não havia ninguém para enterrar essas vítimas da fome stalinista. Um homem é capaz de esquecer muita coisa, mas essas terríveis cenas de fome não serão esquecidas por ninguém que as presenciou."

A pior fome da história

Depois de tomar o poder na China em 1949, os comunistas, liderados por Mao Tsé-Tung, estavam ávidos para seguir o modelo soviético de coletivização, que supostamente tivera tanto êxito em aumentar a produção de alimentos e assegurar a industrialização. Folhetos, panfletos e filmes de propaganda distribuídos na China exaltavam o triunfo soviético. Como uma chinesa lembrou mais tarde: "Ouvimos muita propaganda sobre as comunas na União Soviética. Havia sempre filmes sobre as fantásticas colheitadeiras com pessoas cantando atrás, a caminho do trabalho. Nos filmes havia sempre montanhas e mais montanhas de comida. Muitos filmes mostravam como a vida era feliz nas fazendas coletivas." Grupos de camponeses chineses foram enviados em excursões pela Ucrânia e o Cazaquistão para visitar fazendas coletivas "modelos" e ver como funcionavam. Observavam que havia sempre grande quantidade de comida sobre a mesa e equipamentos modernos para trabalhar os campos. Mao Tsé-Tung decretou, então, que a China adotaria a mesma abordagem.

Ele começou estabelecendo o monopólio estatal sobre os cereais, que deveriam ser vendidos para o Estado a um baixo preço fixo, assegurando que a venda no exterior gerasse bom lucro e custeasse a industrialização. Os mercados foram fechados, cotas de produção foram definidas para cada região e um sistema de racionamento foi introduzido para distribuir cereais nas cidades. Pouco a pouco, o Estado assumiu o controle desse fornecimento. Em seguida, Mao iniciou um programa de coletivização para aumentar a produção. Pequenos grupos de famílias, depois dúzias e finalmente centenas de cada vez foram reunidos para formar comunidades agrícolas coletivas. Ferramentas, animais e cereais tinham de ser partilhados. Esse sistema foi imposto da seguinte maneira: os agricultores de uma área eram convidados para uma reunião, e só poderiam retirar-se depois que "concordassem" em formar uma organização coletivista – um processo que por vezes demandava vários dias. Como na União Soviética, um sistema de passaportes internos foi introduzido, em 1956, para impedir a fuga de agricultores para as cidades.

Mao estava seguindo o modelo stalinista à risca, com consequências previsivelmente semelhantes. A produção de cereais caiu 40% apenas em

1956, já que a coletivização privou os agricultores de qualquer incentivo para maximizar a produção. Em algumas áreas, as pessoas começaram a passar fome. Como os animais eram abatidos e comidos, havia menos deles para trabalhar a terra. Enquanto isso, o Partido Comunista gabava-se de grande sucesso na coletivização da agricultura. Os números da colheita de 1949 foram reduzidos para que nos anos subsequentes parecessem maiores, mas, na verdade, a produção estava abaixo do nível dos anos 1930. Mao, no entanto, queria ultrapassar a União Soviética, e começou a planejar um "Grande Salto Adiante" que, segundo ele esperava, iria industrializar a China quase da noite para o dia. Quando alguns de seus colegas defenderam uma abordagem mais gradual, ele os expulsou do Partido. Até mesmo Nikita Kruschev, que chegara ao poder após a morte de Stálin em 1953, aconselhou Mao a não levar adiante o programa. Para o líder soviético, este tinha apenas o objetivo de "impressionar o mundo" – em especial o mundo socialista – com a genialidade e a liderança de Mao. Kruschev estava ciente do mal que as políticas agrícolas de Stálin tinham causado e, silenciosamente, havia desarticulado muitas delas. Entretanto, a crescente rivalidade entre a União Soviética e a China sinalizava que Mao queria não apenas rivalizar com as supostas façanhas de Stálin, mas superá-las. Ele prometeu que a produção de alimentos iria duplicar ou triplicar dentro de um ano, juntamente com a produção de aço.

Para fazer isso acontecer, funcionários do Partido ordenaram a construção de fornos nos quintais das casas e ordenaram a todos que cedessem uma certa cota de itens de metal. Eles seriam transformados em aço nesses fornos e usados para mecanizar a agricultura. Mas a fabricação de aço é bem mais complicada do que Mao imaginava. Muitas árvores foram cortadas para alimentar os fornos, que simplesmente transformaram ótimos caldeirões e panelas em blocos imprestáveis de ferro. Essa desagradável verdade foi escondida de Mao pelos membros de seu círculo mais chegado; eles encenaram um forno de quintal que aparentemente produzia aço de alta qualidade, mas na verdade o metal havia sido produzido anteriormente em outro lugar.

Mao entendia sobre agricultura menos ainda que sobre metalurgia. Para impulsionar a produção agrícola, o outro componente essencial do Grande Salto Adiante, ele redigiu uma lista de instruções para os agricultores baseada em grande parte nas excêntricas teorias de Trofim Lysenko, um pseudocientista soviético. Mao defendeu o plantio denso de sementes (o que significava que o solo não poderia sustentá-las), a aradura profunda (que prejudicava a fertilidade do solo), maior uso de fertilizantes (mas sem produtos químicos, que eram substituídos por vidro quebrado e lixo doméstico), concentração da produção numa área menor de terra (o que exauria rapidamente o solo), controle de animais nocivos (com a matança de ratos e pássaros, o que levava a população de insetos a explodir) e maior irrigação (embora as pequenas represas e reservatórios feitos de terra logo tenham desmoronado).

Autoridades do Partido, temendo pelas próprias posições, levaram tudo isso adiante e fingiram que as instruções de Mao haviam resultado em assombroso aumento de produção. Por toda a China, façanhas bizarras eram anunciadas: o crescimento de hortaliças gigantescas e o cruzamento de girassóis com alcachofras, tomates com algodão, até cana-de-açúcar com milho e sorgo. Fotos foram alteradas para mostrar colheitas prodigiosas e campos em que o trigo crescera tão densamente que crianças podiam se sentar em cima dos talos. (Na verdade, as plantas tinham sido transplantadas para o campo e as crianças estavam sentadas sobre uma mesa escondida.) Numa ocasião, camponeses foram instruídos a transplantar arroz para campos ao longo da estrada que Mao percorreria, para dar impressão de uma colheita abundante; de outra feita, hortaliças foram amontoadas à beira da estrada para simular que os camponeses haviam abandonado o excedente, já que teriam cultivado mais comida do que podiam comer.

Disseram a Mao que a colheita de cereais de 1958, a primeira depois do início do Grande Salto Adiante, havia duplicado; afirmou-se que o rendimento em certos campos havia aumentado mais de 150 vezes. Funcionários que podiam ver o que realmente estava acontecendo não se atreviam a questionar essas afirmações. Quando possível, os agricultores ignoravam a absurda lista de instruções de Mao e a colheita não ficava muito abaixo dos anos anteriores. Mas os realocamentos de agricultores no mal orientado esforço para produzir aço fez com que nem todas as safras fossem colhidas, e grande quantidade de alimento apodreceu nos campos. Como os números oficiais diziam que a colheita tinha duplicado, as requisições de cereais feitas pelos celeiros centrais do Estado foram muito maiores que em anos anteriores. Competindo entre si pela maior produtividade aparente, as diferentes províncias faziam entregas cada vez maiores. As exportações duplicaram, fornecendo ao mundo exterior uma prova irreal do milagre agrícola da China. No outono de 1958, foi dito aos agricultores que havia comida abundante e que podiam comer tanto quanto quisessem nas cozinhas comunais. Foi o que fizeram, e no inverno não restava mais nada.

Muitas pessoas começaram a passar fome. Um líder do Partido estimou mais tarde que 25 milhões de chineses sofriam com isso no início de 1959. Mao recusou-se a acreditar que as volumosas apropriações de cereais feitas pelo Estado eram a causa da escassez. Se algumas regiões eram incapazes de perfazer as cotas, disse ele, era porque os agricultores estavam escondendo a comida. “Devemos reconhecer que há um problema grave porque equipes de produção estão escondendo e dividindo cereais, e esse é um problema comum no país inteiro”, declarou. Quando algumas autoridades tentaram explicar a situação, Mao respondeu que, se havia dificuldades em certas áreas, elas eram “o preço a pagar pelo ganho de experiência”. Peng Dehuai, o ministro da Defesa, que tinha origens camponesas e passara fome na juventude, acusou Mao de sacrificar vidas humanas ao criar metas de produção impossíveis. Foi exonerado da posição, posto em prisão domiciliar e mais tarde exilado. Mao passou a considerar quaisquer relatos de escassez de alimentos como ataques pessoais a sua liderança, e tornou-se ainda mais determinado a levar o programa à frente. Isso levou as autoridades que sabiam o que realmente estava se passando a tornarem-se ainda menos inclinadas a tentar intervir.

Metas de produção de cereais ainda mais altas foram estabelecidas para 1959. A colheita foi cerca de um quinto menor do que a de 1958, mas as autoridades noticiaram mais um ano de produção recorde, e para sustentar essas afirmações passaram a recolher todo o cereal que podiam encontrar para entregar ao governo central. (A cota de aquisição do Estado foi fixada em 40% em muitas áreas, mas 40% sobre os números fictícios e enormemente inflados significavam que, na prática, toda a colheita tinha que ser confiscada.) Quando as cotas não puderam ser alcançadas mesmo com o confisco de toda a produção, as autoridades começaram a procurar estoques escondidos que não existiam, como acontecera na União Soviética. Talvez as piores atrocidades tenham ocorrido na província de Henan, onde autoridades do

Partido surraram, torturaram e assassinaram milhares de camponeses que supostamente escondiam cereais. Alguns foram queimados; outros tiveram as orelhas cortadas, congelaram até a morte ou tiveram de trabalhar até morrer de exaustão em projetos de construção. Mas realmente não havia comida alguma; as pessoas tentavam comer capim e cascas de árvore, e houve muitos casos de canibalismo. As cozinhas comunais serviam sopa aguada feita de capim e qualquer outra coisa que pudesse ser encontrada.

Quando a crise se aprofundou, a China se isolou do mundo exterior. As relações com a União Soviética foram rompidas para que Kruschev não ficasse sabendo do desastre. Quando se admitiam problemas, eles eram atribuídos a causas naturais como a seca, mas mesmo então as autoridades continuavam a insistir que a comida era abundante e o povo estava feliz. Mao começou a planejar mais um grande aumento nas metas de produção para 1960. Em grande parte do país, porém, as pessoas estavam fracas demais para plantar o que quer que fosse. Os habitantes das cidades sofriam menos, pois recebiam provisões dos celeiros centrais e por isso foram os últimos a serem afetados pela difusão da fome. No campo, as autoridades do Partido tinham acesso à pouca comida disponível antes dos outros, e nem sempre percebiam a extensão da catástrofe. Os que morreram de fome eram, na maioria, camponeses de comunas rurais.

No final de 1960, a fome e a morte por inanição haviam se generalizado, mas Mao se recusava a reconhecer o problema. Membros graduados da liderança comunista compreenderam que tinham de agir, pelo menos para preservar o regime. Começaram a reunir evidências para apresentar a Mao e convencê-lo da dimensão do desastre. Em alguns casos, porém, foram frustrados por autoridades locais leais ao presidente, que faziam grandes esforços para enganá-lo. Em outros casos, altos funcionários não ousavam confrontar Mao com as evidências, temendo punições por deslealdade. Hu Yaobang, um alto funcionário, passou uma noite insone antes de uma audiência com Mao, pensando no que dizer. "Não ousei contar a verdade ao presidente", admitiu mais tarde. "Se o tivesse feito, teria sido o meu fim. Eu teria acabado como Peng Dehuai."

Em algumas áreas, altos funcionários do Partido conseguiram nomear líderes locais dispostos a reverter a coletivização de Mao e a fazer a agricultura avançar de novo; eles concederam pequenos pedaços de terra a famílias camponesas para uso próprio, como fora feito na União Soviética. Cozinhas coletivas foram demolidas, funcionários que haviam sido demitidos por oposição à coletivização receberam os cargos de volta e, em alguns casos, aplicaram-se punições àqueles que haviam imposto de forma brutal as políticas de Mao. Numa reunião em março de 1961 (em que Mao não estava presente), Deng Xiaoping, um dos reformistas que reconheceram que as coisas tinham de mudar, fez uma declaração que depois ficou famosa: "Não importa se o gato é preto ou branco, contanto que apanhe ratos." Em suma, considerações ideológicas eram menos importantes que o abastecimento de alimentos.

Mas como poderiam os reformistas levar o presidente a concordar com um recuo na coletivização que permitisse, ao mesmo tempo, salvar as aparências? Finalmente, em meados de 1961, Mao concordou tacitamente em autorizar o "empréstimo" de um pouco de terra aos camponeses, para que pudessem cultivar a própria comida. Oficialmente, porém, recusou-se a reconhecer que havia algo errado, ou que alguma coisa havia mudado. A agricultura coletiva em campos comunais prosseguiu, mas em muitas partes da China as pessoas já tinham também permissão para criar alguns animais e cultivar alimentos em pequenos lotes de terra improdutivos, e a comerciar qualquer produto exceto cereais (cuja cota fixada pelo Estado continuava tendo de ser entregue pelos camponeses). Em Hunan, essa nova política tornou-se conhecida como "produção para salvar a própria pele". Cereais foram importados da Austrália e do Canadá, embora às vezes fossem reembalados em sacos chineses para ter a origem disfarçada, já que a China continuava noticiando oficialmente enormes aumentos na produção.

O Grande Salto Adiante foi um desastre que resultou na pior fome da história. Ao todo, cerca de 30 a 40 milhões de pessoas morreram, embora a plena extensão da catástrofe só tenha ficado clara para o mundo exterior nos anos 1980, quando demógrafos americanos analisaram estatísticas populacionais publicadas pela China em 1979. As políticas agrícolas de Mao, modeladas segundo as de Stálin, levaram a produção global de cereais a cair 25%, e a de trigo, 41%. Entretanto, a principal causa da fome foi menos a produção inadequada de alimentos que a falta de direitos dos agricultores a eles. A comida que produziam alimentava as pessoas nas cidades, os funcionários do Partido e os estrangeiros. Durante os anos de crise, a China exportou mais de 12 milhões de toneladas de cereais e quantidades recorde de carne de porco, aves e frutas. Os celeiros, em muitas partes do país, estavam bem abastecidos, mesmo enquanto as pessoas morriam de inanição. A fome não decorreu de seca ou inundação, doença ou pestes; foi um desastre inteiramente causado pelo homem, cuja origem primordial foi o desejo de Mao de usar a comida para exibir a superioridade ideológica do socialismo chinês. De fato, ele demonstrou precisamente o contrário.

A comida e o colapso da União Soviética

O que causou o colapso da União Soviética em 1991? Segundo Yegor Gaidar, um graduado político que serviu no governo de Boris Yeltsin na era posterior à queda, o regime se desintegrou em grande parte por não ser capaz de alimentar o povo. A crise de alimentos assolou pouco a pouco a União Soviética ao longo de várias décadas, mas teve raízes no programa de industrialização de Stálin, no final da década de 1920. A obsessão dos líderes levou trabalhadores agrícolas a serem menos valorizados que os industriais, e a receberem salários muito menores. Em consequência, habitantes da zona rural aproveitavam todas as oportunidades que encontravam de se mudar para as cidades e conseguir um emprego na indústria. Enquanto a população urbana crescia, a produtividade agrícola estagnava.

Quando chegou ao poder após a morte de Stálin em 1953, Nikita Kruschev observou que a produção de cereais caíra um quinto desde 1940. Como quase toda a já escassa comida ia alimentar a crescente população urbana, restavam menos cereais para exportação, o que ameaçava o programa de industrialização. A União Soviética via-se cada vez mais numa armadilha: as exigências alimentares da população urbana cresciam mais do que a oferta de comida. O que podia ser feito? Uma solução era pagar mais aos agricultores pelos grãos e dar-lhes incentivos para aumentar a produção. Mas isso implicaria reverter o programa de coletivização – uma completa reviravolta política. Assim, em vez disso, Kruschev decidiu fomentar a agricultura submetendo terras virgens ao cultivo e pagando a quem trabalhasse nelas o teto salarial concedido aos trabalhadores industriais. Os salários dos agricultores anteriormente contratados ficaram inalterados.

Durante algum tempo, tudo pareceu correr bem. A produção cresceu nos primeiros anos e depois se estabilizou. Mesmo com as novas terras, a quantidade de alimentos produzidos por habitante era ainda mais baixa do que havia sido em 1913, e as reservas estatais de cereais realmente declinaram entre 1953 e 1960. A nova iniciativa não tinha resolvido o problema. Diante disso, a liderança soviética tentou outra abordagem: investir em tratores, colheitadeiras e outros equipamentos. De fato, a produção agrícola cresceu lentamente nos anos 1960 e 1970, mas o consumo cresceu ainda mais depressa. Um momento decisivo foi enfrentado em 1963, quando a União Soviética parou de exportar cereais e outros alimentos para seus Estados satélites na Europa Oriental – exportações que haviam ajudado a manter a estabilidade e o apoio político nesses Estados. Em vez disso, viu-se obrigada a comprar cereais no exterior, usando 372 toneladas de ouro – mais de um terço das reservas do país – para pagá-los. Isso foi humilhante. Kruschev disse a seus camaradas que era vital refazer as reservas de cereais. "Devemos ter um estoque para um ano dentro de sete anos", disse ele. "O regime soviético não pode tolerar tamanha vergonha novamente."

Na época, a necessidade de recorrer a importações foi atribuída a uma colheita excepcionalmente ruim em 1963. Havia, porém, um problema mais profundo. Constatou-se que grande parte das terras sob cultivo recente situava-se em regiões onde o resultado da colheita era extremamente dependente do clima. No início dos anos 1970, as importações e exportações estavam aproximadamente equilibradas; no início dos anos 1980, a União Soviética tinha se tornado dependente de importações; em meados da década, já era o maior importador de cereais do mundo por uma margem considerável – apesar de ter sido o maior exportador no início do século XX. Teve de aceitar contratos de longo prazo, comprometendo-se a realizar compras anuais de 9 milhões de toneladas de cereais dos Estados Unidos, 5 milhões do Canadá e 4 milhões da Argentina. Recorreu a empréstimos estrangeiros, reservas de moeda forte e reservas de ouro (em anos particularmente ruins) para pagar por essas importações. Mas isso não era sustentável. Exportar produtos manufaturados tampouco era uma opção, já que a maior parte deles não podia competir com os fabricados em outros países. A União Soviética tentara industrializar-se usando os lucros de enormes exportações de cereais, mas no processo havia solapado sua produtividade agrícola, uma fonte vital de riqueza.

Os preços dos alimentos continuaram a subir e a escassez aumentou. Os militares e os empregados de agências governamentais tinham permissão para comprar comida a preços reduzidos em lojas especiais não abertas ao público. Em 1981, segundo Gaidar, "a liderança política da URSS estava num beco sem saída. Era impossível acelerar a produção agrícola o suficiente para atender à demanda crescente." A exploração de reservas petrolíferas ajudou por algum tempo, mas os soviéticos superexploraram os campos de petróleo por ganhos a curto prazo, reduzindo as perspectivas a longo prazo. A partir de meados da década de 1970, os altos preços do petróleo ajudaram a pagar as importações de alimentos e os gastos militares imprescindíveis para não ficar atrás dos Estados Unidos. Acreditando, porém, que essa alta permaneceria indefinidamente, os líderes soviéticos não acumularam reservas de moeda estrangeira antes que o preço sofresse uma queda abrupta em 1985-86. Na verdade, os empréstimos da União Soviética só aumentaram.

Os líderes soviéticos estavam todos perfeitamente cientes do perigo de depender de adversários na Guerra Fria para obter alimentos, mas tinham pouca escolha. Mikhail Gorbachev, que chegou ao poder em 1985, começou a introduzir reformas econômicas que pouco adiantaram, em virtude das divergências internas que paralisavam o regime. Logo toda a renda do petróleo estava sendo consumida pelo pagamento de juros. Más colheitas de cereais em 1989-90 em todo o mundo empurraram os preços para cima, em especial o do trigo. A União Soviética começou a deixar de pagar fornecedores estrangeiros, o que levou à suspensão de alguns carregamentos. Muitos gêneros alimentícios e bens de consumo passaram a desaparecer das lojas; longas filas para comprar açúcar, manteiga, arroz, sal e outros alimentos básicos tornaram-se lugar-comum.

Em 31 de março de 1991, um dos auxiliares de Gorbachev escreveu em seu diário: "Ontem o Conselho de Segurança reuniu-se para discutir a questão da comida ... mais concretamente, do pão... Em Moscou e outras cidades há filas como dois anos atrás para a salsicha. Se não conseguirmos obtê-lo em algum lugar, poderá haver fome em junho. Das repúblicas, somente o Cazaquistão e a Ucrânia podem (a custo) se alimentar. No fim das contas, a existência de pão no país é um mito. Raspamos o fundo do baú para encontrar moeda forte e crédito para comprá-lo no exterior. Mas não somos mais merecedores de crédito... Andei de carro por Moscou... as padarias estão trancadas com cadeado ou assustadoramente vazias. Acho que Moscou nunca viu nada parecido em toda a sua história – mesmo nos anos de maior fome." Nessa altura, muitos dos Estados membros da União Soviética, a começar pelos bálticos, seguidos por Moldávia, Ucrânia, Bielorrússia e Rússia, haviam se declarado Estados soberanos. A escassez de alimentos foi uma importante causa de inquietação e do colapso da autoridade do governo soviético. "Continua difícil assegurar a distribuição de pão e de outros gêneros alimentícios em várias regiões", observou o ministro interino do Interior. "Longas filas se formam fora das lojas, os cidadãos criticam as autoridades locais e centrais com linguagem chula, e alguns deles pedem ações de protesto."

No outono de 1991, um memorando oficial relatou: "A má colheita e a incapacidade de aumentar as importações, juntamente com a recusa das fazendas a entregar cereais ao Estado, podem pôr o país e a república à beira da fome. A única maneira de sair dessa situação é permitir que as fazendas vendam cereais livremente, a preços de mercado, com a liberação adicional dos preços do pão no varejo. Sem uma transição para a livre estipulação de preços aliada a uma acelerada redução do controle estatal sobre a agricultura e o comércio, não haverá nenhum incentivo para o aumento da produção." Finalmente a ficha caíra. As políticas soviéticas de controle centralizador da agricultura e de preços tabelados fracassaram. A única maneira de avançar, admitiam os políticos, era com livre mercado e liberalização – em outras palavras, capitalismo. A essa altura, a desintegração da União Soviética estava bastante avançada, e ela deixou de existir formalmente em 26 de dezembro de 1991, dissolvendo-se nos Estados constituintes.

A democracia da comida

Foi por coincidência que a pior fome da história aconteceu num Estado comunista? Segundo Amartya Sen, economista indiano que ganhou o Prêmio Nobel de Economia em 1998, a resposta é não. A seu ver, a combinação de democracia representativa e imprensa livre torna a ocorrência de fome muito menos provável. "Na terrível história das fomes no mundo, nenhuma fome substancial jamais ocorreu em qualquer país independente e democrático, com uma imprensa relativamente livre", escreveu ele em 1999.

> Não conseguimos encontrar exceções para essa regra, por mais que procuremos: as recentes fomes na Etiópia, na Somália e em outros países ditatoriais; as fomes na União Soviética nos anos 1930 e na China em 1958-61, com o fracasso do Grande Salto Adiante; ou, ainda antes, as fomes na Irlanda e na Índia sob domínio estrangeiro. A China, embora sob vários aspectos estivesse economicamente muito melhor que a Índia, conseguiu (diferentemente desta) ter um período de fome, de fato a pior fome na história: quase 30 milhões de pessoas morreram por falta de comida em 1958-61, enquanto políticas governamentais equivocadas permaneceram intactas por três anos inteiros. As políticas não foram objeto de crítica porque não havia partidos de oposição no parlamento, não havia imprensa livre nem eleições multipartidárias. Na verdade, foi precisamente essa falta de contestação que permitiu que as políticas equivocadas continuassem, embora estivessem matando milhões de pessoas a cada ano.

As fomes são muitas vezes atribuídas a desastres naturais, salientou Sen. Mas quando tais desastres atingem democracias, os políticos são mais propensos a agir, ainda que apenas para manter o apoio dos eleitores. "Como não é de surpreender, a Índia passou fome durante todo o domínio britânico (o último período de fome, que testemunhei quando criança, foi em 1943, quatro anos antes da independência), mas isso terminou subitamente com o nascimento de uma democracia multipartidária e de uma imprensa livre", escreveu Sen.

A ascensão da democracia, que Sen chama de "o desenvolvimento preeminente" do século XX, explicaria, portanto, por que o uso dos alimentos como arma ideológica ou militar tornou-se muito menos difundido. Um exemplo raro, mas impressionante, no momento em que escrevo, meados de 2008, é seu uso por Robert Mugabe, ditador do Zimbábue. Ele liderou o colapso da agricultura do país, que de grande fornecedor de cereais regional passou a ser uma área de calamidade. Entre 2000 e 2008, a produção agrícola caiu 80%, o desemprego aumentou para 85%, a inflação elevou-se a mais de 100.000%, a expectativa de vida caiu para menos de 40 anos, e 3 milhões de zimbabuanos, cerca de um quinto da população, fugiram do país. Com a nação em crise, Mugabe manteve o poder por meio da violência e da intimidação, fraudando várias eleições, encaminhando as ajudas alimentares recebidas para membros de seu governo e para regiões onde tinha mais apoio e impedindo que elas chegassem a áreas sabidamente simpáticas à oposição.

Em junho de 2008, Mugabe foi acusado de oferecer alimentos às populações em áreas de oposição apenas se elas se desfizessem dos documentos de identificação necessários para votar na eleição presidencial, visando impedir o voto no candidato da oposição. Um porta-voz do Departamento de Estado americano, Sean McCormack, disse a repórteres que Mugabe estava "usando comida como arma, usando a fome de crianças para impedir os pais de votarem segundo sua consciência para um Zimbábue melhor". Mugabe respondeu que eram as agências humanitárias que estavam usando a comida para fins políticos e proibiu-as de distribuir alimentos em áreas de oposição. "Essas ONGs financiadas pelo Ocidente também usam comida como arma política para fazer campanha contra o governo, especialmente nas áreas rurais", disse.

Felizmente, hoje o uso declarado de comida como arma é raro. Nas democracias ocidentais, no entanto, ela tem outro papel político, mais sutil. Tornou-se um campo de batalha onde lutas políticas mais amplas têm lugar. Isso é uma consequência da variedade de alimentos hoje disponíveis para consumidores ocidentais – resultado do comércio global, do crescente interesse pelas consequências e pelas políticas de escolhas de alimentos e do status extraordinário da comida como um produto de consumo que age como para-raios de preocupações sociais mais amplas. Para quase toda ideia política que se queira expressar, há um alimento pertinente a comprar ou evitar.

Preocupações com o ambiente podem ser expressas na defesa de produtos locais e orgânicos; o comércio justo realça a iniquidade das regras comerciais globais e o enorme poder de compra das grandes corporações, ao mesmo tempo em que financia programas sociais para trabalhadores com baixos salários; discussões sobre alimentos geneticamente modificados expressam temores que concernem à marcha desenfreada de novas tecnologias e ao grau de dependência dos agricultores em relação aos grandes agronegócios. Consumidores podem comprar atuns que não foram pescados com o uso de técnicas que ameaçam os golfinhos, café cultivado de modo a não prejudicar os pássaros de uma região e bananas que sustentam programas educacionais para agricultores da Costa Rica. Podem expressar um desejo de reconciliação no Oriente Médio comprando "azeite da paz", feito em olivais em que israelenses e palestinos trabalham lado a lado. Podem indicar oposição a grandes companhias mediante o boicote aos supermercados, em favor de pequenos armazéns ou mercados do produtor.

É possível também usar a comida para fazer protestos específicos contra companhias ou governos. Em 1999, quando José Bové, um ativista político francês, quis expressar oposição ao poderio dos Estados Unidos e ao impacto das corporações multinacionais sobre as tradições francesas, ele pôs abaixo um restaurante McDonald's na cidade de Milau, recolheu o entulho com tratores e despejou-o em frente à prefeitura. Mais recentemente, na Coreia do Sul, foram realizados enormes protestos políticos contra as importações de carne bovina americana, aparentemente por razões de segurança; na realidade, porém, as manifestações deram voz a uma inquietação mais geral causada pela eliminação de barreiras comerciais e por temores de que o partido governante estivesse se deixando intimidar pela superpotência que o apoiava.

A ideia de usar a comida para expressar opiniões políticas mais amplas remonta a 1791, quando consumidores britânicos começaram a boicotar o açúcar para expressar oposição à escravatura. Seguiu-se uma sucessão de panfletos, inclusive o manifesto deliberadamente chocante da Sociedade Antissacarina, ilustrado com o corte transversal de um navio negreiro para mostrar como homens acorrentados eram espremidos dentro dele. Um anúncio de jornal publicado em 1792 por James Wright, um comerciante quacre, foi representativo desse sentimento: "Estando pois impressionado com os sofrimentos e maus-tratos desse povo profundamente ferido, e também com a percepção de que, sendo um comerciante desse artigo que parece ser o principal esteio do tráfico de escravos, estou estimulando a escravidão, informo meus fregueses que pretendo parar de vender açúcar até que possa obtê-lo através de canais menos contaminados, mais desvinculados da escravidão, menos manchados com sangue humano."

Os defensores da campanha afirmavam que se apenas 38 mil famílias britânicas parassem de comprar açúcar, o impacto sobre os lucros dos grandes fazendeiros seria suficiente para pôr fim ao comércio. No auge do boicote, um dos líderes do movimento afirmou que 300 mil pessoas haviam abandonado o açúcar. Alguns ativistas quebraram xícaras de chá em público, porque estavam contaminadas pelo produto. Reuniões sociais onde o chá era servido tornaram-se campos políticos minados; era uma gafe pedir açúcar para uma anfitriã abstinente. Mas nem todo açúcar era igualmente mau. Alguns consideravam o açúcar mais caro proveniente das Índias Orientais eticamente menos problemático – até perceberem que também ele era frequentemente cultivado por escravos. Quando o tráfico de escravos foi abolido pela Grã-Bretanha em 1807, não ficou claro se foi o boicote ou uma série de revoltas de escravos que mais impulsionou a decisão. Alguns chegaram a afirmar que o movimento de rejeição ao açúcar havia piorado as coisas: quando os lucros dos fazendeiros caíram, eles possivelmente passaram a tratar os escravos de forma ainda mais cruel. Mas não havia dúvida de que o boicote chamara atenção para o problema e ajudara a mobilizar a oposição política.

O mesmo pode ser dito dos debates atuais sobre os alimentos. Eles são importantes não tanto por seu impacto direto, mas pelo modo como podem fornecer um indicador relevante para a conduta dos governos e estimular companhias a mudar de comportamento. A comida tem um poder político único por várias razões: ela vincula os mais ricos consumidores do mundo aos mais pobres agricultores; as escolhas do que comer sempre foram um poderoso meio de sinalização social; os consumidores modernos têm de fazer dúzias de escolhas desse tipo toda semana, o que dá muito mais oportunidades de expressão política do que a própria política eleitoral; e a comida é um produto que consumimos, de modo que comer algo implica um profundo endosso pessoal. Mas seu poder tem limites. Uma verdadeira mudança – como a abolição da escravatura no século XIX, a reformulação do comércio mundial ou o enfrentamento das mudanças climáticas hoje – requer, em última instância, ação política da parte dos governos. Escolher nossa comida não é o mesmo que escolher nossos políticos na urna eleitoral. A comida, porém, fornece uma arena valiosa para debater diferentes escolhas, um mecanismo pelo qual sociedades indicam o que as afeta com mais intensidade e uma maneira de mobilizar apoio político mais amplo. Os que ocupam posições de poder, seja na política ou nos negócios, seriam tolos se ignorassem esses sinais.

PARTE VI Comida, população e desenvolvimento

11. Alimentar o mundo

> "O principal objetivo [da agricultura] consiste na produção de nitrogênio sob qualquer forma passível de assimilação."
>
> Justus von Liebig, 1840

A máquina que mudou o mundo

Comparado ao primeiro voo de avião ou à detonação da primeira bomba atômica, o aparecimento de algumas gotas de líquido incolor na ponta de um complexo aparelho num laboratório em Karlsruhe, Alemanha, numa tarde de julho de 1909, não parece muito espetacular. Mas isso marcou a descoberta tecnológica que teve o que alguns consideram o maior impacto sobre a humanidade durante o século XX. O líquido era amoníaco, e o equipamento o sintetizara a partir de seus elementos constituintes, hidrogênio e nitrogênio. Isso mostrou, pela primeira vez, que a produção de amoníaco podia ser realizada em grande escala, abrindo uma nova, valiosa e muito necessária fonte de fertilizante e tornando possível uma vasta expansão da oferta de alimentos – e, em consequência, da população humana.

O elo entre o amoníaco e a nutrição humana é o nitrogênio. Componente vital de todo tecido vegetal e animal, ele é o nutriente responsável pelo crescimento vegetativo e pelo conteúdo proteico dos cereais, as culturas básicas de que a humanidade depende. As plantas precisam de muitos nutrientes, é claro, mas, na prática, seu crescimento é limitado pela disponibilidade do menos abundante deles. Na maioria das vezes, este é o nitrogênio. Para os cereais, a deficiência de nitrogênio resulta em crescimento limitado, folhas amarelas, safras reduzidas e baixo conteúdo proteico. Abundância de nitrogênio, em contrapartida, promove o crescimento e aumenta a safra e o conteúdo proteico. Compostos de nitrogênio (como proteínas, aminoácidos e DNA) também desempenham papéis decisivos no metabolismo de plantas e animais; o nitrogênio está presente em toda célula viva. Os seres humanos dependem da ingestão de dez aminoácidos, todos formados em torno de um átomo de nitrogênio, para sintetizar as proteínas de que o corpo necessita para o crescimento e a manutenção dos tecidos. A vasta maioria desses aminoácidos essenciais vem de produtos agrícolas, ou de produtos derivados de animais alimentados com eles. Se seu fornecimento for inadequado, o desenvolvimento mental e físico será deficiente. O nitrogênio, em suma, é um fator determinante da disponibilidade de alimentos básicos para a humanidade e da nutrição humana como um todo.

A capacidade de sintetizar amoníaco, combinada com novas variedades de sementes "de alto rendimento" produzidas especificamente para responder bem a fertilizantes químicos, anulou essa limitação e abriu caminho para uma expansão sem precedentes da população humana, de 1,6 bilhão para 6 bilhões no curso do século XX. A introdução de fertilizantes químicos e de variadas sementes de alto rendimento no mundo em desenvolvimento a partir dos anos 1960 é conhecida hoje como a "revolução verde". Sem fertilizante para nutrir produtos agrícolas e prover mais alimento – aumentando sete vezes a oferta, enquanto a população cresceu por um fator de 3,7 –, centenas de milhões de pessoas teriam enfrentado a desnutrição ou a fome, e a história poderia ter se desdobrado de maneira muito diferente.

A revolução verde teve consequências de longo alcance; além de causar uma explosão populacional, ajudou a tirar centenas de milhões de pessoas da pobreza e sustentou o renascimento histórico das economias asiáticas e a rápida industrialização da China e da Índia – desenvolvimentos que estão transformando a geopolítica. Mas os muitos outros efeitos colaterais da revolução verde, no âmbito social e ambiental, tornaram-na extremamente controversa. Seus críticos afirmam que ela causou grandes danos ambientais, destruiu as práticas agrícolas tradicionais, aumentou a desigualdade e deixou os agricultores dependentes de sementes e produtos químicos caros fornecidos por companhias ocidentais. Dúvidas foram levantadas também quanto à sustentabilidade a longo prazo da agricultura que faz uso intensivo de produtos químicos. Mas, de uma forma ou de outra, não há dúvida de que a revolução verde fez mais que apenas transformar a oferta de alimentos no mundo na segunda metade do século XX; ela transformou o próprio mundo.

O mistério do nitrogênio

As origens da revolução verde estão no século XIX, quando os cientistas reconheceram pela primeira vez o papel decisivo do nitrogênio na nutrição das plantas. Ele é o principal ingrediente do ar, constituindo 78% da atmosfera por volume; o resto é sobretudo oxigênio (21%), mais pequenas quantidades de argônio e dióxido de carbono. O nitrogênio foi identificado pela primeira vez nos anos 1770, por cientistas que investigavam as propriedades do ar. Eles descobriram que o gás era de modo geral não reativo e que animais colocados numa atmosfera composta apenas por ele sufocavam. No entanto, tendo aprendido a identificar o nitrogênio, os cientistas também descobriram que ele era abundante tanto em plantas quanto em animais, e que evidentemente tinha um importante papel na manutenção da vida. Em 1836, Jean-Baptiste Boussingault, um químico francês com particular interesse pelas bases químicas da agricultura, mediu o teor de nitrogênio de dúzias de substâncias, inclusive produtos agrícolas alimentícios comuns, várias formas de adubo, sangue seco, ossos e resíduos de peixe. Mostrou, numa série de experimentos, que a eficácia de diferentes formas de fertilizantes estava diretamente relacionada a seu teor de nitrogênio. Isso era estranho, uma vez que o nitrogênio atmosférico era tão não reativo. Tinha de haver algum mecanismo que transformava o gás não reativo da atmosfera numa forma reativa que podia ser aproveitada pelas plantas.

Alguns cientistas sugeriram que os relâmpagos criavam esse nitrogênio reativo ao quebrar as moléculas estáveis de nitrogênio no ar; outros especularam que talvez houvesse quantidades mínimas de amoníaco, o mais simples composto possível do nitrogênio, na atmosfera. Outros ainda acreditavam que as plantas, de alguma forma, absorviam nitrogênio diretamente do ar. Boussingault pegou areia esterilizada que não continha absolutamente nenhum nitrogênio, cultivou trevos nela e descobriu que depois passou a haver nitrogênio na areia. Isso sugeria que legumes como o trevo podiam de algum modo capturar (ou "fixar") nitrogênio diretamente da atmosfera. Seguiram-se outros experimentos, e finalmente, em 1885, outro químico francês, Marcelin Berthelot, demonstrou que o solo não cultivado era também capaz de fixar nitrogênio, mas perdia essa capacidade se fosse esterilizado. Isso sugeria que a fixação do nitrogênio era uma propriedade de alguma substância no solo. Nesse caso, porém, por que plantas leguminosas também eram capazes de realizar o processo?

O mistério foi decifrado por dois cientistas alemães, Hermann Hellriegel e Hermann Wilfarth, no ano seguinte. Se a fixação de nitrogênio era uma propriedade do solo, raciocinaram, ela devia ser transferível. Puseram então ervilhas em solo esterilizado e acresceram solo fértil a alguns dos vasos. As ervilhas no solo estéril murcharam, mas as outras floresceram. Cereais, porém, não respondiam à adição de solo fértil da mesma maneira, embora respondessem fortemente a compostos de nitrato. Os dois Hermanns concluíram que a fixação de nitrogênio estava sendo feita por micróbios no solo e que os caroços ou nódulos encontrados nas raízes dos legumes eram os locais onde alguns desses micróbios passavam a residir, passando depois a fixar nitrogênio para ser usado pela planta. Em outras palavras, os micróbios e os legumes tinham uma relação cooperativa, ou simbiótica. (Mais tarde cientistas descobriram micróbios fixadores que são simbióticos com a samambaia-d'água e que fornecem valioso nitrogênio aos arrozais, e outros que vivem na cana-de-açúcar, o que explica como esta pode ser cultivada por muitos anos no mesmo pedaço de terra sem o uso de fertilizante.)

Com isso, o papel decisivo do nitrogênio como nutriente vegetal foi explicado. As plantas precisam de nitrogênio, e certos micróbios no solo são capazes de captá-lo da atmosfera e disponibilizá-lo para elas. Além disso, os legumes podem fazer uso de uma segunda fonte de nitrogênio, com a fixação realizada por micróbios instalados nos nódulos de suas raízes. Tudo isso explicava como práticas agrícolas muito antigas que mantinham ou recompunham a fertilidade do solo realmente funcionavam. Deixar a terra em repouso por um ou dois anos, por exemplo, dá aos micróbios no solo oportunidade para reabastecê-lo de nitrogênio. Agricultores podem também fazer esse reabastecimento reciclando várias formas de resíduos orgânicos (inclusive resíduos vegetais, adubos animais, lodo de canais e excrementos humanos), que contêm pequenas quantidades de nitrogênio reativo, ou cultivando plantas leguminosas como ervilhas, vagens, lentilhas ou trevo.

Essas técnicas tinham sido individualmente descobertas por agricultores no mundo inteiro, milhares de anos antes. Ervilha e lentilha eram cultivadas lado a lado com o trigo e a cevada no Oriente Próximo quase desde o surgimento da agricultura. Vagem e ervilha eram alternadas com trigo, milhete e arroz na China. Na Índia, lentilha, ervilha e grão-de-bico eram alternados com trigo e arroz; no Novo Mundo, vagens eram entrefolhadas com milho. Por vezes, as plantas leguminosas eram simplesmente devolvidas ao solo com o arado. Os agricultores não sabiam por que essas coisas funcionavam, mas sabiam que o resultado era bom. No século III a.C., Teofrasto, filósofo e botânico grego, observou que "a vagem é o que mais revigora a terra" e que "o povo da Macedônia e da Tessália revolve o solo quando ela está em flor". De maneira semelhante, Catão o Velho, escritor romano do século II a.C., tinha conhecimento dos efeitos benéficos das plantas leguminosas sobre a fertilidade do solo e aconselhava que fossem plantadas "não tanto pelo retorno imediato, mas com vistas ao ano seguinte". Columela, um escritor romano do século I, defendeu o uso de ervilha, grão-de-bico, lentilha e outros legumes dessa maneira. E o "Chhi Min Yao Shu", uma obra chinesa, recomenda o cultivo e a devolução ao solo de feijão azuki numa passagem que parece datar do século I a.C. Os agricultores não percebiam na época, mas cultivar legumes era uma maneira muito mais eficiente de enriquecer o solo do que a aplicação de estrume, que contém relativamente pouco nitrogênio (normalmente 1 a 2% por peso).

A elucidação do papel do nitrogênio na nutrição das plantas coincidiu com a percepção, em meados do século XIX, da necessidade iminente de melhorar o rendimento das colheitas. Entre 1850 e 1900, a população da Europa Ocidental e da América do Norte cresceu de cerca de 300 milhões para 500 milhões; para acompanhar esse crescimento, a produção de alimentos foi incrementada com a expansão de áreas cultivadas nas Grandes Planícies dos Estados Unidos, no Canadá, nas estepes russas e na Argentina. Isso aumentou a produção de trigo e milho, mas havia limites para o avanço do processo. No início do século XX, havendo poucas terras livres cultiváveis, seria necessário obter mais alimento por unidade de área – em outras palavras, aumentar a produtividade. Dada a relação entre crescimento vegetal e disponibilidade de nitrogênio, uma maneira óbvia de fazer isso seria aumentar o fornecimento deste. A produção de mais estrume animal não iria funcionar, porque animais precisam de comida, a qual por sua vez requer terra. Semear plantas leguminosas para enriquecer o solo significa que a terra não pode ser usada para mais nada nesse meio-tempo. Assim, já a partir dos anos 1840, houve um crescente interesse em fontes novas, externas, de fertilizantes de nitrogênio.

Excremento solidificado de aves de ilhas tropicais, conhecido como guano, havia sido usado como fertilizante na costa oeste da América do Sul por séculos. Análises mostraram que ele tinha um teor de nitrogênio 30 vezes maior que o do estrume. Durante os anos 1850, as importações de guano passaram de zero para 200 mil toneladas por ano na Grã-Bretanha, e as remessas para os Estados Unidos foram em média de 76 mil toneladas anuais. A Lei das Ilhas de Guano, aprovada em 1856, permitia a cidadãos americanos tomar posse de quaisquer ilhas ou rochedos inabitados contendo depósitos do excremento, contanto que não estivessem na jurisdição de qualquer outro governo. À medida que a mania do guano se alastrava, empreendedores esquadrinhavam os mares à procura de novas fontes desse valioso material. No início dos anos 1870, porém, ficou claro que as reservas estavam se esgotando rapidamente. ("Esse material, embora tenha sido outrora uma palavra de poder mágico, não tem agora muito mais que um interesse acadêmico, por causa da rápida exaustão das reservas", observou a *Encyclopaedia Britannica* em 1911). O foco se desviou então para outra fonte de nitrogênio: os enormes depósitos de nitrato de sódio descobertos no Chile. As exportações cresceram rapidamente e, em 1879, foi deflagrada a Guerra do Pacífico entre Chile, Peru e Bolívia por causa da propriedade de uma região rica em nitrato, no deserto do Atacama (o Chile saiu vitorioso em 1883, privando a Bolívia de sua província litorânea, de modo que desde então ela é um país inteiramente cercado por terra).

Mesmo depois que a guerra terminou, as preocupações com a segurança do fornecimento a longo prazo permaneceram. Segundo uma previsão feita em 1903, as reservas de nitrato estariam esgotadas em 1938. O cálculo estava errado – havia de fato reservas para mais de 300 anos, dada a taxa de consumo na época –, mas muita gente lhe deu crédito. Nessa altura, havia demanda de nitrato de sódio não apenas como fertilizante mas também para a fabricação de explosivos, em que nitrogênio reativo era um ingrediente vital. Os países compreenderam que sua capacidade de fazer guerra, bem como de alimentar suas populações, dependia de um fornecimento de nitrogênio reativo que fosse confiável. Entre todos, o mais temeroso era a Alemanha. Ela era o maior importador do nitrato chileno no início do século XX, e a geografia a tornava vulnerável a um bloqueio naval. Foi ali, portanto, que se fizeram os esforços mais intensos para encontrar novas fontes de nitrogênio reativo.

Uma possibilidade seria extraí-lo do carvão, que contém uma pequena quantidade de nitrogênio resultante da biomassa a partir da qual ele se formou originalmente. O aquecimento do carvão na ausência de oxigênio provoca a liberação de nitrogênio na forma de amoníaco. Mas a quantidade é muito pequena, e esforços para aumentá-la fizeram pouca diferença. Outra abordagem era simular relâmpagos e usar altas voltagens para gerar faíscas que transformassem o nitrogênio do ar no mais reativo óxido nitroso. Isso funcionava, mas exigia grande quantidade de energia e demandava disponibilidade de eletricidade barata (como energia excedente de represas hidrelétricas). O nitrato chileno importado continuou, assim, a ser a principal fonte de nitrogênio da Alemanha. A Grã-Bretanha estava numa situação igualmente difícil, pois era também uma grande importadora de nitratos, e estava fazendo o possível para extrair amoníaco de carvão. Apesar dos esforços para aumentar a produção agrícola, ambos os países dependiam do trigo importado.

Em 1898, num discurso na conferência anual da Associação Britânica pelo Avanço da Ciência, William Crookes, químico inglês e presidente da associação, enfatizou a solução óbvia para o problema. Um século depois que Thomas Malthus defendera a mesma ideia, ele advertiu que "as nações civilizadas encontram-se em perigo mortal de não ter o suficiente para comer". Sem mais terras disponíveis e com a crescente preocupação com a dependência inglesa das importações de trigo, não havia alternativa senão encontrar uma maneira de aumentar a produtividade. "O trigo, acima de tudo, requer nitrogênio", observou Crookes. Mas não havia espaço para aumentar o uso de estrume ou de plantas leguminosas; o fornecimento de fertilizantes a partir do carvão era inadequado; e ao depender do nitrato chileno, observou ele, "estamos sacando do capital da Terra, e nossos saques não serão permanentemente honrados". Havia, no entanto, abundância de nitrogênio no ar, ele ressaltou – se ao menos pudesse ser encontrada uma maneira de captá-lo. "A fixação de nitrogênio é vital para o progresso da humanidade civilizada", declarou. "É o químico que deve vir em sua salvação... é por meio do laboratório que a fome pode ser finalmente transformada em abundância."

Uma disputa produtiva

Em 1904, Fritz Haber, um químico experimental de 36 anos do Instituto Tecnológico em Karlsruhe, foi solicitado a realizar algumas pesquisas para uma companhia química em Viena. Sua tarefa era determinar se seria possível sintetizar o amoníaco diretamente a partir dos elementos que o constituem – hidrogênio e nitrogênio. Os resultados de experimentos anteriores haviam sido obscuros, e muitos pensavam que a síntese direta era impossível. O próprio Haber estava cético, e respondeu que a maneira usual de fazer amoníaco, a partir do carvão, sabidamente funcionava e era a abordagem mais fácil. Mas ele decidiu ir em frente com a pesquisa, de qualquer modo. Seus experimentos iniciais mostraram que nitrogênio e hidrogênio podiam realmente ser induzidos a formar amoníaco a altas temperaturas (por volta de 1.000 graus Celsius) na presença de um catalisador de ferro. Mas a proporção dos gases que se combinavam era muito pequena: entre 0,005% e 0,0125%. Assim, embora tivesse desvendado a questão da síntese direta, parecia que Haber também havia mostrado que a resposta não tinha qualquer uso prático.

As coisas poderiam ter ficado por isso mesmo, não fosse por Walther Hermann Nernst, outro químico alemão que lecionava físico-química em Göttingen. Embora fosse apenas quatro anos mais velho que Haber, Nernst era uma figura mais eminente, tendo feito contribuições em vários campos. Ele inventara um novo tipo de lâmpada elétrica baseada num filamento cerâmico e um piano elétrico com saídas para amplificadores, como as da gui-

Fritz Haber.

tarra – nenhum dos dois, porém, foi um sucesso comercial. Nernst era mais conhecido por ter proposto, em 1906, um "teorema do calor" (hoje conhecido como a terceira lei da termodinâmica) que lhe valeria o Prêmio Nobel de Química em 1920. Esse teorema podia ser usado para prever todos os tipos de resultados, inclusive a proporção de amoníaco que deveria ter sido produzida pelo experimento de Haber. O problema era que a previsão de Nernst era 0,0045%, o que estava abaixo do âmbito de valores possíveis determinado por Haber. Como esse era o único resultado de alguma importância que estava em desacordo com sua teoria, Nernst escreveu para Haber apontando a discrepância. Haber refez seu experimento original, obtendo uma resposta mais precisa: dessa vez, a proporção de amoníaco produzida foi 0,0048%. A maioria das pessoas teria considerado esse valor razoavelmente próximo àquele previsto por Nernst, mas por alguma razão ele próprio não considerou. Quando Haber apresentou os novos resultados numa conferência em

Hamburgo em 1907, Nernst contestou-os publicamente, sugerindo que o método experimental de Haber era defeituoso e exigindo que ele desconsiderasse tanto os antigos quanto os novos resultados.

Extremamente abalado com essa repreensão pública por um cientista mais conceituado, Haber passou a sofrer de problemas de digestão e de pele. Decidiu que a única maneira de recuperar a reputação era realizar uma nova série de experimentos para resolver a questão. No curso desse processo, porém, ele e seu assistente, Robert Le Rossignol, descobriram que a produção de amoníaco podia ser enormemente aumentada se a reação fosse executada a uma pressão mais alta, mas a uma temperatura mais baixa do que haviam usado no experimento original. De fato, calcularam que o aumento da pressão para 200 vezes a atmosférica e a redução da temperatura para 600° Celsius deveriam produzir um rendimento de amoníaco de 8% – o que seria comercialmente útil. Diante disso, a disputa com Nernst pareceu trivial, e Haber e Le Rossignol começaram a construir um novo aparelho que iria, segundo esperavam, produzir quantidades relevantes. No centro da máquina estava um tubo pressurizado de apenas 75 centímetros de altura e 13 centímetros de diâmetro, cercado por bombas, indicadores de pressão e condensadores. Depois de refinar o aparelho, Haber convidou representantes da Basf, companhia que financiava seu trabalho na época, para ir vê-lo em operação.

A demonstração decisiva aconteceu em 2 de julho de 1909, na presença de dois empregados da Basf, Alwin Mittasch e Julius Kranz. Durante a manhã, um acidente com um dos pinos do equipamento de alta pressão atrasou os procedimentos por algumas horas. No fim da tarde, porém, o aparelho começou a operar a 200 atmosferas e cerca de 500° Celsius, e produziu um rendimento de amoníaco de cerca de 10%. Mittasch apertou a mão de Haber com entusiasmo quando as gotas incolores começaram a fluir. No fim do dia, a máquina havia produzido 100 centímetros cúbicos de amoníaco. Um Haber radiante escreveu para a Basf no dia seguinte: “Ontem começamos a operar o grande aparelho de amoníaco com circulação de gás, na presença do dr. Mittasch, e conseguimos manter uma produção ininterrupta por cerca de cinco horas. Durante todo esse tempo ele funcionou corretamente e produziu amoníaco líquido de forma contínua. Em razão do adiantado da hora, e como estávamos todos cansados, paramos

Aparelho experimental de Fritz Haber.

a produção porque nada de novo poderia ser aprendido com a continuação do experimento."

A síntese de amoníaco em grande escala subitamente tornou-se possível. A Basf deu a um de seus químicos seniores, Carl Bosch, a tarefa de converter o aparelho simples de Haber numa aparelhagem de alta pressão para produção industrial. Ele teve de descobrir como gerar os dois gases que constituíam a matéria-prima (hidrogênio e nitrogênio) em grandes quantidades e a baixo custo, encontrar catalisadores adequados e, o mais difícil, desenvolver grandes recipientes de aço capazes de suportar as enormes pressões exigidas pela reação. Os primeiros dois conversores construídos por Bosch, cerca de quatro vezes maiores que o aparelho de Haber, fracassaram quando os tubos de reação de alta pressão explodiram após cerca de oito horas de operação, embora estivessem encerrados em concreto reforçado. Bosch percebeu que o hidrogênio em alta pressão enfraquecia os tubos de aço porque retirava do metal o carbono que lhe dá força e resiliência. Depois de muita tentativas e erros, ele reprojetou o interior dos tubos para evitar o problema. Sua equipe também desenvolveu novos tipos de válvulas de segurança para fazer face às altas pressões e temperaturas, inventou engenhosos sistemas de troca de calor para reduzir a energia exigida pelo processo de síntese e construiu uma série de pequenos conversores para permitir que diferentes materiais fossem testados como possíveis catalisadores. Os conversores de Bosch foram se tornando gradualmente maiores durante 1910 e 1911, embora continuassem a produzir apenas alguns quilos de amoníaco por dia. Só em fevereiro de 1912 a produção excedeu pela primeira vez uma tonelada num único dia.

Nessa época, Haber e Basf estavam sob ataque de concorrentes que contestavam as patentes de Haber sobre o processo de síntese do amoníaco. O principal deles era Walther Nernst, cuja discussão com Haber havia estimulado o desenvolvimento do novo processo, para começar. Como parte do trabalho de Haber baseara-se em experimentos anteriores de Nernst, a Basf ofereceu a este "honorários" de 10 mil marcos por ano, durante cinco anos, em reconhecimento. Em contrapartida, Nernst abandonou a oposição às patentes de Haber, e todas as outras alegações contra elas foram subsequentemente rejeitadas pelos tribunais.

Nesse meio-tempo, conversores cada vez maiores, e agora capazes de produzir de três a cinco toneladas métricas por dia, estavam entrando em operação nas novas instalações da Basf, em Oppau. Eles combinavam os métodos originais de Haber com as inovações de engenharia de Bosch, usando nitrogênio do ar e hidrogênio extraído de carvão, no que é hoje conhecido como o processo Haber-Bosch. Em 1914, a fábrica de Oppau era capaz de produzir quase 20 toneladas métricas de amoníaco por dia, ou 7.200 toneladas métricas por ano, que podiam depois ser processadas em 36 mil toneladas métricas do fertilizante sulfato de amônio. A deflagração da Primeira Guerra Mundial em agosto de 1914, porém, direcionou grande parte do amoníaco produzido para a fabricação de explosivos, e não mais de fertilizantes. (O fornecimento de nitrato do Chile para a Alemanha foi interrompido após uma série de batalhas navais em que os britânicos prevaleceram.)

A guerra realçou a maneira como os produtos químicos podiam ser usados tanto para sustentar a vida quanto para destruí-la. A Alemanha foi obrigada a escolher entre usar sua nova fonte de amoníaco sintético para alimentar o povo ou para fornecer munição ao exército. Alguns historiadores sugeriram que sem o processo Haber-Bosch, a Alemanha teria ficado sem nitrato em 1916, e a guerra teria terminado muito mais cedo. A produção alemã de amoníaco aumentou enormemente a partir de 1914, mas, como grande parte do fornecimento era usada para fazer munição, manter o nível da produção de alimentos tornou-se impossível. Houve escassez generalizada, contribuindo para o colapso moral que precedeu a derrota em 1918. Assim, a síntese do amoníaco prolongou a guerra, mas a incapacidade da Alemanha de produzir quantidade suficiente para a fabricação de munição e de fertilizantes também ajudou a determinar o fim do conflito.

O próprio Haber encarnou de maneira impressionante o conflito entre o uso construtivo e destrutivo da química. Durante a guerra, ele voltou sua atenção para o desenvolvimento de armas químicas, enquanto Bosch se concentrava no aumento da produção de amoníaco. Haber supervisionou o primeiro uso bem-sucedido de armas químicas em grande escala, em abril de 1915, quando a Alemanha usou gás de cloro contra os franceses e canadenses em Ypres, causando cerca de 5 mil mortes. Ele afirmou que matar pessoas com produtos químicos não era pior que matá-las com qualquer outra arma; acreditava também que esse método "encurtaria a guerra". No entanto, sua mulher, Clara Immerwahr, também química, discordou violentamente e atirou em si mesma usando a arma do marido em maio de 1915. Cientistas de muitas nacionalidades protestaram quando Haber foi contemplado com o Prêmio Nobel de Química em 1918, em reconhecimento pelo trabalho pioneiro na síntese do amoníaco e sua aplicação potencial na agricultura. A Real Academia Sueca de Ciências, que concedeu o prêmio, elogiou Haber por ter desenvolvido "um meio extremamente importante de melhorar os padrões da agricultura e o bem-estar da humanidade". Foi uma previsão notavelmente precisa, dado o impacto que os fertilizantes fabricados pelo processo de Haber teriam nas décadas seguintes. Persiste, porém, um sentido dúbio, já que o homem que tornou possível uma espetacular expansão da oferta de alimentos e da população mundial é também lembrado hoje como um dos pais da guerra química.

Ao tentar reproduzir eles próprios o processo Haber-Bosch durante a guerra, cientistas da Grã-Bretanha e de outros países fracassaram porque detalhes técnicos cruciais foram omitidos das patentes. Estas foram confiscadas depois da guerra, e as fábricas da Basf foram minuciosamente examinadas por engenheiros estrangeiros, o que levou à construção de instalações semelhantes na Grã-Bretanha, na França e nos Estados Unidos. Durante os anos 1920, o processo foi refinado para adequar-se ao uso de metano de gás natural, em vez de carvão, como fonte de hidrogênio. No início dos anos 1930, o processo Haber-Bosch suplantara o nitrato chileno, tornando-se a principal fonte de fertilizante artificial, e o consumo global desse tipo de produto triplicou entre 1910 e 1938. Tendo dependido de micróbios do solo, legumes e estrume por milhares de anos, a humanidade assumira definitivamente o controle do ciclo do nitrogênio. A deflagração da Segunda Guerra Mundial estimulou a construção de um número ainda maior de fábricas de amoníaco para atender à demanda de explosivos, o que significou que, após o fim do conflito em 1945, havia uma capacidade ainda maior de produção. O palco estava armado para mais um aumento espetacular no uso de fertilizante artificial; no entanto, para que seu poder de incremento da produção agrícola pudesse ser plenamente explorado, novas variedades de sementes seriam também necessárias.

A ascensão dos anões

A disponibilidade de fertilizante artificial permitiu aos agricultores fornecer muito mais nitrogênio às plantas. Para cereais como trigo, milho e arroz, isso produzia inflorescências mais pesadas, o que por sua vez significava maiores rendimentos. Agora que não estavam mais limitados pela disponibilidade de nitrogênio, os agricultores se depararam com um novo problema. À medida que o tamanho e o peso das inflorescências aumentaram, as plantas tornaram-se mais propensas a tombar. Os agricultores tinham de encontrar um equilíbrio na aplicação de fertilizante, de modo que a quantidade fosse suficiente para fomentar o rendimento mas não tanto que os caules fossem incapazes de suportar as inflorescências. A solução óbvia foi passar a usar variedades de plantas mais baixas, ou "anãs", com caules mais curtos. Além de serem capazes de suportar inflorescências mais pesadas sem tombar, as variedades anãs não desperdiçam energia no desenvolvimento de um longo caule, de modo que mais energia pode ser desviada para a inflorescência. Elas fomentam o rendimento, portanto, de duas maneiras: permitem que mais fertilizante seja aplicado e transformam os nutrientes resultantes em grãos úteis, e não em caule inútil.

Durante o século XIX, variedades anãs de trigo, provavelmente descendentes de um tipo coreano, haviam sido desenvolvidas no Japão. Elas causaram ótima impressão em Horace Capron, comissário da agricultura americano, que visitou o país em 1873. "Não importa quanto estrume seja usado ... nos solos mais ricos e com os maiores rendimentos, os caules do trigo nunca tombam", observou ele. No início do século XX, essas variedades anãs japonesas foram cruzadas com variedades de outros países. Uma das linhagens resultantes, a Norin 10, era um híbrido de trigo japonês e de duas variedades americanas. Ela foi desenvolvida no Japão, na estação de reprodução de Norin, e depois transferida para os Estados Unidos ao fim da Segunda Guerra Mundial. A Norin 10 tinha caules notavelmente curtos (de aproximadamente 60 centímetros de altura, em vez de 90), e respondia bem a intensas aplicações de fertilizante de nitrogênio. Mas, como era suscetível a doenças, agrônomos de diferentes países começaram a cruzá-la com variedades locais, para combinar as características anãs da Norin 10 com a resistência a pragas de outras linhagens. Isso levou a novas variedades de trigo, de grande rendimento, adequadas ao uso em várias partes do mundo. Em países industrializados, onde o uso de nitrogênio estava crescendo rapidamente, as linhagens descendentes da Norin 10 tornaram possível um impressionante aumento na produtividade. A essa altura, novas variedades de milho, também de grande produtividade, haviam se difundido, levando o secretário de Agricultura dos Estados Unidos durante os anos 1950 a queixar-se de que o país estava acumulando "excedentes incômodos" de cereais, dispendiosos de armazenar.

No que diz respeito aos países em desenvolvimento, um homem fez mais que qualquer outro para difundir as novas variedades anãs: Norman Borlaug, um agrônomo americano. Ele foi para o México em 1944 a mando da Fundação Rockefeller, que havia criado ali uma estação de pesquisas agrícolas para ajudar a melhorar safras de baixo rendimento. A fundação concluíra que fomentar a produtividade era a maneira mais eficaz de fornecer ajuda agrícola e econômica e de reduzir a dependência do México de grãos importados. Borlaug foi encarregado do melhoramento do trigo, e sua primeira tarefa foi desenvolver variedades resistentes a uma doença chamada ferrugem-do-caule, um problema particular ao México na época, que reduziu a colheita de trigo pela metade entre 1939 e 1942. Borlaug criou centenas de híbridos de variedades locais, procurando linhagens que demonstrassem boa resistência à doença e que também proporcionassem grandes rendimentos. Dentro de poucos anos, tinha produzido linhagens novas, resistentes, com rendimentos 20 a 40% mais altos que os das variedades tradicionais em uso no país.

Borlaug percebeu que o México era um excelente lugar para realizar pesquisas como essas, porque uma safra de trigo podia ser cultivada na região montanhosa no verão e outra nas planícies desérticas, no inverno. Ele desenvolveu um novo sistema de cruzamento em que ele levava os resultados mais promissores de uma ponta do país a outra. Isso quebrava a regra tradicional de que plantas só deveriam ser reproduzidas na área em que seriam cultivadas, mas acelerava o processo de reprodução, pois era possível produzir duas gerações por ano, em vez de uma. A transgressão da regra teve também outro benefício, inesperado: para florescer tanto no verão quanto no inverno, as variedades não podiam se dar ao luxo de ser exigentes quanto à diferença no número de horas de luz natural entre as duas estações. Isso significava que as novas sementes poderiam depois ser plantadas numa ampla diversidade de climas.

Em 1952, Borlaug ouviu falar do trabalho que estava sendo feito com a Norin 10; no ano seguinte, recebeu algumas sementes dos Estados Unidos. Começou a cruzar as novas variedades mexicanas com Norin 10 e com um trigo americano chamado Brevor. Dentro de poucos anos, havia desenvolvido novas linhagens de trigo com insensibilidade à quantidade de luz natural e boa resistência a doenças, que podiam, com uso de fertilizante de nitrogênio, produzir mais que o dobro das variedades mexicanas tradicionais. Borlaug queria fazer outros melhoramentos, mas agricultores curiosos que visitavam sua estação de pesquisas estavam pegando amostras das novas variedades e plantando-as, e elas estavam se espalhando rapidamente. Diante disso, Borlaug distribuiu suas novas sementes em 1962. No ano seguinte, 95% do trigo do México era proveniente de uma dessas novas variedades, e a colheita foi seis vezes maior que 19 anos antes, quando Borlaug chegara ao país. Em vez de importar de 200 a 300 mil toneladas de trigo por ano, como fizera nos anos 1940, o México exportou 63 mil toneladas de trigo em 1963.

Depois do sucesso das variedades de trigo anãs de alta produtividade no México, Borlaug sugeriu que elas fossem usadas para melhorar a produção em outros países em desenvolvimento. Em particular, sugeriu a Índia e o Paquistão, que estavam sofrendo com más colheitas e escassez, e que haviam se tornado dependentes de ajuda estrangeira. A sugestão era controversa, porque significava estimular agricultores a cultivar trigo em vez de produtos agrícolas nativos. Borlaug sustentava, no entanto, que como o trigo produzia maiores rendimentos e mais calorias, as novas variedades anãs proporcionariam aos agricultores do sul da Ásia uma maneira melhor de tirar partido do fertilizante de nitrogênio barato, superando as tentativas de aumentar os rendimentos de plantas nativas. Monkombu Sambasivan Swaminathan, geneticista indiano que atuava como consultor do ministro da Agricultura, convidou Borlaug para visitar a Índia. Ele chegou em março de 1963 e começou a promover o uso do trigo mexicano. Alguns pequenos lotes foram plantados, com resultados impressionantes na colheita do ano seguinte: com irrigação e aplicação de fertilizante de nitrogênio, os rendimentos foram cerca de cinco vezes maiores que os das variedades indianas locais, que produziam usualmente cerca de uma tonelada por hectare. Mais tarde, Swaminathan lembrou que "quando pequenos agricultores que haviam organizado o Programa Nacional de Demonstração com a ajuda de cientistas colheram mais de cinco [toneladas] de trigo por hectare, o impacto sobre as mentes de outros agricultores foi elétrico. E o clamor por sementes começou."

Outra colheita impressionante no início de 1965 estimulou o governo indiano a encomendar 250 toneladas de sementes do México para outras experiências, mas sua adoção mais ampla foi refreada por objeções políticas e burocráticas. Um momento decisivo veio quando a monção, que normalmente ocorre entre junho e setembro, deixou de ocorrer em 1965. Isso fez com que a produção de cereais caísse em quase um quinto, tornando a Índia ainda mais dependente de alimentos estrangeiros. O governo enviou funcionários ao México para encomendar 18 mil toneladas das novas sementes – o bastante para semear cerca de 3% das áreas de cultivo de trigo da Índia. Quando o navio que transportava as sementes partiu para Bombaim, começou a guerra entre a Índia e o Paquistão, desviando o foco da crise alimentar que afligia a região. Em setembro, quando as sementes estavam sendo descarregadas, não havia mais dúvida de que a monção deixara de ocorrer por um segundo ano.

A combinação de instabilidade política, crescimento populacional e seca no sul da Ásia deu origem a uma nova explosão de malthusianismo no fim dos anos 1960. Por todo o mundo em desenvolvimento, a população estava crescendo duas vezes mais depressa que a oferta de alimentos. Estudiosos previam um desastre iminente. No livro *Famine – 1975!*, publicado em 1967, William e Paul Paddock afirmavam que alguns países, entre os quais a Índia, o Egito e o Haiti, simplesmente nunca seriam capazes de se alimentar e deveriam ser deixados à míngua. Nesse mesmo ano, um quinto da colheita de trigo dos Estados Unidos foi enviado para a Índia como ajuda de emergência. "A batalha para alimentar toda a humanidade terminou", declarou Paul Ehrlich em seu best-seller de 1968, *The Population Bomb*. Ele previu que "nos anos 1970 e 1980 centenas de milhões de pessoas morrerão de fome a despeito de quaisquer programas concentrados de emergência que se iniciem agora". Ele estava particularmente desalentado em relação à Índia, declarando que o país "não terá como alimentar mais 200 milhões de pessoas em 1980".

Como ocorrera com as previsões de Thomas Malthus quase dois séculos antes, as tecnologias que iriam invalidar essas sombrias previsões já estavam se espalhando rapidamente. Após a introdução das variedades de alto rendimento do México, as safras de trigo na Índia cresceram de 12 milhões de toneladas em 1965 para quase 17 milhões de toneladas em 1968, e 20 milhões em 1970. A colheita de 1968 foi tão grande que, em algumas áreas, foi preciso fechar as escolas e usá-las para armazenar os grãos. As importações de cereais da Índia caíram quase a zero em 1972, e o país tornou-se até exportador por algum tempo, nos anos 1980. Nos anos subsequentes, seguiram-se outras melhorias à medida que agrônomos indianos cruzavam as variedades mexicanas com linhagens locais para melhorar a resistência a doenças. Em 1999, a colheita de trigo indiano chegou a 73,5 milhões de toneladas.

Nesse meio-tempo, os sucessos iniciais de Norman Borlaug com variedades anãs de trigo de alto rendimento haviam inspirado pesquisadores a fazer o mesmo com o arroz. Em 1960, foi fundado o Instituto Internacional de Pesquisas do Arroz (IRRI, na sigla em inglês), baseado nas Filipinas e financiado pelas fundações Rockefeller e Ford. A estratégia de cruzamento de Borlaug foi adotada para acelerar o desenvolvimento de novas variedades. Como acontecera com o trigo, os pesquisadores pegaram variedades anãs, muitas delas desenvolvidas no Japão, e as cruzaram com variedades locais de outros países. Em 1966, pesquisadores no IRRI criaram uma nova variedade chamada IR8, cruzamento de um tipo anão chinês (ele próprio derivado de uma linhagem japonesa) com uma linhagem indonésia chamada Peta. Na época, linhagens tradicionais de arroz produziam rendimentos de cerca de uma tonelada por hectare. A nova variedade produzia cinco toneladas sem fertilizante e dez quando este era aplicado. Ela se tornou conhecida como "arroz milagroso" e foi rapidamente adotada em toda a Ásia. A IR8 foi seguida por outras linhagens anãs mais resistentes a doenças e de maturação mais rápida, tornando possível pela primeira vez cultivar duas safras por ano em muitas regiões.

Num discurso presciente feito em março de 1968, William Gaud, da Agência para o Desenvolvimento Internacional dos Estados Unidos, chamou atenção para o impacto que variedades de trigo de alta produtividade estavam começando a ter no Paquistão, na Índia e na Turquia. "Rendimentos recorde, colheitas sem precedentes e safras ainda por colher demonstram que em grande parte do mundo em desenvolvimento – e particularmente na Ásia – estamos no limiar de uma revolução agrícola", disse ele. "Não é uma revolução vermelha violenta como a dos soviéticos, nem uma revolução branca como a do Xá do Irã. Eu a chamo de a revolução verde. Essa nova revolução pode ser tão significativa e benéfica para a humanidade como a Revolução Industrial de um século e meio atrás." A expressão "revolução verde" ganhou imediatamente ampla aceitação e permaneceu em uso desde então.

O impacto dessa revolução já estava claro em 1970, e nesse ano Norman Borlaug foi contemplado com o Prêmio Nobel da Paz. "Mais do que qualquer outra pessoa desta era, ele ajudou a fornecer pão para um mundo faminto", declarou o Comitê do Nobel. Ele havia "transformado pessimismo em otimismo na tremenda corrida entre explosão populacional e produção de alimentos". No discurso de agradecimento, Borlaug salientou que o aumento na produção não se devia simplesmente ao desenvolvimento de variedades anãs, mas à combinação das novas variedades com fertilizantes de nitrogênio. "Se as variedades anãs de alto rendimento de trigo e arroz são os catalisadores que deflagraram a revolução verde, o fertilizante químico é o combustível que a impulsionou", afirmou.

Nas três décadas após 1970, as novas variedades anãs de trigo e arroz altamente produtivas desbancaram rapidamente os tipos tradicionais em todo o mundo em desenvolvimento. Em 2000, elas eram responsáveis por 86% da área cultivada de trigo na Ásia, 90% na América Latina e 66% no Oriente Médio e na África. Nesse mesmo ano, as novas variedades de arroz eram responsáveis por 74% da área produtora do cereal na Ásia, e 100% na China, o maior produtor de arroz do mundo. Além de oferecer maiores rendimentos – contanto que se pudesse dispor de fertilizantes apropriados e irrigação –, elas também aumentavam a produção de outras maneiras, indiretas. Alguns agricultores trocavam os cultivos originais pelo de trigo e arroz, e outros que já estavam cultivando esses cereais podiam, em alguns casos, colher mais de uma safra por ano mudando para as novas variedades. Tudo isso significava que a oferta de alimentos crescia mais depressa que a população. A expansão demográfica da Ásia foi de 60% entre 1970 e 1995, mas a produção de cereais na região durante o mesmo período mais do que dobrou. Ao todo, o fertilizante de nitrogênio sustentou cerca de 4 bilhões de pessoas nascidas naquele século desde a demonstração feita por Haber em 1909. Em 2008, o produto era responsável por alimentar 48% da população do mundo. O nitrogênio de Haber-Bosch sustenta mais que 3 bilhões de pessoas, quase metade da humanidade. Essas pessoas são os filhos da revolução verde.

12. Paradoxos da abundância

> "O progresso agrícola acelerado é a melhor rede de segurança contra a fome e a pobreza, porque na maioria dos países em desenvolvimento mais de 70% da população depende da agricultura para seu sustento."
>
> M.S. SWAMINATHAN, 2004

O renascimento da Ásia

Para melhor avaliar o impacto da revolução verde, é importante ter uma visão abrangente sobre a atividade econômica mundial. O quadro geral é que durante a maior parte da história humana, a maioria das pessoas era pobre. Antes de 1700, a renda *per capita* média era baixa, razoavelmente constante ao longo do tempo, variando muito pouco entre os países. Algumas pessoas em cada país eram fabulosamente ricas, é claro. Mas a renda média era notavelmente uniforme: segundo certo cálculo, teria sido o equivalente a 500 dólares por ano (medida em dólares de 1990) para a maior parte do mundo nos dois últimos milênios. Hoje, no entanto, há amplas variações entre os países. A Grã-Bretanha foi o primeiro a experimentar uma "decolagem de crescimento" quando iniciou o processo de industrialização, no século XVIII. Logo foi seguida por outras nações europeias e por "ramificações" da Europa (Estados Unidos, Canadá, Austrália e Nova Zelândia). Em 1900, a renda *per capita* média desses lugares era dez vezes maior que na Ásia ou na África. Hoje alguns países são ricos, outros pobres, porque a industrialização se deu primeiro nos ricos; os países pobres são aqueles em que ela se deu muito mais tarde, ou não aconteceu em absoluto. Por que então a industrialização começou em momentos diferentes e avança em ritmos diferentes? Essa é uma das questões mais fundamentais na economia do desenvolvimento.

A resposta tem muito a ver com a produtividade agrícola. Países pobres não podem iniciar o desenvolvimento econômico até que consigam satisfazer às suas necessidades de subsistência. Eles se veem em um estado de dependência em que a maior parte da população está presa a uma produção agrícola ineficiente. Em geral, quando uma determinada atividade é ineficiente, as pessoas a trocam por outras. Mas a agricultura é um caso especial: uma vez que a comida é vital, as pessoas não têm escolha senão continuar cultivando a terra, mesmo quando a produtividade é baixa. Na verdade, baixa produtividade significa que mais recursos devem ser dedicados à agricultura para manter a produção. Isso é chamado por vezes de "o problema da comida". Para escapar dessa armadilha, um país deve experimentar uma melhora na produtividade agrícola, de modo que a oferta de alimentos se expanda mais rapidamente que a população. Em seguida, isso permite que uma parcela da população mude para atividades industriais de maior valor, sem ter de se preocupar em produzir comida para a própria alimentação. A proporção da população envolvida na agricultura encolhe à medida que a produtividade agrícola aumenta e a industrialização avança. Foi o que aconteceu na Grã-Bretanha no século XVIII, quando uma série de melhorias na agricultura liberou trabalhadores da terra e permitiu à indústria florescer. Produtos industriais puderam, então, ser trocados nas importações de comida, acelerando ainda mais a passagem da agricultura para a indústria. Para que tudo isso aconteça, infraestrutura e condições de mercado adequadas devem estar presentes. Além disso, um rápido aumento da produtividade agrícola é essencial para impulsionar o processo; sem isso, nenhum país foi capaz de se industrializar. (As duas exceções são Cingapura e Hong Kong, cidades-Estado que não tinham setores agrícolas significativos.)

Outra característica notável da trajetória econômica do mundo é que durante a maior parte da história humana a Ásia foi a região mais rica da Terra. Estima-se que no primeiro ano da era cristã ela era responsável por 75% da produção econômica mundial. Não que as pessoas ali fossem individualmente mais ricas; a renda *per capita* média era, afinal, notavelmente uniforme em todo o mundo. Isso ocorria pois havia mais pessoas na Ásia do que em outras regiões, em grande parte porque a agricultura do arroz sustenta maiores densidades populacionais. Entretanto, a participação desse continente na produção econômica mundial começou a declinar com a ascensão das economias da Europa Ocidental, no segundo milênio d.C. Em 1700, elas já eram responsáveis por mais de 20% da produção mundial, e a participação da Ásia caíra abaixo de 60%. A virada veio no final do século XIX, quando nações europeias se industrializaram e enriqueceram, mantendo grande parte da Ásia sob seus domínios coloniais. Por volta de 1870, a participação da Europa na produção mundial subira para 35% e a da Ásia declinara para aproximadamente o mesmo nível. A rápida industrialização dos Estados Unidos significou que, em 1950, eles e a Europa Ocidental eram responsáveis por cerca de 25% da produção mundial; a participação da Ásia (excluindo o Japão) caíra para 15%.

Nas últimas décadas do século XX, porém, algo extraordinário aconteceu e a mesa virou. O rápido crescimento em vários países asiáticos empurrou a participação da região na produção mundial de volta para 30%, à frente da Europa Ocidental e dos Estados Unidos. A produção econômica *per capita* mais que duplicou entre 1978 e 2000 na Índia, e cresceu quase cinco vezes na China. A Ásia abriga hoje as economias que crescem mais rapidamente no mundo, tendo recuperado sua posição histórica como a região mais rica sob a ótica da participação na produção mundial. O rápido crescimento nos últimos anos – chamado por vezes de "o milagre econômico asiático" – criou riqueza mais rápido que em qualquer momento da história, e tirou centenas de milhões de pessoas da pobreza. Muitos observadores agora esperam que a economia da China supere a dos Estados Unidos em tamanho até 2035, o que a tornaria a principal potência econômica do mundo. Assim como o século XX foi dominado pela ascensão dos Estados Unidos, o XXI parece predestinado a ser o século asiático, dominado pela ascensão da China. Vale notar, porém, que isso é apenas um retorno ao antigo *status quo*, após um curto interlúdio em que as potências europeias e suas ramificações estiveram brevemente no centro das atenções.

O renascimento da Ásia tem muitas causas, mas não teria sido possível sem o espetacular aumento da produtividade agrícola provocado pela revolução verde. Entre 1970 e 1995, a produção de cereais na Ásia dobrou, o número de calorias disponíveis por pessoa aumentou 30% e os preços do trigo e do arroz caíram. O impacto imediato do progresso agrícola é a redução da pobreza, pela simples razão de que os pobres têm maior probabilidade de trabalhar na agricultura e de que a comida é responsável pela maior parte dos seus gastos familiares. Realmente, a faixa da população da Ásia que vive na pobreza caiu de cerca de 50% em 1975 para 25% em 1995. O número absoluto de asiáticos nessa condição também declinou, de 1,15 bilhão para 825 milhões no período considerado acima, ainda que a população tenha crescido 60%. O progresso agrícola pôs a Ásia no caminho para o desenvolvimento econômico e a industrialização.

Para que o aumento da produtividade agrícola se traduza em crescimento econômico mais amplo e industrialização, no entanto, várias outras coisas precisam acontecer. Os agricultores devem ter incentivos para aumentar a produção; deve haver infraestrutura para transportar sementes e produtos químicos para as fazendas bem como para permitir o escoamento dos produtos a partir delas; e deve haver acesso adequado a crédito para permitir aos agricultores comprar sementes, fertilizante, tratores e assim por diante. O progresso agrícola pode desencadear súbito crescimento econômico, mas a rapidez com que ele ocorre depende crucialmente da introdução simultânea de reformas não agrícolas. Consideremos os exemplos da Índia e da China.

Após o fracasso do Grande Salto Adiante, reformistas dentro do governo chinês adotaram uma abordagem mais convencional para o aumento da produção agrícola, e providenciaram a compra de cinco fábricas de amoníaco de médio porte da Grã-Bretanha e dos Países Baixos entre 1963 e 1965. Depois de prontas e em funcionamento, essas fábricas forneciam 25% do nitrogênio aplicado nos campos chineses. Mas a convulsão da Revolução Cultural, em meados dos anos 1960, fez com que em 1972 a produção *per capita* de alimentos fosse ainda mais baixa do que nos anos 1950, e o rápido crescimento populacional significava que a quantidade de terra disponível para agricultura, por pessoa, encolhia rapidamente. A única opção era aumentar a produtividade. O presidente Richard Nixon visitou a China em 1972, abrindo o comércio entre os dois países, e o primeiro acordo assinado foi uma encomenda de 13 das maiores e mais modernas fábricas de fertilizante dos Estados Unidos – a maior compra desse tipo na história. Dentro de poucos anos, a China passara à frente dos Estados Unidos, convertendo-se no maior consumidor de fertilizante do mundo, e depois se tornou o maior produtor. O país também adotou rapidamente as novas variedades anãs de alto rendimento de trigo e arroz.

Reformas políticas também eram necessárias. Após a morte de Mao, em 1976, reformistas liderados por Deng Xiaoping concluíram que a agricultura era o gargalo que impedia um maior progresso econômico. Introduziram então um sistema em dois níveis, em que famílias recebiam terra e podiam decidir o que cultivar nela desde que preenchessem uma cota estatal de cerca de 15 a 20% de sua produção, podendo vender o resto e guardar o lucro. Isso incentivou os agricultores a aumentar a produção. Como o sistema se provou um grande sucesso nas primeiras áreas em que foi testado, foi expandido para todo o país entre 1979 e 1984. As metas e cotas foram gradualmente removidas, e essa abordagem foi então adotada como um modelo para o resto da economia chinesa, em que a livre iniciativa era autorizada sob a fiscalização do setor estatal, superando-o rapidamente. À medida que a agricultura se tornou mais produtiva, os trabalhadores rurais tiveram condições de se mudar para outras áreas, começando com processamento e distribuição de alimentos e pouco a pouco se expandindo para outras indústrias e serviços. Em meados dos anos 1990, "empresas de vilas e aldeias" rurais, quase todas inexistentes em 1978, eram responsáveis por 25% da economia chinesa. Essas firmas começaram a pressionar as companhias administradas pelo Estado nas cidades, que eram menos competitivas. Isso, por sua vez, estimulou reformas econômicas mais amplas, a criação de zonas econômicas especiais para a atividade industrial, esforços para atrair investimento estrangeiro e assim por diante – coisas que alimentaram um maior crescimento econômico. O resultado foi uma assombrosa redução da pobreza, de 33% da população em 1978 para 3% em 2001.

A Índia foi mais lenta na introdução das reformas políticas necessárias para permitir que melhoramentos na produtividade agrícola se traduzissem em crescimento econômico. Em vez disso, sua principal preocupação era a autossuficiência agrícola, e para esse fim o setor era rigorosamente regulado e fiscalizado pelo governo, com controles de preço, restrições ao movimento de produtos agrícolas dentro do país e barreiras que serviam para desestimular o comércio exterior. Com a adoção da tecnologia da revolução verde e investimentos na infraestrutura para a irrigação, a produção agrícola expandiu-se, a renda dos agricultores elevou-se e o emprego não agrícola aumentou. Preços em queda beneficiaram mais amplamente os pobres, de modo que a porcentagem da população rural na pobreza caiu de 64% em 1967 para 34% em 1986. Nesse ano, a colheita de trigo foi de 47 milhões de toneladas, metade das quais foi posta de lado como reserva. No ano seguinte, a monção não ocorreu, dando lugar à pior seca do século. A Índia, entretanto, foi capaz de se alimentar sem perda de vidas e sem depender de ajuda externa.

Essa foi uma clara demonstração de que a Índia tinha alcançado a meta de autossuficiência em alimentos. A liberalização do setor manufatureiro começou em 1991, e o país entrou num período de rápido crescimento. A proporção da população na pobreza declinou de 55% em 1973 para 26% em 2000. Segundo algumas previsões, a Índia deve se tornar a terceira maior economia mundial, depois da China e dos Estados Unidos, em 2035. Mas ela teve menos sucesso que a China na criação de empregos rurais fora da agricultura, o passo decisivo que permite aos pobres participar de um crescimento econômico mais amplo. A produção, distribuição e venda a varejo de alimentos ainda são extremamente reguladas. A parcela da população envolvida na agricultura continua grande, e há uma preocupação generalizada com a desigualdade. A revolução verde armou o palco para o rápido desenvolvimento da Índia, mas outras reformas são necessárias para que os benefícios sejam mais amplamente distribuídos.

O fantasma de Malthus

Uma segunda consequência a longo prazo da revolução verde foi o impacto demográfico – sobre o tamanho e a estrutura da população global. Mais uma vez, é preciso dar um passo atrás na história. Em 3000 a.C., quando as primeiras civilizações emergiam, a população mundial não passava de cerca de 10 milhões de pessoas, ou aproximadamente a população de Londres hoje. Em 500 a.C., quando a Grécia entrava na Idade de Ouro, a população do mundo crescera para 100 milhões. Foi só em 1825, cerca de 10 mil anos após o surgimento da agricultura, que a população humana chegou pela primeira vez a 1 bilhão. Levou mais um século para chegar a 2 bilhões, em 1925; e meros 35 anos para chegar a 3 bilhões, em 1960. O rápido crescimento foi equiparado, na época, a uma explosão, e levou a medonhas previsões de fome iminente. Mas a expansão da oferta de comida possibilitada pela revolução verde significou que a população continuou a crescer, chegando a 4 bilhões em 1975, 5 bilhões em 1986, e 6 bilhões em 1999. O quinto bilhão foi adicionado em apenas 11 anos; o sexto bilhão em outros 13. Prevê-se que a população chegue a 7 bilhões em 2012, após mais 13 anos, segundo a Agência do Censo dos Estados Unidos. Em retrospecto, portanto, está claro que a expansão demográfica começou agora a desacelerar.

O crescimento populacional impele a produção de alimentos, ou vice-versa? Demógrafos demonstraram as duas coisas. Uma população em rápido crescimento cria incentivos para a descoberta de novas maneiras de aumentar a oferta de comida, mas maior disponibilidade de comida também significa que as mulheres ficam mais férteis e as crianças mais saudáveis e com mais chances de sobreviver. Não há, portanto, resposta simples. A história mostra claramente, porém, que em casos em que a maior disponibilidade de alimento permite a um país industrializar-se há uma explosão da população, seguida por uma queda na taxa desse crescimento à medida que as pessoas ficam mais ricas – um fenômeno chamado "transição demográfica".

Numa sociedade pré-industrial, era imprescindível ter tantos filhos quanto possível. Muitos deles não sobreviveriam, devido a doenças ou desnutrição. Mas quando os que sobrevivem têm idade suficiente para trabalhar nos campos, podem produzir mais alimentos do que consomem, de modo que a família se beneficiará como um todo (pressupondo que a disponibilidade de mão de obra seja a principal limitação à produção agrícola). Ter muitos filhos proporciona também segurança na velhice, quando os pais esperam ser cuidados pela prole. Nessas sociedades pré-industriais, tantos as taxas de natalidade quanto as de mortalidade são muito altas, e a população cresce lentamente. Essa foi a situação durante a maior parte da história humana.

O advento de novas técnicas, produtos e ferramentas agrícolas que fomentaram a produção de alimentos levou a sociedade para uma nova fase, em que a população crescia rapidamente. Isso foi o que aconteceu na Europa

Ocidental a partir do século XVIII, após a introdução do milho e da batata do Novo Mundo e da difusão de novas práticas agrícolas. Nessa fase, a taxa de natalidade continuou alta, mas a de mortalidade diminuiu, resultando numa explosão populacional. Ao mesmo tempo, maior produtividade agrícola significa que uma menor parcela da população é necessária na agricultura, abrindo caminho para a urbanização e a industrialização.

Isso, por sua vez, parece levar as pessoas a reavaliar sua atitude com relação à procriação: a riqueza, ao que parece, é um poderoso anticoncepcional. O declínio na mortalidade infantil levou os pais das áreas rurais a perceber que não precisavam ter tantos filhos para assegurar que haveria pessoas suficientes para trabalhar nos campos ou cuidar deles na velhice. Em áreas urbanas, nesse meio-tempo, os pais decidiram que era melhor ter um menor número de filhos, dado o custo de abrigá-los, vesti-los e educá-los. Isso é por vezes caracterizado como uma mudança na ênfase da "quantidade" para a "qualidade" de filhos. Além disso, à medida que recebem mais educação e ingressam no mercado de trabalho, as mulheres podem adiar o casamento e mudar de atitude com relação à maternidade. E os governos nos países em processo de industrialização geralmente introduzem reformas proibindo o trabalho infantil e tornando a educação compulsória, o que significa que as crianças dependem dos recursos da família até atingir a idade de trabalhar. O resultado é que a taxa de natalidade cai, e a população se estabiliza. Esse padrão pode ser visto claramente em nações ocidentais, as primeiras a se industrializar. Em alguns países europeus, a taxa de fertilidade (o número médio de nascimentos por mulher) caiu, agora, abaixo da taxa de reposição, enquanto a maioria dos países em desenvolvimento está no meio de sua transição demográfica.

É claro que a realidade é mais complicada do que esse modelo simples sugere, devido a outros fatores como os efeitos da migração, o impacto do HIV/Aids na África e da política do filho único da China, introduzida em 1980. Mas, tendo inicialmente sustentado uma explosão populacional, a revolução verde está agora impelindo muitos países, e consequentemente o mundo, para a transição demográfica. Segundo previsões publicadas pelas Nações Unidas em 2007, espera-se que a população mundial atinja 8 bilhões por volta de 2025, e chegue ao máximo com 9,2 bilhões em 2075, depois do que declinará.

Uma pesquisa realizada na aldeia de Manupur, no Punjab indiano, ilustra como a transição demográfica se manifestou na prática. Em 1970, todos os homens da aldeia disseram querer ter o maior número de filhos possível. Quando os pesquisadores retornaram ao local em 1982, após a introdução de produtos agrícolas da revolução verde, menos de 20% disseram querer três ou mais filhos, e os anticoncepcionais estavam sendo amplamente usados. "Essas rápidas mudanças na preferência de tamanho da família e nas práticas contraceptivas são indicações de que a transição demográfica vai continuar, se não se acelerar, em áreas rurais que experimentam a revolução verde", concluíram os pesquisadores. Do mesmo modo, as mulheres de Bangladesh tinham uma média de sete filhos em 1981, mas após a adoção generalizada de tecnologias da revolução verde, nos anos 1980, e a rápida expansão da indústria têxtil do país, nos anos 1990, esse número caiu para uma média de dois ou três.

O mundo enfrentará novos desafios à medida que a população encolher – entre os quais estará a dificuldade de cuidar de uma população enferma e idosa, o que já é uma preocupação nos países desenvolvidos em que as taxas de fertilidade caíram. Mas o tamanho máximo da população mundial pode já estar à vista. Depois que a população começar a declinar, preocupações com o risco de que o excessivo crescimento demográfico suplante a oferta de alimentos talvez comecem a parecer bastante fora de moda. Uma torrente de best-sellers irá, sem dúvida, alertar para os perigos da implosão populacional que se anuncia, mas o fantasma de Malthus terá finalmente sido enterrado.

Problemas com a revolução verde

Novas tecnologias muitas vezes têm consequências imprevistas, e as tecnologias da revolução verde não são exceção. Variedades de sementes de alto rendimento, que requerem fertilizantes artificiais, outros produtos químicos agrícolas e grandes quantidades de água causaram problemas ambientais em muitas partes do mundo. A água não absorvida pelo solo e carregada de nitrogênio que escoa de terras cultivadas para os cursos d'água criou "zonas mortas" em algumas áreas litorâneas, estimulando o crescimento de algas e plantas aquáticas e reduzindo a quantidade de oxigênio na água, o que afetou os peixes e as populações de mariscos. Em alguns casos, variedades mais produtivas mostraram-se menos resistentes a pragas ou doenças do que as variedades tradicionais. Isso exigiu um uso mais intenso de pesticidas, cujo excesso pode contaminar o solo e prejudicar insetos benéficos e outros animais selvagens, reduzindo a biodiversidade. Pesticidas também podem causar problemas de saúde para agricultores. Segundo a Organização Mundial da Saúde, eles são responsáveis por cerca de um milhão de casos de envenenamento agudo inintencional por ano, e estão também ligados a cerca de 2 milhões de tentativas de suicídio, levando a cerca de 220 mil mortes por ano. (A disponibilidade de pesticidas fez do envenenamento com eles o método mais difundido de suicídio no mundo em desenvolvimento.) Uma preocupação adicional é o esgotamento das provisões de água. No Punjab, o berço da revolução verde indiana, por exemplo, a proliferação de milhões de poços tubulares fez com que o nível do lençol freático caísse mais de quatro metros entre 1993 e 2003 apenas, e agora muitos agricultores não têm água suficiente para irrigar as plantações.

Muito ainda pode ser feito para mitigar esses problemas. Aplicações mais parcimoniosas e precisas de fertilizantes podem reduzir o escoamento da água não absorvida sem afetar a produtividade. O uso de fertilizantes vem, de fato, declinando nos últimos anos em alguns países desenvolvidos. Nos Estados Unidos, a produção de milho aumentou de 42 quilos colhidos por quilo de fertilizante, em 1980, para 57 quilos em 2000. Melhoras semelhantes foram alcançadas com o trigo na Grã-Bretanha e com o arroz no Japão. Em muitos países em desenvolvimento, porém, o fertilizante é fortemente subsidiado pelo governo, o que desestimula o uso mais eficiente. Pode-se fazer mais também para reduzir o uso desnecessário de pesticidas e minimizar os efeitos colaterais nocivos. Quando a revolução verde foi introduzida, os agricultores foram informados de que o uso de pesticidas era um componente necessário da agricultura "moderna", o que resultou em uso excessivo. Alguns agricultores foram instruídos a aplicar pesticidas segundo um calendário, quer essas aplicações fossem necessárias ou não. Hoje, esse uso está estável ou em declínio, e técnicas de controle de praga estão sendo promovidas em conjunto com os produtos químicos, tirando melhor partido tanto das práticas tradicionais quanto das modernas. Essa abordagem híbrida, chamada "manejo integrado de pragas", pode reduzir o uso de pesticidas em 50% para produtos vegetais, podendo mesmo, em alguns casos, torná-lo desnecessário na produção de arroz, segundo a Organização das Nações Unidas para a Alimentação e a Agricultura.

De maneira semelhante, há grande margem para aperfeiçoar o uso da água. Muito mais atenção está sendo dada agora ao manejo dos aquíferos, por exemplo, à coleta de águas pluviais e a sistemas de armazenamento, e também a sistemas de irrigação que usam a água com mais eficiência, como a tecnologia de gotejamento (que reduz o escoamento de água carregada de nitrogênio). Direitos sobre a água mais claramente definidos, que possam ser negociados por agricultores, podem também estimular um uso mais sensato, encorajando o foco em cultivos mais apropriados. Parece estranho cultivar produtos que demandam muita água em determinados lugares – como batatas em Israel, laranjas no Egito, algodão na Austrália e arroz na Califórnia, por exemplo – quando eles poderiam ser cultivados de maneira mais barata e eficiente em outras regiões. No Punjab, o fornecimento de eletricidade gratuita aos agricultores e os subsídios para cultivar arroz, um produto que requer muita água, estimularam muitos a deixar as bombas d'água funcionando ininterruptamente. Nos últimos anos, a crescente preocupação com a escassez de água para a agricultura – levando-a a ser chamada até de o "petróleo do século XXI" – estimulou governantes a prestarem mais atenção ao desenvolvimento de políticas sensatas para esse uso.

Os problemas ambientais associados à agricultura de alto rendimento devem também ser confrontados com seus benefícios ambientais não aparentes, já que outros métodos usados para o aumento da produção poderiam ter causado danos muito piores ao ecossistema. As variedades de alto rendimento permitiram que a produção de alimentos se multiplicasse com um aumento apenas marginal do uso de terra. A produção de cereais da Ásia dobrou entre 1970 e 1995, por exemplo, mas a área total dedicada a esse cultivo aumentou apenas 4%. Globalmente, os números são ainda mais impressionantes. Norman Borlaug mostrou que a produção mundial de cereais triplicou entre 1950 e 2000, mas a área usada para o cultivo aumentou apenas

10%. Sem as tecnologias da revolução verde, afirma ele, teria sido necessário explorar enormes quantidades de terra virgem, como florestas, para evitar a fome em massa.

Muitos críticos da revolução verde defendem um retorno às técnicas agrícolas tradicionais, ou orgânicas, que não dependem de fertilizantes químicos e pesticidas. Isso reduziria tanto o impacto ambiental direto da agricultura (como o escoamento de águas carregadas de nitrogênio e o uso de pesticidas) quanto seu impacto indireto (já que a produção de fertilizante químico é um processo que requer muita energia, consome gás natural e contribui para a mudança climática). Entretanto, cultivar a terra sem o uso de fertilizantes químicos significa menor produtividade, e mais terra seria necessária para alcançar a mesma quantidade de comida produzida. Estudos constataram que a produção orgânica de trigo, milho e batatas, por exemplo, requer duas ou três vezes mais áreas de terra que a produção convencional. A agricultura global em 1900, sem usar quase nenhum fertilizante químico, sustentava cerca de 1,6 bilhão de pessoas numa área de cerca de 850 milhões de hectares, segundo Vaclav Smil, um especialista no ciclo do nitrogênio da Universidade de Manitoba. O cultivo da terra usando métodos que não requeiram pesticidas (isto é, orgânicos) em 1,5 bilhão de hectares, estima ele, alimentaria apenas 3,2 bilhões de pessoas – ou metade da população global atual –, com dietas principalmente vegetarianas.

Isso dito, o uso de fertilizante no mundo desenvolvido poderia ser reduzido, ainda fornecendo alimento suficiente para proporcionar uma nutrição adequada apesar da queda nos rendimentos. Isso porque os países ricos produzem mais comida do que precisam, em parte porque o pagamento de subsídios aos agricultores estimula a superprodução. O excesso dá lugar a dietas desnecessariamente ricas em proteínas (resultando nos crescentes níveis de obesidade em países ricos) e a grandes excedentes exportáveis. Há margem, portanto, para se adotar métodos que requeiram menos produtos químicos, como na agricultura orgânica, em parte da produção. No mundo em desenvolvimento, porém, a situação é muito diferente. Em países ricos, os fertilizantes químicos equivalem a apenas cerca de 45% de todo o nitrogênio aplicado nos campos. Nos países mais pobres, porém, eles equivalem a nada menos que 80% do total. Esse uso é o que faz a diferença entre nutrição adequada e inadequada – e em muitos países em desenvolvimento, a oferta de proteínas permanece inadequada mesmo assim.

No final dos anos 1990, 75% de todo o nitrogênio que estava sendo aplicado a produtos agrícolas na China vinha de fertilizantes químicos. Como 90% da proteína consumida pelos chineses é produzida no país, isso significa que dois terços do nitrogênio existente na comida chinesa vem do processo Haber-Bosch. Métodos tradicionais, como o plantio de legumes fixadores de nitrogênio ou o uso de adubo animal, simplesmente não podem proporcionar tanto nitrogênio por hectare. Em muitos outros países em desenvolvimento, o nível de produção de alimentos hoje excede o que se poderia obter com métodos tradicionais, livres de fertilizantes. Pode, sim, haver redução da quantidade de fertilizante utilizado mediante uma aplicação mais precisa, mas é difícil ver como seria possível eliminá-lo por completo sem reduzir a produção.

Não há respostas fáceis. Tanto a agricultura tradicional quanto a orgânica têm ônus e benefícios ambientais. Durante o século XX, a humanidade tornou-se dependente do nitrogênio artificial, e fazer o relógio recuar não é uma opção. A agricultura baseada no uso intensivo de produtos químicos tem efeitos colaterais indesejáveis, e sem dúvida são necessários mais esforços para mitigá-los. Se, contudo, a humanidade abandonasse a revolução verde, as consequências seriam certamente muito piores.

Uma segunda revolução verde?

Entre janeiro de 2007 e abril de 2008, após vários anos de estabilidade, o preço do trigo duplicou abruptamente, o do arroz triplicou e o do milho aumentou 50%. Pela primeira vez desde o início dos anos 1970, tumultos provocados pela falta de alimentos explodiram em vários países simultaneamente. No Haiti, o primeiro-ministro foi obrigado a renunciar por multidões em protesto, que entoavam: "Estamos com fome!" Duas dúzias de pessoas morreram em tumultos semelhantes em Camarões. O presidente do Egito mobilizou o exército e ordenou aos soldados que começassem a assar pão. Nas Filipinas, foi introduzida uma nova lei tornando a estocagem de arroz crime punível com prisão perpétua. Após anos em que agricultores e especialistas em desenvolvimento lamentaram os baixos preços dos alimentos básicos, a era da comida barata parecia ter terminado abruptamente. Sob muitos aspectos, as origens dessa crise alimentar estão nas consequências da revolução verde.

Uma delas foi que governos e agências humanitárias perderam o interesse pela agricultura como um meio de promover desenvolvimento. Segundo o Banco Mundial, o percentual de "auxílio oficial ao desenvolvimento" gasto com agricultura caiu de 18% em 1979 para 3,5% em 2004. Houve várias razões para essa mudança, segundo o Relatório sobre o Desenvolvimento Mundial de 2008 do Banco Mundial. Até certo ponto, parecia que o problema alimentar tinha sido resolvido. Havia superabundância de alimentos na América do Norte e na Europa, e baixos preços internacionais para itens alimentares básicos, sendo ambos resultado tanto das tecnologias da revolução verde quanto dos subsídios a agricultores no mundo desenvolvido. Em consequência, os doadores perderam o entusiasmo em financiar projetos agrícolas nos países em desenvolvimento. A redução dos investimentos governamentais em pesquisa agrícola, a partir dos anos 1990, fez o aumento da produtividade se desacelerar.

Agricultores e grupos ambientalistas de países ricos também convenceram doadores a reduzir o financiamento para pesquisa agrícola em países em desenvolvimento. Os primeiros os viam como mercados exportadores valiosos, e não queriam que seus governos financiassem competidores potenciais. Os segundos destacavam a poluição causada pela agricultura que faz uso intenso de produtos químicos, e conseguiram desacreditar a revolução verde aos olhos de muitos doadores. Nos anos 1980, quando iniciou uma campanha para estender a revolução verde à África, onde ela tivera pouco impacto, Norman Borlaug constatou que as atitudes estavam mudando. O lobby ambientalista tinha convencido o Banco Mundial e a Fundação Ford de que promover o uso de fertilizantes químicos na África era má ideia.

O surgimento de uma classe média na China e na Índia, com acesso a dietas de estilo ocidental mais ricas em carne, aumentou a demanda de cereais para a alimentação de animais, elevando os preços. O direcionamento de produtos agrícolas para a produção de biocombustível também provocou uma alta, embora não se saiba ao certo qual foi exatamente o impacto sobre os mercados mundiais. Preços mais altos do petróleo também contribuíram para a alta dos alimentos, em virtude do aumento dos custos de produção e transporte e do preço dos fertilizantes (já que o preço do gás natural, a partir do qual o fertilizante é feito, está atrelado ao do petróleo). Em suma, embora a oferta de alimentos continuasse a crescer, a taxa de crescimento declinava (para 1 a 2% ao ano, desde meados dos anos 1990) e não conseguia acompanhar o crescimento da demanda (por volta de 2% ao ano). É significativo que a Índia tenha começado a importar trigo novamente em 2006. Como muitos países, ela também proibiu a exportação de muitos gêneros alimentícios, num esforço para manter o abastecimento da população doméstica. Essas proibições aumentaram ainda mais os preços internacionais dos alimentos, reduzindo a quantidade de comida disponível nos mercados globais.

No mínimo, a crise alimentar pôs a agricultura de volta na ordem do dia do desenvolvimento internacional, após anos de descaso. A curto prazo, a resposta apropriada é um rápido aumento na ajuda alimentar humanitária. Programas que promovem biocombustíveis feitos de produtos agrícolas alimentícios devem também ser reconsiderados. A médio prazo, porém, o envio de grandes quantidades de alimento dos países ricos para os pobres torna as coisas piores, porque solapa o mercado dos produtores locais. A resposta a longo prazo é iniciar um novo esforço para aumentar a produção agrícola no mundo em desenvolvimento, com ênfase renovada à pesquisa agrícola e ao desenvolvimento de novas variedades de sementes, investimentos na infraestrutura rural necessária para apoiar agricultores, maior acesso ao crédito, introdução de planos de seguro de safras e assim por diante. Tudo isso pode soar muito familiar, porque é, em essência, uma convocação para uma segunda "revolução verde".

Inevitavelmente, isso reacendeu as discussões sobre os prós e os contras da revolução verde original. Alguns defensores dessa segunda revolução enfatizam o potencial de sementes geneticamente modificadas, agora em desenvolvimento, que produzem seus próprios pesticidas ou são projetadas para fazer um uso mais eficiente de água e fertilizante. (Isso foi chamado de "revolução duplamente verde".) Enquanto isso, defensores da agricultura orgânica veem a crise de alimentos como uma oportunidade ideal para promover maior uso de métodos orgânicos, particularmente na África, onde os rendimentos são baixos. Em grande parte desse continente, elevar a produtividade ao mesmo nível da agricultura pré-fertilizante de outros países já seria um valioso progresso.

É claro que qualquer nova revolução verde deveria levar em conta as lições aprendidas desde os anos 1960. Há muitas novas técnicas que podem melhorar os rendimentos ao mesmo tempo em que reduzem os problemas ambientais. Algumas envolvem pouca tecnologia, como enterrar bolinhas de fertilizante precisamente medidas para minimizar o escoamento da água, ou usar certos besouros e aranhas para repelir pragas. Sementes podem ser revestidas diretamente com fungicidas ou pesticidas, reduzindo a necessidade de borrifar produtos químicos. E uma abordagem particularmente promissora é a "agricultura de conservação" (também conhecida como agricultura "sem lavra" ou de "plantio direto"), um conjunto de técnicas desenvolvidas desde os anos 1970 que minimizam a necessidade de arar o solo, ou até a eliminam por completo.

Os agricultores que praticam a agricultura de conservação deixam os resíduos das plantas nos campos após a colheita, em vez de ará-los ou queimá-los. Culturas de cobertura são depois plantadas para proteger o solo. (Plantar legumes como culturas de cobertura ajuda a aumentar o nitrogênio do solo.) Na primavera, a cultura de cobertura e quaisquer ervas daninhas são mortas com uso de um herbicida ou cortadas na superfície com o uso de máquinas especiais. O plantio da cultura principal é feito, então, com o uso de máquinas que guiam as sementes para sulcos no solo, feitos abaixo da camada protetora de resíduos. Tudo isso ajuda a reduzir a erosão da terra, já que o solo coberto, não arado, é menos propenso a ser arrastado pela água ou carregado pelo vento. A água é usada de maneira mais eficiente, porque a capacidade do solo de reter umidade aumenta e menos água é perdida por escoamento ou evaporação. A agricultura de conservação também poupa combustível e reduz o consumo de energia, já que diminui a necessidade de máquinas para arar o solo. Em geral, menos fertilizante é necessário, porque menos nitrogênio é perdido para o ambiente; isso reduz também a poluição das vias navegáveis. A agricultura de conservação é mais amplamente usada nas Américas do Norte e do Sul, onde foi inicialmente desenvolvida, mas como ainda é responsável por apenas uma pequena proporção (cerca de 6%) da terra cultivada no mundo, há muito potencial para expandir seu uso.

É possível que as novas sementes geneticamente modificadas cumpram sua promessa de absorção do nitrogênio e uso mais eficiente da água. Novas sementes estão sendo também produzidas por engenharia genética para crescer em solos salgados demais para os tipos tradicionais. O desenvolvimento delas demandará ainda muitos anos, e é cedo demais para dizer se serão bem-sucedidas. É certamente um exagero sugerir que a modificação genética é uma solução mágica para os vários problemas alimentares do mundo, mas seria insensato descartar inteiramente o seu uso. Ao mesmo tempo, pode haver técnicas orgânicas passíveis de aplicação mais ampla, particularmente em se tratando de controle biológico de pragas e do cultivo de produtos agrícolas em áreas áridas. Alguns estudos mostram que métodos orgânicos podem gerar maior produtividade em condições secas, por exemplo.

Para assegurar uma oferta adequada de alimentos quando a população mundial ruma para o ápice e as mudanças climáticas alteram padrões de agricultura estabelecidos há muito, será necessário reunir a maior variedade possível de técnicas agrícolas. Diferentes métodos serão os mais apropriados em diferentes regiões. Pode fazer sentido cultivar produtos agrícolas básicos usando métodos que requeiram muitos fertilizantes químicos em algumas partes do mundo, e trocá-los por safras especializadas cultivadas por métodos tradicionais em outras partes, por exemplo. É excessivamente simplista sugerir que o mundo enfrenta uma escolha entre o fundamentalismo orgânico, por um lado, e uma fé cega na biotecnologia, por outro. O futuro da produção de alimentos, e da humanidade, reside certamente no amplo e fértil terreno entre uma coisa e outra.

Epílogo: Ingredientes do futuro

> "Não há banquete que não termine."
>
> Provérbio chinês

Numa ilha remota no Círculo Ártico, a pouco mais de 1.100 quilômetros do Polo Norte, uma estranha cunha de concreto projeta-se da neve na encosta de uma montanha. Aço refletor, espelhos e prismas encaixados numa abertura na face externa refletem a luz polar durante os meses de verão, fazendo a construção brilhar como uma pedra preciosa engastada da paisagem. Na escuridão do inverno, ela fulgura com uma estranha luz branca, verde e turquesa de 200 fibras óticas, assegurando que a construção permaneça visível num raio de muitos quilômetros. Atrás das pesadas portas de aço, um túnel de concreto reforçado estende-se 175 metros adentro do leito de rocha firme. E atrás de outro jogo de portas e duas câmaras de compressão encontram-se três câmaras, cada uma com 27 metros de comprimentos, 6 de altura e 10 de largura. Essas câmaras não guardarão ouro, obras de arte, projetos secretos ou armas de alta tecnologia; em vez disso, guardarão algo muito mais valioso – algo que talvez possa ser considerado o maior tesouro da humanidade. As câmaras serão cheias com bilhões de sementes.

O Svalbard Global Seed Vault, na ilha norueguesa de Spitsbergen, é a maior e mais segura instalação para o armazenamento de sementes do mundo. As sementes que lá estão são guardadas dentro de envelopes cinza de quatro camadas feitos de polietileno e alumínio, acondicionados em caixas lacradas e empilhadas em prateleiras naquelas três câmaras. Cada envelope contém uma média de 500 sementes, e a capacidade total de armazenamento da câmara é de 4,5 milhões de envelopes, ou mais de 2 bilhões de sementes. Isso é muito mais do que há em qualquer banco de sementes existente:

quando a primeira câmara chegar apenas à metade da capacidade, o Svalbard Global Seed Vault será a maior coleção de sementes do mundo.

O projeto e o posicionamento cuidadosos da câmara devem fazer dela também a mais segura. Há cerca de 1.400 bancos de sementes no mundo, mas muitos são vulneráveis a guerras, desastres naturais ou à falta de um financiamento regular. Em 2001, combatentes talibãs aniquilaram um banco de sementes no Afeganistão que continha tipos antigos de noz, amêndoa, pêssego e outras frutas. Em 2003, durante a invasão americana do Iraque, um banco de sementes em Abu Ghraib foi destruído por saqueadores, e variedades raras de trigo, lentilha e grão-de-bico foram perdidas. Grande parte da coleção guardada no banco nacional de sementes nas Filipinas foi perdida em 2006, quando ele foi inundado por água barrenta durante um tufão. Um depósito similar americano quase perdeu sua coleção de batatas quando os refrigeradores quebraram. O banco de sementes do Malawi é um freezer no canto de um barracão de madeira. Afora os perigos físicos, o financiamento para muitas dessas instalações também é precário. O banco de sementes do Quênia foi quase todo perdido porque os administradores não tinham como pagar a conta de eletricidade. A instalação de Svalbard, que funcionará como um backup para todos esses bancos nacionais, foi projetada para minimizar riscos, tanto os causados pelo homem quanto os naturais, e os custos de manutenção serão pagos pelo governo da Noruega, que também arcou com a construção.

Além de ser construída num dos lugares mais remotos da Terra, a câmara Svalbard é rigorosamente protegida com portas de aço e fechaduras codificadas, é monitorada por videolink a partir da Suécia e protegida por detectores de movimento instalados no local. (Os ursos polares constituem um impedimento adicional para intrusos: as pessoas na região são aconselhadas a levar um rifle de alta potência sempre que se aventuram fora de um povoado.) A estrutura está embutida numa montanha geologicamente estável, com baixo nível de radiação de fundo. E, como está 130 metros acima do nível do mar, permanecerá intacta mesmo sob os cenários mais pessimistas para a elevação desse nível no futuro. O sistema de refrigeração, alimentado por carvão localmente extraído, manterá as sementes a -18° Celsius. Mesmo que ele falhe, a posição da câmara, bem abaixo do permafrost, assegura que a temperatura interior nunca se eleve acima de −3,5° Celsius, o que é frio o suficiente para proteger a maior parte das sementes por muitos anos. Quando estiver em plena operação, algumas sementes de cada amostra serão ocasionalmente retiradas e plantadas, para que outras frescas possam ser colhidas. (Algumas, como as de alface, só podem ser armazenadas por cerca de 50 anos.) Desse modo, os milhares de tipos de sementes podem ser perpetuados quase indefinidamente.

O objetivo da câmara Svalbard é proporcionar uma apólice de seguro contra ameaças de curto e de longo prazo. Ao que parece, a ameaça a curto prazo – a instabilidade da agricultura global pela mudança climática – será provavelmente a próxima maneira pela qual os alimentos influenciarão o curso do progresso humano. Em muitos países, a mudança climática poderia significar que os anos mais frios no final do século XXI serão mais quentes que os anos mais quentes do século XX. As condições em que as variedades comuns de produtos agrícolas de hoje se desenvolveram não existirão mais. William Cline, um especialista no impacto econômico do aquecimento global do Centro de Desenvolvimento Global em Washington, D.C., prevê que a mudança climática reduzirá a produção agrícola em 10 a 20% até 2080 nos países em desenvolvimento, a menos que se comece a agir. Em alguns casos, o impacto é muito maior: a produção de alimentos da Índia poderia cair 30 a 40%. Em contraposição, a produção agrícola em alguns países desenvolvidos, que tipicamente têm temperaturas médias mais baixas, pode aumentar ligeiramente à medida que as temperaturas se elevem. O cenário mais desfavorável é que haja guerras por causa de comida, à medida que mudanças globais na produção levem a seca e escassez generalizadas, provocando conflitos por acesso a terras cultiváveis e provisões de água.

No cenário mais otimista, a agricultura pode se adaptar às mudanças no clima, que são inevitáveis em certo grau, mesmo que a humanidade reduza drasticamente as emissões de gases estufa no curso do século XXI. À medida que terras antes propícias para a agricultura tornarem-se áridas demais, e que áreas anteriormente frias, úmidas, tornarem-se mais adequadas, sementes com novas características serão necessárias. É aí que o banco de sementes de Svalbard entra em cena. A difusão de variedades de alto rendimento na esteira da revolução verde significa que muitas variedades tradicionais não estão mais sendo plantadas, e estão se perdendo. Dos 7.100 tipos de maçã cultivados nos Estados Unidos no século XIX, por exemplo, 6.800 estão extintos hoje. Globalmente, a Organização das Nações Unidas para a Alimentação e a Agricultura estima que cerca de 75% das variedades de produtos agrícolas foram perdidas durante o século XX, e outras estão sendo perdidas à taxa de uma por dia. Com muita frequência, essas variedades tradicionais produzem rendimentos menores do que variedades modernas, mas coletivamente representam um valioso recurso genético que deve ser preservado para o futuro.

Vejamos o caso de uma variedade de trigo conhecida como PI 178383. Ela foi rejeitada como "um trigo irremediavelmente inútil" por Jack Harlan, um botânico americano que coletou uma amostra na Turquia em 1948. Ressentia-se de invernos frios, tinha caule longo e fraco, o que a fazia tombar facilmente, e era suscetível a uma doença chamada ferrugem-da-folha. Em 1963, porém, quando fitogeneticistas procuravam uma maneira de tornar o trigo americano resistente a uma outra doença, chamada ferrugem-linear, o supostamente inútil trigo turco provou-se inestimável. Testes mostraram que ele era imune a quatro tipos de ferrugem-linear e a 47 outras doenças do trigo. Ele foi cruzado com variedades locais, e hoje quase todo o trigo cultivado no Noroeste Pacífico descende dele. As viagens de Harlan para coleta de sementes, muitas vezes feitas no lombo de um burro, reuniram um material genético de valor incalculável. Não há, em suma, nenhuma maneira de saber quais variedades se revelarão úteis no futuro por sua tolerância à seca, imunidade a doenças ou resistência a pragas. Portanto, a coisa lógica a fazer é conservar tantas sementes quanto possível, tão seguramente quanto possível – e é isso que as instalações de Svalbard estão destinadas a fazer.

Elas fornecem também um seguro contra uma ameaça de mais longo prazo. Algum dia, uma guerra nuclear, a colisão de um asteroide com a Terra ou alguma outra calamidade global pode tornar necessário reconstruir a civilização humana a partir do zero, a começar por seu mais arraigado fundamento: a agricultura. Algumas das sementes armazenadas em Svalbard são capazes de sobreviver por milênios, mesmo que o sistema de refrigeração deixe de funcionar. Sementes de trigo podem durar 1.700 anos, as de cevada por 2 mil anos e as de sorgo por 20 mil. Talvez, daqui a centenas de anos, um intrépido grupo de exploradores dirija-se a Svalbard a fim de recuperar os ingredientes decisivos para a retomada do processo que começou, pela primeira vez, no período neolítico, cerca de 10 mil anos atrás.

Apesar do projeto futurista do banco de sementes de Svalbard e de suas características high-tech, há um eco do Neolítico em seu objetivo: armazenar sementes de maneira segura. Foi a capacidade de armazenar sementes, como uma apólice de seguro contra futuros períodos de escassez, que levou inicialmente as pessoas a se interessar particularmente por cereais. Isso as pôs no caminho para a domesticação, a agricultura e todas as outras consequências descritas neste livro. Desde os primórdios da agricultura até a revolução verde, o alimento foi um ingrediente essencial da história humana. E de todo modo, quer as sementes armazenadas em Svalbard demonstrem ser um recurso genético útil no curto prazo ou permitam à humanidade voltar sobre os seus passos após uma catástrofe, o alimento será certamente um ingrediente vital do futuro do ser humano.

Notas

Parte I

O relato das origens e da domesticação do milho segue Fussell, *The Story of Corn*; Warman, *Corn and Capitalism*; e Doebley, "The genetics of maize evolution". A discussão da domesticação do arroz e do trigo, e da domesticação de maneira mais geral, segue Diamond, "Evolution, consequences and future of plant and animal domestication"; Cowan e Watson, *The Origins of Agriculture*; e Needham e Bray, *Science and Civilisation in China*. Para mitos relacionados aos alimentos, ver Gray, *The Mythology of All Races*, e Visser, *Much Depends on Dinner*. O impacto da agricultura sobre a saúde humana é discutido em Cohen, *Health and the Rise of Civilization*, e Manning, *Against the Grain*. A natureza e o impacto da difusão da agricultura na Europa são discutidos em Pinhasi, Fort e Ammerman, "Tracing the origin and spread of agriculture in Europe", e Dupaloup, Bertorelle, Chikhi e Barbujani, "Estimating the impact of prehistoric admixture on the genome of Europeans".

Parte II

A estrutura social dos bandos de caçadores-coletores é discutida em Sahlins, *Stone Age Economics*, e Lee, *The !Kung San*. A transição de caçadores-coletores igualitários para habitantes de cidades estabelecidas e socialmente estratificadas é discutida em Bellwood, *First Farmers*; Bender, "Gatherer-hunter to farmer: A social perspective"; Gilman, "The development of social stratification in Bronze Age Europe"; Wenke, *Patterns in Prehistory*; Hayden, *Archaeology*; e Johnson e Earle, *The Evolution of Human Societies*. O relato dos rituais de fertilidade incas segue Bauer, "Legitimization of the state in Inca myth and ritual". Uma magistral análise comparativa do surgimento e da estruturação das primeiras civilizações é fornecida por Trigger, *Understanding Early Civilizations*.

Parte III

Para mitos relacionados às especiarias, ver Dalby, *Dangerous Tastes*. As origens e a história do comércio de especiarias são discutidas por Dalby, *Food in the Ancient World from A to Z*; Schivelbusch, *Tastes of Paradise*; Keay, *The Spice Route*; Turner, *Spice*; e Miller, *The Spice Trade of the Roman Empire*. Para a relação entre especiarias e comércio, ver Curtin,

Cross-Cultural Trade in World History. Para o papel das especiarias na difusão e suposta prevenção da Peste Negra, ver Ziegler, *The Black Death*; Deaux, *The Black Death, 1347*; e Herlihy, *The Black Death and the Transformation of the West*. A queda de Constantinopla é discutida em Crowley, *Constantinople*. Viagens de Colombo e Vasco da Gama são descritas em Fernández-Armesto, *Columbus*; Subrahmanyam, *The Career and Legend of Vasco da Gama*; Keay, *The Spice Route*; Turner, *Spice*; e Boorstin, *The Discoverers*. O impacto de Vasco da Gama (e Zheng He) sobre os preços das especiarias na Europa é discutido em O'Rourke e Williamson, "Did Vasco da Gama matter for European markets?". A estrutura do comércio no oceano Índico é descrita em Chaudhuri, *Trade and Civilisation in the Indian Ocean*. As origens dos impérios europeus são discutidas em Scammell, *The World Encompassed*. O debate sobre os alimentos locais é examinado em Murray, *Moveable Feasts*, e por inúmeros blogueiros na internet.

Parte IV

A história do abacaxi do rei Carlos segue Beauman, *The Pineapple*. A competição das nações europeias em botânica econômica e as origens dos jardins botânicos são discutidas em Brockway, *Science and Colonial Expansion*, e Drayton, *Nature's Government*. A transferência do milho e das batatas para o Velho Mundo é discutida in Ho, "The introduction of American food plants into China"; Langer, "Europe's initial population explosion"; e Langer, "American foods and Europe's population growth 1750-1850". O relato da transferência do açúcar para o Novo Mundo e a natureza pré-industrial da produção do açúcar segue Landes, *The Wealth and Poverty of Nations*; Mintz, *Sweetness and Power*; Hobhouse, *Seeds of Change*; Daniels e Daniels, "The origin of the sugarcane roller mill"; Higman, "The sugar revolution"; e Fogel, *Without Consent or Contract*. A história e o impacto da batata são discutidos em Salaman, *The History and Social Influence of the Potato*; Reader, *Propitious Esculent*; e McNeill, "How the potato changed the world's history". A discussão do papel dos novos gêneros alimentícios e técnicas agrícolas no desencadeamento da Revolução Industrial baseia-se em Malanima, "Energy Crisis and Growth 1650-1850"; Thomas, *The Industrial Revolution and the Atlantic Economy*; Pomeranz, *The Great Divergence*; Thomas, "Escaping from constraints: The Industrial Revolution in a malthusian context"; Steinberg, "An ecological perspective on the origins of industrialization"; Wrigley, *Poverty, Progress and Population*; Wrigley, *Continuity, Chance and Change*; Jones, "Agricultural origins of industry"; e Jones, "Environment, agriculture, and industrialization in Europe". O relato da fome da batata segue Reader, *Propitious Esculent*, e Hobhouse, *Seeds of Change*.

Parte V

Logísticas militares no mundo antigo são discutidas por Engels, *Alexander the Great and the Logistics of the Macedonian Army*; Roth, *The Logistics of the Roman Army at War*; Clausen, "The scorched earth policy, ancient and modern"; e Erdkamp, *Hunger and the Sword*. O papel da logística na Guerra de Independência dos Estados Unidos é discutido por Tokar, "Logistics and the British defeat in the Revolutionary War", e Bowler, *Logistics and the Failure of the British Army in America*. Para um panorama amplo sobre a evolução da logística militar, ver Van Creveld, *Supplying War*, e Lynn, *Feeding Mars*. O relato da ascensão e queda de Napoleão segue Rothenberg, *The Art of Warfare in the Age of Napoleon*; Nafziger, *Napoleon's Invasion of Russia*; Asprey, *The Rise and Fall of Napoleon Bonaparte*; Schom, *Napoleon Bonaparte*; e Riehn, *1812: Napoleon's Russian Campaign*. O papel da logística na Guerra Civil Americana é discutido em Moore, "Mobility and strategy in the Civil War". O relato do desenvolvimento da comida enlatada segue Shephard, *Pickled, Potted and Canned*. O relato da fome soviética de 1932-33 segue Ellman, "The role of leadership perceptions and of intent in the Soviet famine of 1931-1934"; Ellman, "Stalin and the Soviet famine of 1932-33 revisited"; e Dalrymple, "The Soviet famine of 1932-1934". A grande fome chinesa é discutida em Smil, "China's great famine: 40 years later", e Becker, *Hungry Ghosts*. O papel da escassez de alimentos no colapso da União Soviética é descrito em Gaidar, *Collapse of an Empire*. Para um relato do boicote ao açúcar veja Wroe, "Sick with excess of sweetness".

Parte VI

O relato do desenvolvimento do processo Haber-Bosch segue Smil, *Enriching the Earth*; Erisman, Sutton, Galloway, Klimont e Winiwarter, "How a century of ammonia synthesis changed the world"; e Smil, "Nitrogen and food production: proteins for human diets". A revolução verde e seu impacto são discutidos em Evans, *Feeding the Ten Billion*; Easterbrook, "Forgotten benefactor of humanity"; Evenson e Gollin, "Assessing the impact of the Green Revolution, 1960 to 2000"; Webb, "More food, but not yet enough"; e Stuertz, "Green giant". A relação entre produtividade agrícola e desenvolvimento econômico é discutida em Gulati, Fan e Dalafi, "The dragon and the elephant: Agricultural and rural reforms in China and India"; Timmer, "Agriculture and pro-poor growth: An Asian perspective"; Delgado, Hopkins e Kelly, "Agricultural growth linkages in Sub-Saharan Africa"; Fan, Hazell e Thorat, "Government spending, growth, and poverty: An analysis of interlinkages in rural India"; Gollin, Parente e Rogerson, "The food problem and the evolution of international income levels"; Gollin, Parente e Rogerson, "The role of agriculture in development"; e Doepke, "Growth takeoffs". A transição demográfica é discutida em Doepke, "Accounting for fertility decline during the transition to growth". A relação entre acréscimo de nitrogênio e aumento na produção é discutida, junto com os impactos de mudança para uma agricultura que exija menos produtos químicos, em Smil, *Enriching the Earth*.

Bibliografia

Asprey, Robert B. *The Rise and Fall of Napoleon Bonaparte*. Londres, Little, Brown, 2001.

Bauer, Brian S. "Legitimization of the state in Inca myth and ritual", *American Anthropologist* 98, n.2, jun 1996, p.327-37.

Beauman, Fran. *The Pineapple: King of Fruits*. Londres, Chatto & Windus, 2005.

Becker, Jasper. *Hungry Ghosts: China's Secret Famine*. Londres, John Murray, 1996.

Bellwood, Peter S. *First Farmers: The Origins of Agricultural Societies*. Oxford, Blackwell, 2005.

Bender, Barbara. "Gatherer-hunter to farmer: A social perspective", *World Archaeology* 10, n.2, 1978, p.204-22.

Boorstin, Daniel J. *The Discoverers*. Nova York, Random House, 1983.

Bowler, Arthur. *Logistics and the Failure of the British Army in America, 1775-1783*. Princeton, Princeton University Press, 1975.

Brockway, Lucile H. *Science and Colonial Expansion: The Role of the British Royal Botanic Gardens*. Nova York, Academic Press, 1979.

Chaliand, Gérard. *The Art of War in World History*. Berkeley, University of California Press, 1994.

Chanda, Nayan. *Bound Together: How Traders, Preachers, Adventurers, and Warriors Shaped Globalization*. New Haven, Yale University Press, 2007.

Chaudhuri, Kirti. *Trade and Civilisation in the Indian Ocean: An Economic History from the Rise of Islam to 1750*. Cambridge, Cambridge University Press, 1985.

Clausen, Wendell. "The scorched earth policy, ancient and modern", *The Classical Journal* 40, n.5, fev 1945, p.298-9.

Clausewitz, Carl von. *On War*. Londres, Trübner, 1873.

Cohen, Mark. *Health and the Rise of Civilization*. New Haven, Yale University Press, 1989.

Cowan, C. Wesley e Patty Watson (orgs.). *The Origins of Agriculture: An International Perspective*. Washington, D.C., Smithsonian Institution Press, 1992.

Crowley, Roger. *Constantinople: The Last Great Siege, 1453*. Londres, Faber, 2005.

Curtin, Philip. *Cross-Cultural Trade in World History*. Cambridge, Cambridge University Press, 1984.

D'Souza, Frances. "Democracy as a cure for famine", *Journal of Peace Research* 31, n.4, nov 1994, p.369-73.

Dalby, Andrew. *Dangerous Tastes: The Story of Spices*. Londres, British Museum Press, 2000.

________. *Food in the Ancient World from A to Z*. Londres, Routledge, 2003.

________. *Siren Feasts: A History of Food and Gastronomy in Greece*. Londres, Routledge, 1996.

Dalrymple, Dana. "The Soviet famine of 1932-1934", *Soviet Studies* 15, n.3, jan 1964, p.250-84.

Daniels, John e Christian Daniels. "The origin of the sugarcane roller mill", *Technology and Culture* 29, n.3, jul 1988, p.493-535.

Davis, Johnny. "Svalbard Global Seed Vault: Ark of the Arctic", *Daily Telegraph*, 16 fev 2008.

Deaux, George. *The Black Death, 1347*. Londres, Hamilton, 1969.

Delgado, L.C., J. Hopkins e V.A. Kelly. "Agricultural growth linkages in Sub-Saharan Africa", *International Food Policy Research Institute Research Report*, n.107. Washington, D.C., International Food Policy Research Institute, 1998.

Diamond, Jared. "Evolution, consequences and future of plant and animal domestication", *Nature*, n.418, 8 ago 2002, p.700-7.

________. *Guns, Germs, and Steel: The Fates of Human Societies*. Nova York, Norton, 1997.

________. "The worst mistake in the history of the human race", *Discover*, mai 1987, p.64-6.

Doebley, John. "The genetics of maize evolution", *Annual Review of Genetics* 38, 2004, p.37-59.

Doepke, Matthias. "Accounting for fertility decline during the transition to growth", *Journal of Economic Growth* 9, 2004, p.347-83.

________ "Growth takeoffs", *UCLA Department of Economics Working Paper* 847, 2006.

Drayton, Richard. *Nature's Government: Science, Imperial Britain, and the "Improvement" of the World*. New Haven, Yale University Press, 2000.

Dupanloup, Isabelle, Giorgio Bertorelle, Lounès Chikhi e Guido Barbujani. "Estimating the impact of prehistoric admixture on the genome of Europeans", *Molecular Biology and Evolution* 21, n.7, 2004, p.1361-72.

Easterbrook, Gregg. "Forgotten benefactor of humanity", *The Atlantic* 279, n.1, jan 1997, p.75-82.

Ellman, Michael. "The role of leadership perceptions and of intent in the Soviet famine of 1931-1934", *Europe-Asia Studies* 57, n.6, set 2005, p.823-41.

________. "Stalin and the Soviet Famine of 1932-33 revisited", *Europe-Asia Studies* 59, n.4, jun 2007, p.663-93.

Engels, Donald W. *Alexander the Great and the Logistics of the Macedonian Army*. Berkeley, Los Angeles e Londres, University of California Press, 1978.

Erdkamp, Paul. *Hunger and the Sword: Warfare and Food Supply in Roman Republican Wars (264-30 BC)*. Amsterdam, Gieben, 1998.

Erisman, J.W., M.A. Sutton, J. Galloway, Z. Klimont e W. Winiwarter. "How a century of ammonia synthesis changed the world", *Nature Geoscience*, n.1, 2008, p.636-9.

Evans, Lloyd T. *Feeding the Ten Billion: Plants and Population Growth*. Cambridge, Cambridge University Press, 1998.

Evenson, R.E. e D. Gollin. "Assessing the impact of the Green Revolution, 1960 to 2000", *Science*, n.300, 2 mai 2003, p.758-62.

Fan, S., P. Hazell e S. Thorat. "Government spending, growth, and poverty: An analysis of interlinkages in rural India", *EPTD Discussion Paper* 33. Washington, D.C., International Food Policy Research Institute, 1998.

Fernández-Armesto, Felipe. *Columbus*. Oxford, Oxford University Press, 1991.

_______. *Food: A History*. Londres, Macmillan, 2001.

Fogel, Robert William. *Without Consent or Contract: The Rise and Fall of American Slavery*. Nova York, Norton, 1989.

Foster, C., K. Green, M. Bleda, P. Dewick, B. Evans, A. Flynn e J. Mylan. "Environmental impacts of food production and consumption: A report to the Department for Environment, Food and Rural Affairs". Londres, Defra, 2006.

Fussell, Betty. *The Story of Corn*. Nova York, Knopf, 1992.

Gaidar, Yegor. *Collapse of an Empire: Lessons for Modern Russia*. Washington, D.C., Brookings Institution Press, 2007.

Garnsey, P. *Food and Society in Classical Antiquity*. Cambridge, Cambridge University Press, 1999.

Gilman, Antonio. "The development of social stratification in Bronze Age Europe", *Current Anthropology* 22, n.1, 1981, p.1-23.

Gollin, Douglas, Stephen L. Parente e Richard Rogerson. "The food problem and the evolution of international income levels", *Working Papers* 899. Economic Growth Center, Yale University, 2004.

_______. "The role of agriculture in development", *American Economic Review* 92, n.2, 2002, p.160-4.

Gray, Louis Herbert (org.). *The Mythology of All Races*. Nova York, Cooper Square Press, 1978.

Gulati, Ashok, Shenggen Fan e Sara Dalafi. "The dragon and the elephant: agricultural and rural reforms in China and India", *MTID discussion paper* 87. Washington, D.C., International Food Policy Research Institute, 2005.

Gunn, Geoffrey. *First Globalization: The Eurasian Exchange, 1500-1800*. Lanham, Rowman & Littlefield, 2003.

Hampl, Jeffrey e William Hampl. "Pellagra and the origin of a myth: Evidence from European literature and folklore", *Journal of the Royal Society of Medicine*, n.90, 1997, p.636-9.

Hayden, Brian D. *Archaeology: The Science of Once and Future Things*. Nova York, W.H. Freeman, 1993.

Herlihy, David. *The Black Death and the Transformation of the West*. Cambridge, Massachusetts, Harvard University Press, 1997.

Higman, B.W. "The sugar revolution", *The Economic History Review* 53, n.2, mai 2000, p.213-36.

Ho, Ping-Ti. "The introduction of American food plants into China", *American Anthropologist* 57, n.2, parte 1, abr 1955, p.191-201.

Hobhouse, Henry. *Seeds of Change: Five Plants that Transformed Mankind*. Londres, Sidgwick & Jackson, 1985.

Johnson, Allen W. e Timothy Earle. *The Evolution of Human Societies: From Foraging Group to Agrarian State*. Stanford, Stanford University Press, 2000.

Jones, E. "Agricultural origins of industry", *Past and Present* 40, jul 1968, p.58-71.

_______. "Environment, agriculture, and industrialization in Europe", *Agricultural History* 51, n.3, jul 1977, p.491-502.

Keay, John. *The Spice Route: A History*. Londres, John Murray, 2005.

Keegan, John. *A History of Warfare*. Londres, Hutchinson, 1993.

Kiple, Kenneth e Kriemhild Ornelas (orgs.). *Cambridge World History of Food*. Cambridge, Cambridge University Press, 2000.

Kiple, Kenneth F. *A Movable Feast: Ten Millennia of Food Globalisation*. Cambridge, Cambridge University Press, 2007.

Landes, David. *The Wealth and Poverty of Nations: Why Some are So Rich and Some So Poor*. Londres, Little, Brown, 1998.

Langer, William. "American foods and Europe's population growth 1750-1850", *Journal of Social History* 8, n.2, inverno 1975, p.51-66.

_______. "Europe's initial population explosion", *American Historical Review* 69, n.1, out 1963, p.1-17.

Lee, Richard Borshay. *The !Kung San: Men, Women and Work in a Foraging Society*. Cambridge, Cambridge University Press, 1979.

Lehane, Brendan. *The Power of Plants*. Londres, John Murray, 1977.

Lehner, Ernst e Johanna Lehner. *Folklore and Odysseys of Food and Medicinal Plants*. Londres, Harrap, 1973.

Lynn, John A. (org.). *Feeding Mars: Logistics in Western Warfare from the Middle Ages to the Present*. Boulder, Westview Press, 1993.

Malanima, Paolo. "Energy crisis and growth 1650-1850: The European deviation in a comparative perspective", *Journal of Global History* 1, 2006, p.101-21.

Malthus, Thomas. *An Essay on the Principle of Population*. Londres, J. Johnson, 1803.

Manning, Richard. *Against the Grain: How Agriculture Has Hijacked Civilization*. Nova York, North Point, 2004.

Marks, Robert. *The Origins of the Modern World: A Global and Ecological Narrative from the Fifteenth to the Twenty-first Century*. Lanham, Rowman & Littlefield, 2ª ed. 2006.

McGee, Harold. *McGee On Food & Cooking: An Encyclopedia of Kitchen Science, History and Culture*. Londres, Hodder and Stoughton, 2004.

McNeill, William H. "How the potato changed the world's history", *Social Research* 66, primavera 1999, p.67-83.

Michalowski, Piotr. "An early dynastic tablet of ED Lu A from Tell Brak (Nagar)", *Cuneiform Digital Library Journal* 200, p.3.

Miller, J. Innes. *The Spice Trade of the Roman Empire, 29 BC to AD 641*. Oxford, Clarendon Press, 1969.

Mintz, Sidney Wilfred. *Sweetness and Power: The Place of Sugar in Modern History*. Nova York, Viking, 1985.

Mithen, Steven. *After the Ice: A Global Human History 20,000-5,000 BC*. Cambridge, Massachusetts, Harvard University Press, 2004.

Moore, John. "Mobility and strategy in the Civil War", *Military Affairs* 24, n.2, Civil War Issue, verão 1960, p.68-77.

Murray, Sarah. *Moveable Feasts: From Ancient Rome to the 21st Century, the Incredible Journeys of the Food We Eat*. Londres, Macmillan, 2007.

Nafziger, George. *Napoleon's Invasion of Russia*. Novato, Presidio, 1998.

Needham, Joseph e Francesca Bray. *Science and Civilisation in China*, vol.6, parte 2. Cambridge, Cambridge University Press, 1984.

Newman, Lucile F. (org.). *Hunger in History: Food Shortage, Poverty, and Deprivation*. Oxford, Blackwell, 1990.

O'Rourke, Kevin e Jeffrey Williamson. "Did Vasco da Gama Matter for European Markets?", *Working Paper* 11884, National Bureau of Economic Research, 2005.

Ogilvie, Brian. "The many books of nature: Renaissance naturalists and information overload", *Journal of the History of Ideas* 64, n.1, jan 2003, p.29-40.

ONU. *The State of Food and Agriculture 2003-2004*. Roma, Organização das Nações Unidas para a Alimentação e a Agricultura, 2004.

Pinhasi, Ron, Joaquim Fort e Albert Ammerman. "Tracing the origin and spread of agriculture in Europe", *PLoS Biology* 3, n.12, 2005, p.410.

Pollan, Michael. *The Omnivore's Dilemma: A Natural History of Four Meals*. Nova York, Penguin, 2006.

Pomeranz, Kenneth. *The Great Divergence: China, Europe, and the Making of the Modern World Economy*. Princeton, Princeton University Press, 2000.

Reader, John. *Propitious Esculent: The Potato in World History*. Londres, William Heinemann, 2008.

Riehn, Richard K. *1812: Napoleon's Russian Campaign*. Nova York, John Wiley & Sons, 1991.

Rotberg, Robert I. e Theodore K. Rabb (orgs.). *Hunger and History: The Impact of Changing Food Production and Consumption Patterns on Society*. Cambridge, Cambridge University Press, 1985.

Roth, Jonathan. *The Logistics of the Roman Army at War (264 BC-AD 235)*. Leiden, Brill, 1998.

Rothenberg, Gunther Erich. *The Art of Warfare in the Age of Napoleon*. Bloomington, Indiana University Press, 1977.

Sahlins, Marshall David. *Stone Age Economics*. Londres, Tavistock Publications, 1974.

Salaman, Redcliffe N. *The History and Social Influence of the Potato*. Cambridge, Cambridge University Press, 1949.

Scammell, G.V. *The World Encompassed: The First European Maritime Empires, c.800-1650*. Berkeley e Los Angeles, University of California Press, 1982.

Schivelbusch, Wolfgang. *Tastes of Paradise: A Social History of Spices, Stimulants, and Intoxicants*. Nova York, Vintage, 1992.

Schom, Alan. *Napoleon Bonaparte*. Nova York, HarperCollins, 1997.

Sen, Amartya. "Democracy as a universal value", *Journal of Democracy* 10, n.3, 1999, p.3-17.

Shephard, Sue. *Pickled, Potted and Canned: The Story of Food Preserving*. Londres, Headline, 2000.

Smil, Vaclav. "China's Great Famine: 40 years later", *British Medical Journal* 319, 1999, p.1619-21.

________. *Enriching the Earth: Fritz Haber, Carl Bosch, and the Transformation of World Food Production*. Cambridge, Massachusetts, MIT Press, 2004.

________. "Nitrogen and food production: Proteins for human diets", *Ambio* 31, n.2, mar 2002, p.126-31.

Smith, Adam. *An Inquiry into the Nature and Causes of the Wealth of Nations*. Hartford, Oliver D. Cooke, 1804.

Spaull, C. "The Hekanakhte Papers and other Early Middle Kingdom documents, by T.G.H. James", *Journal of Egyptian Archaeology*, n.49, 1963, p.184-6.

Steinberg, Theodore. "An ecological perspective on the origins of industrialization", *Environmental Review* 10, n.4, inverno 1986, p.261-76.

Stuertz, Mark. "Green giant", *Dallas Observer*, 5 dez 2002.

Subrahmanyam, Sanjay. *The Career and Legend of Vasco da Gama*. Cambridge, Cambridge University Press, 1997.

Svalbard Global Seed Vault, site oficial: http://www.regjeringen.no/en/dep/lmd/campain/svalbard-global-seed-vault.html

Thomas, Brinley. "Escaping from constraints: The Industrial Revolution in a malthusian context", *Journal of Interdisciplinary History* 15, n.4, primavera 1985, p.729-53.

________. *The Industrial Revolution and the Atlantic Economy: Selected Essays*. Londres, Routledge, 1993.

Timmer, Peter. "Agriculture and pro-poor growth: An Asian perspective", *Working Paper* 63, Center for Global Development, jul 2005.

Tokar, John. "Logistics and the British defeat in the Revolutionary War", *Army Logistician* 31, n.5, set-out 1999, p.42-7.

Toussaint-Samat, Maguelonne. *A History of Food*. Oxford, Blackwell, 1992.

Trigger, Bruce G. *Understanding Early Civilizations*. Cambridge, Cambridge University Press, 2003.

Turner, Jack. *Spice: The History of a Temptation*. Nova York, Knopf, 2004.

Van Creveld, Martin. *Supplying War: Logistics from Wallenstein to Patton*. Cambridge, Cambridge University Press, 1977.

Visser, Margaret. *Much Depends on Dinner: The Extraordinary History and Mythology, Allure and Obsessions, Perils and Taboos of an Ordinary Meal*. Nova York, Grove, 1987.

Warman, Arturo. *Corn and Capitalism: How a Botanical Bastard Grew to Global Dominance*. Chapel Hill, University of North Carolina Press, 2003.

Webb, Patrick. "More food, but not yet enough: 20th century successes in agriculture growth and 21st century challenges", *Food Policy and Applied Nutrition Program Discussion Paper* 38, Friedman School of Nutrition, Tufts University, 2008.

Wenke, Robert J. *Patterns in Prehistory: Humankind's First Three Million Years*. Nova York, Oxford University Press, 1990.

Wittfogel, Karl August. *Oriental Despotism: A Comparative Study of Total Power*. New Haven, Yale University Press, 1959.

Wrigley, Edward Anthony. *Continuity, Chance and Change: The Character of the Industrial Revolution in England*. Cambridge, Cambridge University Press, 1988.

________. *Poverty, Progress and Population*. Cambridge, Cambridge University Press, 2004.

Wroe, Anne. "Sick with excess of sweetness", *Economist*, 19 dez 2006.

Ziegler, Philip. *The Black Death*. Londres, Collins, 1969.

Agradecimentos

Em matéria de livros sobre comida, este é incomum porque fala muito pouco sobre sabor ou sobre o prazer de comer. Dado o foco nos usos "não alimentícios" dos alimentos, o leitor poderia facilmente concluir que me preocupo apenas com sua significação antropológica ou geopolítica, e que não estou muito interessado em cozinhar ou comer. Nada poderia estar mais longe da verdade, e, muito apropriadamente, diversas das pessoas que me ajudaram enquanto eu escrevia este livro o fizeram durante uma refeição. Toby Mundy, da Atlantic Books, captou meus pensamentos e propôs o título quando almoçávamos no Soho. George Gibson, da Walker & Company, abraçou a ideia durante um chá vespertino. Tive discussões construtivas com James Crabtree enquanto comíamos sushi, com Andreas Kluth durante um almoço no Zuni, em São Francisco, com Sarah Murray enquanto tomávamos café com bolo, e com Paul Abrahams durante um almoço no Garrick Club. Oliver Morton e Nancy Hynes ajudaram-me a moldar minhas ideias durante várias refeições caseiras.

Papéis decisivos foram desempenhados por Katinka Matson, minha agente, que me ajudou a delinear o conceito deste livro, e Jackie Johson, meu editor, que aprimorou a receita. Recebi conselhos especializados de Michael Pollan, Tim Harford, Adrian Williams, Matt Ridley, Felipe Fernández-Armesto e Marion Nesde. Gostaria também de expressar minha gratidão às muitas outras pessoas que me ajudaram em várias frentes durante o processo de escrita, inclusive Tamzin Booth, Edward McBride, John Parker, Ann Wroe, Edward Carr e Geoffrey Carr em *The Economist*, Fitzroy Somerset, Endymion Wilkinson, Tom Moultrie e Kathryn Stinson, Tim Coulter e Maureen Stapleton (obrigado pela sopa de milho e amendoim), Zoe e Patrick Ayling, Anneliese St-Amour, Cristiana Marti (uma mágica com flores de abobrinha fritas), Kate Farquhar, Nick Poweli, Chester Jenkins, Stephan Somogyi, Lee

McKee, e Virginia Benz e Joe Anderer, com quem desfrutei muitas refeições memoráveis ao longo dos anos.

O último agradecimento, mas certamente não o menos importante, é para meus filhos, Ella e Miles, e minha mulher, Kirstin, que foram os primeiros a estimular minha dedicação ao tópico dos alimentos e para os quais juro publicamente nunca mais mencionar nabos ou a rotação de cultivos em quatro etapas de Norfolk.

Índice remissivo

Este livro foi composto por Letra e Imagem em Marat Pro 11,5/15,8
e impresso em papel pólen soft 80g/m^2 e cartão triplex 250g/m^2
por Bartira Gráfica em março de 2010.